モビリティ革命

MaaS

Mobility as a Service

モビリティ革命の先にある
全産業のゲームチェンジ

日高洋祐　牧村和彦　井上岳一　井上佳三

日経BP社

Mobility as a Service (MaaS) is
the integration of various forms of transport services
into a single mobility service accessible on demand.

（MaaS Alliance「White Paper」より）

序章

MaaSは危機か、それとも輝ける未来か

北欧の国フィンランドで、2016年冬、MaaS Global（マース・グローバル）によるモビリティサービスの統合アプリ「Whim（ウィム）」は、期待と不安を入り混じらせながらサービスをスタートさせた。スマートフォンの普及、AI（人工知能）やIoT（モノのインターネット）など、デジタリゼーションの熱狂も一段落しつつあるなか、「移動」という巨大なマーケットに次なる変化を告げる1つの楔《くさび》が打ち込まれた瞬間だった――。

モビリティ革命「MaaS（モビリティ・アズ・ア・サービス）」。

あらゆる交通手段を統合し、その最適化を図ったうえで、マイカーと同等か、それ以上に快適な移動サービスを提供する新しい概念だ。日本ではウーバーテクノロジーズに代表される配車サービスなどの単一のモビリティサービスを指してMaaSと呼ぶ向きもあるが、それはMaaSを構成する一要素でしかない。利用者視点に立って複数の交通サービスを組み合わせ、それらがスマホアプリ1つでルート検索から予約、決済まで完了し、シームレスな移動体験を実現する取り組みが、グローバルスタンダードで示すところのMaaSだ。

それは同時に、シェアリングサービスや自動運転といった個別のモビリティサービスの発展、進化と同期するものである。それらが相まって交通手段の最適化が進展することで、都市の渋滞・環境問題や交通事故の解消、あるいは過疎化、高齢化が進む地方での〝足〟の確保など、社会的なインパクトも大きなものになる。こうした壮大な枠組みをベースにした「ＭａａＳの本質」を語りつくすのが、本書の役割である。

ビジネス面を見れば、トヨタ自動車をして「１００年に一度」の変革期といわしめる重大局面にある。若者世代の意識変化やシェアリングエコノミーの台頭により、クルマの所有から利用への流れが進んでいることは、ほんの序章に過ぎない。その根本的な脅威の正体は、ＭａａＳを構築していくことで集まる膨大な移動ビッグデータ、およびそれを統べるプラットフォームをめぐる世界的な戦いにある。これまでクルマも鉄道もバスも個別事業者の内に閉じていた移動データが、ＭａａＳに統合されていく中で新たな価値を生み出す。これは世界を席巻する４大プラットフォーマーであるＧＡＦＡ（Google, Apple, Facebook, Amazon）も十分に取り込めていない巨大なビジネス領域であり、その「未開の交通デジタルプラットフォーム」を握るのは一体誰なのか、ということだ。

有力なのは、何も自動車メーカーや公共交通といった既存のプレーヤーだけではない。中立的なポジションとテクノロジーを武器に切り込むＩＴ企業、インフラビジネスを知り尽くした通信キャリア、そしてモビリティを軸に次世代スマートシティを構築せんとする都市行政など……。あらゆる角度から「交通版ＧＡＦＡ」の座を射止めようと、ＭａａＳへの参戦が相次いでいる。

こうして世界中で新たなデジタルプラットフォーム競争を予見させるなか、筆者たちはこれまで変化の乏しかった交通業界に比べてＭａａＳのダイナミズムに魅了されながらも、そこに一抹の不安を抱いた。日本では、この速すぎる変化についていけるのか。これまで順調に成長し、経済的な恩恵を享受してきた自動車メーカーや公共交通などは、この構造転換でどうなってしまうのか。ＧＡＦＡに代表される海外発の巨大プラットフォーマーが日本に上陸し、一気に覇権を握られるという事態は、この10年余りで見慣れた風景のようになってしまった。その脅威が、いよいよモビリティの世界にやってくる……。

一方で、ＭａａＳによって人々の移動が自由になることで生まれる商機は、移動の「目的」側に位置するすべての産業にある。買い物をする場所、働く場所、住む場所、人が集まる場所……、産業でいえば小売り、飲食、不動産、医療、イベントなど、ＭａａＳと無縁の産業を探すほうが難しいほどだ。例えば、これまで移動が不便だったエリアにＭａａＳが導入されてスマートに暮らせるようになると不動産価値の上昇が見込めるし、送迎込みで一括予約できる医療サービスや大規模イベント、移動時間を含めた新しい買い物体験を創出する次世代コンビニなど、アイデア次第でいかようにも新ビジネスを打ち立てられる。モビリティ革命はあくまで「手段」であり、その先にある〝果実〟は世界がこれから模索し、手にするものだ。

そこで、海外を含めて少しでも筆者たちの見聞きしたこと、感じたこと、考えたことを日本に伝えたい。また、ＭａａＳの「本質」及びその「先」にある交通および社会、あらゆる産業のビジネスモデルの変革が、果たして危機なのか、輝ける未来なのか。モビリティの世界に閉じるのではなく、日本再興を期する全産業のチャンスとして捉え、ＭａａＳのその先にある「Ｂｅｙｏｎｄ Ｍ ａａＳ（ビヨンド・マース）」の答えを、本書をきっかけとして読者の皆様と創り上げていきたい。これこそが、筆者たちが本書を世に問う一番の動機である。

18年10月、トヨタ自動車とソフトバンクによる新会社で、自動運転車を使ったモビリティサービス事業を志向するMONET Technologies（モネ テクノロジーズ）が誕生した。国内の時価総額1位と2位という、まさに日本を代表するビッグプレーヤーの提携はインパクト絶大であった。「ＭａａＳ」という言葉も豊田章男社長の口から何度も飛び出し、この会見でトヨタの危機感、そしてモビリティサービスへと急激に変革が進むダイナミズムを再認識した人も多いのではないだろうか。

日本における交通サービスの変革および新たなビジネスプラットフォームの構築に期待を抱きつつも、世界に目を転じると、これがＭａａＳの実現に至る動きの一端でしかないことに危機感を覚える。海外のプレーヤーはもっと先を行き、虎視《こし》眈々《たんたん》と次なる準備を進めている。

18年9月、デンマークのコペンハーゲンにおいて、「ＩＴＳ世界会議２０１８」が開催された。主にＩＣＴ（情報通信技術）を活用して、よりスマートな交通システムの実現を目指す世界的なカンファレンスである。従来はクルマや道路などの交通インフラに特化した報告や展示が多く、ＥＴＣ（電子料金収受システム）やカーナビゲーション、位置情報技術などが主流であった。しかし、15年ごろからＭａａＳ分野のセッションが増え始め、18年については実に１００回を超えるＭａａＳ関連のプレゼンテーションがなされた。そして、それら世界各国からの報告は実証実験レベルではなく、ＭａａＳが社会に実装され、そのビジネス生態系や具体的な社会価値にまで踏み込まれている。既に海外ではＭａａＳが単なる〝バズワード〟ではなく、個人の暮らしや都市の課題をよりよく変える実効力のあるツールとして機能している証左である。

日本でも今後、ＭａａＳをさまざまな観点で捉えて、アクションが起きてくることが予想される。実際に東日本旅客鉄道や小田急電鉄など、いくつかの鉄道会社は複数の交通モードを統合して沿線住民に価値をもたらすＭａａＳ事業を開始すると宣言。また、トヨタ自動車は西日本鉄道と組んで、電車やバス、タクシー、自転車シェアリングといった複数の交通手段に応じたルート検索、一部決済ができるＭａａＳアプリの本格的な実証実験を、18年11月から福岡市と周辺エリアで始めた。

まさに今、日本は「ＭａａＳ元年」を迎えた。

モビリティ革命による全産業のビジネス・社会変革のとば口に立っている。日本政府も「未来投資戦略２０１８」において、２０２０年の東京オリンピック・パラリンピックまでにＭａａＳの取り組みを加速させるとしている。先述したように、ＭａａＳはプラットフォームビジネスとしての側面があり、通信や電力と並ぶ巨大インフラ市場である「交通」においては、国家的な産業政策としての非常に重要なかじ取りが求められる。ＭａａＳをどう捉えて、どのように産業や地域に実装していくのかが重要なカギとなる。

そのため本書では、大きく2つの構成として総合的にＭａａＳを理解できるように努めた。【基本編】である第1章〜第4章では、海外で巻き起こるＭａａＳ旋風の本質的な理解と、日本におけるＭａａＳ導入の大義、そして海外プレーヤーも交えた先進的なＭａａＳ事例を取り上げる。

また、【実践編】を意図した第5章〜第8章では、プラットフォーム戦略として、システム戦略としてのＭａａＳを構造的に理解し、「日本版ＭａａＳ」に資する具体的な検討につなげられるよう議論を展開した。また、都市政策や交通政策に大きく関わるモビリティ発の新たな都市デザインの在り方についても詳述した。そして、自動車メーカー、ディーラー、鉄道、バス、タクシーといったＭａａＳど真ん中のプレーヤーについては、現状の課題分析から今後のアクションプランまでまとめた。

最後に、来るべく「Ｂｅｙｏｎｄ ＭａａＳ」の世界、エネルギーや保険、不動産、金融・ＦｉｎＴｅｃｈ、観光、小売り（コンビニ・スーパー）、エンタメ、医療・介護・保育といった他産業とＭａａＳが融合する中で生まれる新たなビジネスチャンスについても、可能な限り盛り込んでいる。移動の先にあるものは人々の生活そのものであり、故にＭａａＳは決してモビリティサービスだけの話では終わらない。あなたのビジネスや暮らしに直結するものだということを強調しておきたい。

本書は、日本におけるMaaSの在り方を同じ目線で検討している以下のメンバーの連名で執筆した。

日高洋祐　MaaS Tech Japan代表取締役。東京大学の博士課程でMaaSをテーマに研究。研究者として、また実務者として日本版MaaSの社会実装に向けて取り組む

牧村和彦　一般財団法人計量計画研究所　理事　兼　研究本部企画戦略部長。将来の交通社会を描くモビリティ・デザイナーとして活動

井上岳一　日本総合研究所創発戦略センター　シニアマネジャー。持続可能な地域社会をつくるため「ローカルMaaS」のエコシステム構築に挑む

井上佳三　自動車新聞社社長。モビリティサービスの専門誌である「LIGARE（リガーレ）」を発行

主に、海外の最新事例の分析や交通・都市計画・地方創生の観点では牧村和彦、井上岳一が、公共交通、テクノロジー・ビジネス戦略の観点では日高洋祐が、自動車やモビリティサービスの観点では井上佳三が執筆を担当した。

本書には専門的な内容も含まれるが、おのおの興味のある章から読んでいただき、そこから関連する章に興味の赴くまま読み進んでもらえれば幸いだ。読者の皆様が、広く深く「MaaSの世界」に入り、ビジネスを成功させるうえで役立つものとなることを願っている。

2018年11月吉日

目次

本書で扱う用語の解説

筆者らと読者の間で認識のずれを減らすために主要な用語の解説を記載する（本書内での分かりやすさを優先し、学会や論文などで定義されたものと異なる場合がある）。

MaaSプラットフォーム

MaaSアプリケーションを提供する際に必要なソフトウエア及びシステムのプラットフォームのこと。具体的には、ユーザー管理機能、経路・地図・運行情報などのルート案内機能、決済機能、サービス間のAPI連携、予測や統計処理機能、ダイナミックプライシング機能、データ規格の統一化などの要素がある。

MaaS
（Mobility as a Service）


MaaSとは、マイカーという魅力的な移動手段と同等か、それ以上に魅力的なモビリティサービスを提供し、持続可能な社会を構築していこうという全く新しい価値観やライフスタイルを創出していく概念。

単一の交通モードではなく、鉄道、バス、タクシー、レンタカーといった従来の交通サービスや、カーシェアリング、自転車シェアリング、配車サービスなどの新しい交通サービスをすべて統合し、1つのスマートフォンのアプリを通じてルート検索、予約、決済機能にアクセスできる。利用者は移動のニーズに応じて最適な交通サービスの組み合わせを選択し、ドア・ツー・ドアでシームレスに、かつリーズナブルに移動できるようになる。

MaaSオペレーター

多様な選択肢の中から、利用者のニーズに合うように最適な交通手段の組み合わせを選び、ドア・ツー・ドアのシームレスなモビリティサービスとして提供する事業者のこと。アプリを通じてサービスを提供するが、アプリの開発・運用だけではなく、モビリティサービスとして統合するための種々の調整を行う。

MaaSアプリの「Whim（ウィム）」を展開するフィンランドのMaaS Globalの他、自動車メーカー系ではダイムラー子会社のmoovel（ムーベル）、鉄道会社系ではドイツ鉄道（DB）などが、それに当たる。

配車サービス

以下に説明する「ライドヘイリング」「オンデマンド型乗り合いサービス」など、既存のタクシー事業やバス事業とは異なる交通サービス形態の総称として用いた。ウェブサイトやスマートフォンのアプリを通じてリクエストされる移動のニーズに対し、手配可能なドライバーをアルゴリズムに従って配車するサービス。配車されるのは業務用車（タクシー）と、マイカーとの両方のパターンがあり得る。従来からあるタクシーの電話予約は、本書では配車サービスには含めていない。近年、普及しているアプリを使うタクシー配車は、配車サービスに含める。

配車サービスを提供する企業は、米国ではTNC（Transportation Network Company）と呼ばれる。

ライドヘイリング

配車サービスのうち、マイカーを使った配車サービスのこと。当初はライドシェアリングと呼ばれたが、同一方向に行く人が乗り合うカープーリングや乗り合いタクシーと区別するため、最近海外では、ライドヘイリング（Hailingは、「呼んで迎える」の意）と呼ばれるようになっている。

オンデマンド型乗り合いサービス

配車サービスの一種で、乗用車より大きいバンタイプの車両をスマホアプリなどで呼び出して乗ることができる。同じ方向に行く人の乗り合いが前提で、バスとタクシーの合の子のようなサービス。

自動運転

自動車が独自に「認知・判断・操作」を行い、自動車に搭載されたシステムが自律して運転すること。本書では、自動運転に関する技術レベル分けによるレベル3〜5を自動運転と呼ぶ。

また、自動運転サービスとは、自動運転車を用いた新たな交通サービスを指す。

モビリティ

移動性。可動性。移動できる能力。自由自在に動かせること。日本語ではしばしば「モビリティ」が「乗り物」と同義で使われるが、本書では本来の意味に立ち返り、移動できることという意味で用いる。

モビリティサービス

人やモノの移動をサポートするサービスの総称。既存の交通サービス（鉄道、バス、タクシー他）と新しい交通サービス（カーシェアリング、配車サービス、他）を包含するものとして使用する。

なお、鉄道、バス、タクシーなどを指す場合は「公共交通」及び「既存の交通サービス」と記載した。シェアリングサービスや配車サービスなどについては、「新たな交通サービス」とするか、それぞれ個別ジャンルを明示した。

Chapter

1

モビリティ革命「MaaS」の正体

この章で分かること

◉世界であらゆる産業がMaaSに注目しているワケ

◉グローバルスタンダードのMaaSの定義と日本の現状

◉MaaSのビジネス構造とステークホルダー

1 社会を変える究極のモビリティサービス

フィンランドの首都ヘルシンキが策定した2050年の将来交通ビジョンは、世界中に大きな反響を呼んだ。将来交通ビジョンでは、化石燃料に依存しない次世代の交通社会が提案されており、持続可能な交通社会の将来像が描かれている。このような明確なビジョンの下、自動車利用に依存した社会からの脱却の1つとしてフィンランドから生まれた新たなサービスがMaaS（Mobility as a Service、マース）であり、世界中で注目されるようになった。

MaaSとは、従来のマイカーや自転車などの交通手段をモノで提供するのではなく、サービスとして提供する概念だ。「あなたのポケットにすべての交通を」というキャッチフレーズが世界中で共感を呼び、スマートフォン1つでルート検索から予約、決済までが行え、自分の好みに合った移動手段や移動パターンが自由に選択できる。まさに「移動の所有から利用へ」の流れを1つのパッケージとして商品化した、究極のモビリティサービスがMaaSである。（図1-1）

自分のスマホには今、交通関連のアプリがいくつ入っているかを数えてみてほしい。ルート探索のアプリ、鉄道運行情報アプリ、バスのアプリ、自転車シェアリングのアプリ、カーシェアリング

図1-1 MaaSのイメージ

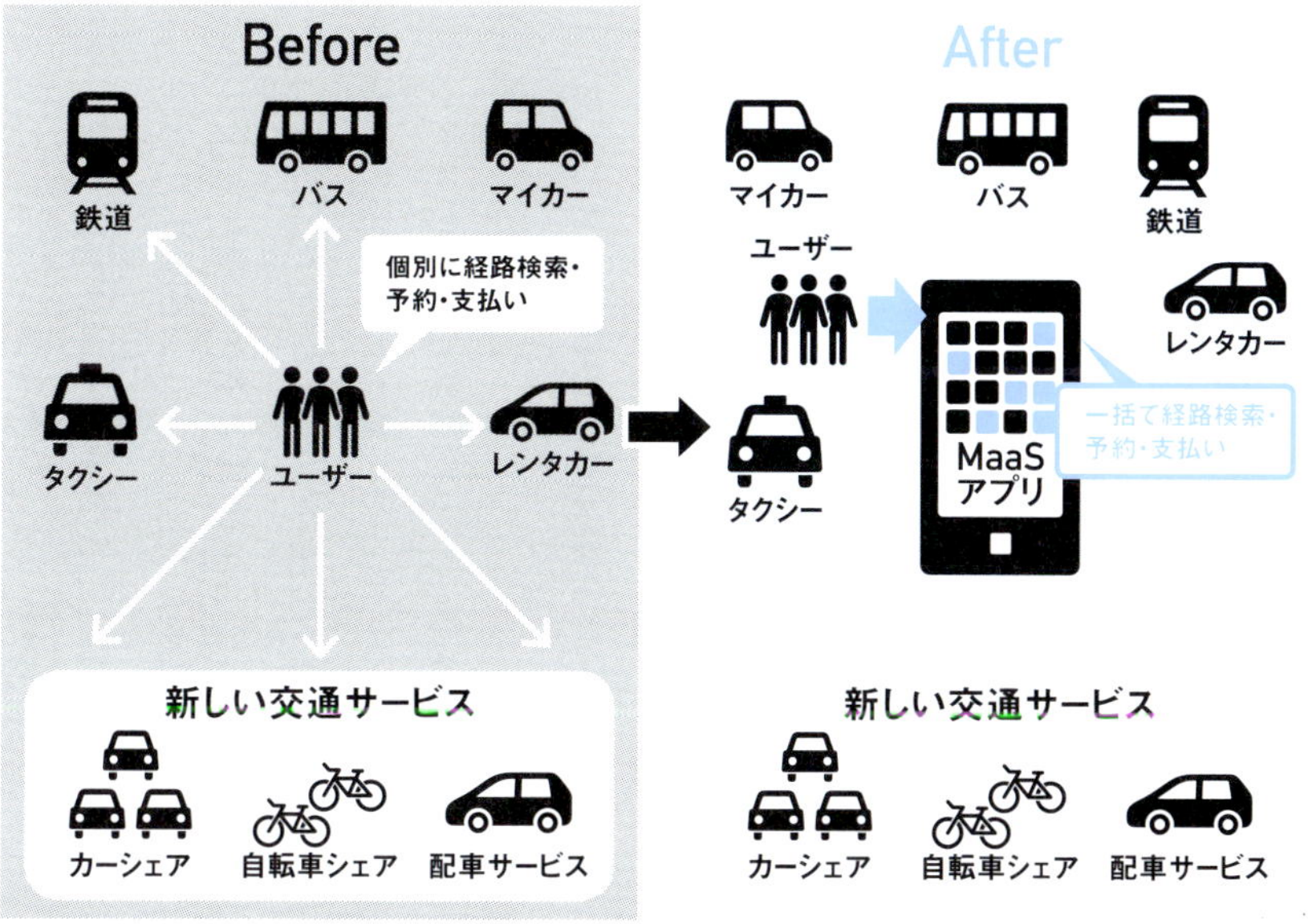

従来、各モビリティサービスに個別にアクセスしていたものが、MaaSアプリで一括して予約、決済できるように。MaaSはマイカーの所有を超える自由な移動体験を生み出す

ヘルシンキの将来交通ビジョン2050のイメージ。化石燃料に依存しない次世代の交通社会を提案している

出典：City of HELSINKI（2013）：HELSINKI CITY PLAN Vision 2050

のアプリ、タクシー配車のアプリ、駐車場検索のアプリ、カーナビゲーションのアプリ――。実にさまざまなアプリを日々の生活の中で駆使しているのではないだろうか。

これらが、たった1つのアプリでルート探索から予約、決済まで完了してしまう生活を想像してみてほしい。これこそが、ＭａａＳが描く快適なモビリティサービスの一端である。前出の図1－1は、そのＭａａＳの概念を端的に表したものだ。自動車、鉄道、バス、タクシー、レンタカーなどの従来の交通事業者や、カーシェアリング、自転車シェアリング、配車サービスなどの新しい交通サービスをすべて統合し、1つのモビリティサービスとして利用者の移動を支援するのがＭａａＳである。

ただし、ＭａａＳは決して便利なアプリを開発することだけが目的ではない。自動運転やカーシェア、配車サービスなど、個別かつ単一モードのモビリティサービスの概念でもない。ＭａａＳとは、自動車という伝統的な交通手段に対して、新たな選択肢を提供しようというもので、マイカーという魅力的な移動手段と同等か、それ以上に魅力的なモビリティサービスを提供し、持続可能な社会を構築していこうという全く新しい価値観やライフスタイルを創出していく概念である。

北欧の国、フィンランドでは政府主導でＭａａＳの取り組みが進められ、ヘルシンキで16年にＭａａＳ Ｇｌｏｂａｌ（ＭａａＳグローバル）によるモビリティサービスの統合アプリ「Ｗｈｉｍ（ウィム）」がリリースされた。18年5月にはイギリスのウエストミッドランドで事業を開始、同年10月にはベルギーのアントワープでも本格展開を始め、すでに〝インフラ輸出〟が始まっている。

フィンランドに続けとばかりに、イタリアでは、18年6月から全土を対象としたＭａａＳの取り組み（アプリ名は「Ｎｕｇｏ（ニューゴ）」）がスタート。フランスではＭａａＳを推進していくモビリティ指針法（LOM）の準備が進められており、❶オランダでは政府主導で19年から2～3年間、7つの地域でMaaSの試行が開始される予定だ。❷

欧州発のMaaSに対して、米国ではMOD（Mobility on Demand）という名称で、政府主導でMaaSが推進されている。16年には11都市が政府のモデル都市として指定され、さまざまなモビリティサービスの融合が始まっている。なかでもロサンゼルスは、これまで公共交通機関しか利用できなかった「Tap（タップ）」（交通系ICカード）を市内でサービスしているカーシェアや自転車シェアリング、配車サービスなどに拡張。マルチモーダルな検索アプリ「GoLA（ゴーエルエー）」と連携した取り組みである「TAPforce（タップフォース）」として、かつての自動車大国からモビリティ大国への変貌を目指した挑戦を始めている。

一方、日本では、政府の成長戦略として18年6月に閣議決定された「未来投資戦略2018」において、初めて「Society 5.0」の実現のためのフラッグシッププロジェクトとして、MaaSが位置付けられた。❸未来投資戦略2018では、「まちづくりと公共交通の連携を推進しつつ、自動走行など新技術の活用、まちづくりと連携した効率的な輸送手段、買い物支援・見守りサービス、MaaSなどの施策連携により、利用者ニーズに即した新しいモビリティサービスのモデル都市、地域をつくる」という次世代モビリティシステムの構築が提言されている。❹

これを受け、経済産業省では、「IoTやAIが可能とする新しいモビリティサービスに関する研究会」による中間整理を18年10月に取りまとめた。中間整理では、新しいモビリティサービス（MaaS）に関するグローバルな動向を整理したうえで、それと対比する形で日本における現状と課題が整理されている。また、今後の取り組みの方向性についても触れ、「①デジタル投資促進とデ

❶ 新添麻衣（2018）：ヒト／モノの移動最適化を図るフランスのモビリティ政策、損保ジャパン日本興亜総研トピックス2018 Vol.2

❷ Government of the Netherland(2018)：A single app to plan,book, and pay for your trip、2018年6月27日

❸ 牧村和彦（2018）：モビリティ革命の最先端、未来投資会議構造改革徹底推進会合、「地域、経済、インフラ」会合（第3回）配布資料、2018年4月17日

❹ 未来投資戦略 2018 ～「Society 5.0」「データ駆動型社会」への変革、2018年6月15日

ータ連携・利活用拡大のための基盤整備、②スタートアップや異業種等との協業の促進、③企業と連携して新たな取組に挑戦する地域の支援を今後進めていく」とした。また、国土交通省では、MaaSを「出発地から目的地までの移動ニーズに対して最適な移動手段をシームレスに一つのアプリで提供するなど、移動を単なる手段としてではなく、利用者にとっての一元的なサービスとして捉える概念」と紹介。MaaSなどの新たなモビリティサービスの全国展開を目指した取り組みを18年10月から本格的に開始した。❺❻

注目すべきは、先行して進められてきた諸外国において、MaaSは政府や行政の強いリーダーシップにより、顧客主義の下、官民連携で進められている点だ。鉄道とバスとの連携、地域を担う異なるバス事業者間との連携、鉄道とカーシェアリングや自転車シェアリングとの連携など、マイカー以外の選択肢として新たなモビリティサービスを顧客目線で向上、創出していく取り組みである。

また、政府の動きと連動し、世界中の交通事業者、自動車メーカー、グーグルなどのテクノロジー企業、ウーバーテクノロジーズやLyft（リフト）、滴滴出行（ディディチューシン）などの配車サービス企業、電気・電子企業など、さまざまな企業が事業化を進めている。

その結果、従来の交通サービスに直接関係のある事業者だけではなく、銀行、証券、エネルギー、通信、不動産、物流、医療や福祉、建築や都市、観光など、あらゆる企業・行政機関がMaaSに注目し始めている。自動運転が実用化されたことを前提にすると、世界のMaaS市場規模は2035年には8000億ドル（約90兆円、1ドル＝112円換算）、2050年には7兆ドル（約

❺ 国土交通省（2018）：MaaSなどの新たなモビリティサービスの全国展開を目指します、2018年10月10日記者発表資料

❻ 総務省では、「手元のスマートフォン等から検索～予約～支払を一度に行えるように改めて、ユーザーの利便性を大幅に高めたり、また移動の効率化により都市部での交通渋滞や環境問題、地方での交通弱者対策などの問題の解決に役立てようとする考え方の上に立っているサービスがMaaSです」としている

７８４兆円）に達するとの見方もあるほどだ（米インテルと米ストラテジー・アナリティクス調べ、[7] 17年発表）。また、前出のＭａａＳグローバルの資料で紹介されているＡＢＩリサーチが発表した予測レポートでは、世界のＭａａＳ市場は、２０３０年に1兆ドル（１１２兆円）とされる。[8] いずれにしろ、超巨大市場であることは間違いなく、既存のプレーヤーにとどまらず、数多くの異業種の有力企業、スタートアップが参入しつつある点が、モビリティ革命としてＭａａＳが注目されているゆえんである。

[7] Intel,Strategy Analytics (2017) : Accelerating the Future: The Economic Impact of the Emerging Passenger Economy

[8] ABI Research (2016) : Mobility as a Service (https://www.abiresearch.com/marketresearch/product/1025743-mobilityas-a-service/)

2 日本の10年先を行く世界のMaaS

MaaSの代表的な取り組みを整理したものが表1－1である。複数の交通サービスの統合アプリを提供し、エンドユーザーとの接点となる「MaaSオペレーター」は、2010年代に世界中で次々に生まれていることがお分かりだろう。先進的に取り組んでいる国および地域では、2000年ごろからこれまで独立して運営管理されてきた交通サービスを連携統合する新たなモビリティサービス化が進められてきた。さまざまな連携が試行されるなかで、順次、商用サービスとしての本格的な運用が始まっている。MaaSを推進している主体には、フィンランドのヘルシンキのように政府主導によって進められている取り組み、米国ロサンゼルスのような地方自治体が主体で進めている取り組み、独ダイムラーのように自動車メーカーによる取り組み、スイスやドイツのハノーバーで展開されている公共交通による取り組みなど、多様な主体によって進められてきた。

では、代表的なものを見ていこう。

行政主導として世界で最も進んだ取り組みが、前出のフィンランドのMaaSグローバルによるMaaSアプリのウィムである。ヘルシンキ市内すべての公共交通機関（鉄道、路面電車、バス）に加えて、カーシェアリング、レンタカー、タクシーが1つのサービスとして統合され、1つのア

表1-1 代表的なMaaSオペレーター

サービス名／主体	展開地域	サービス開始年	対象交通手段	体制
Transit App Transit（カナダモントリオール発）	米国、英国、カナダ、欧州、豪州 200都市以上	2012年～	公共交通、自転車シェア、カーシェア、タクシー、配車サービス、電動スクーター	官民連携 第三者
Optymod Citywayプロジェクト （官民連携12組織）	リヨン （フランス）	2012年～	公共交通、自転車シェア、駐車場、タクシー、飛行機	官主導
Mobility Shop ÜSTRA（ハノーバー交通局）	ハノーバー （ドイツ）	2014年～	公共交通、カーシェア、タクシー、地域公共交通	官民連携 交通事業者
GoLA ロサンゼルス市	ロサンゼルス （米国）	2016年～	公共交通、自転車シェア、カーシェア、タクシー、配車サービス	官主導
moovel ダイムラー	欧州、北米、豪州	2012年～	公共交通、自転車シェア、カーシェア、タクシー、配車サービス、マイクロトランジット、フェリー	官民連携 自動車メーカー
Whim MaaS Global	ヘルシンキ、ウエストミッドランド、アントワープ （フィンランド）	2016年～	公共交通、自転車シェア、カーシェア、レンタカー、タクシー、配車サービス	官民連携 第三者
Green Class スイス連邦鉄道（SBB）	スイス	2018年～	公共交通、自転車シェア、カーシェア、タクシー、EV車両リース、駐車場	交通事業者
Qixxit ドイツ鉄道（DB）	ドイツ	2013年～	公共交通、自転車シェア、カーシェア、配車サービス、タクシー、長距離交通	交通事業者
滴滴出行 滴滴出行	中国	2014年～	公共交通、自転車シェア、カーシェア、配車サービス	民間
Tuup Kyyti	フィンランド Turuk地域	2018年4月～	公共交通、自転車シェア、カーシェア、配車サービス、レンタカー、C2Cカーシェア、タクシー、駐車場レンタル	官民連携 第三者
My Ciero My Ceiro	イタリア	2015年～	公共交通、駐車場、課金エリア許可、地域鉄道、地域バス	官民連携 第三者
TripGo SkedGO（オーストラリア発）	世界500都市以上	2012年ごろ	公共交通、自転車シェア、カーシェア、配車サービス	民間

出典：Peraphan Jittrapirom et al.(2017)：Mobility as a Service: A Critical Review of Definitions, Assessments of Schemes, and Key Challenges　から加筆修正

図1-2 **Whimの運賃体系**(2018年10月現在)

	Whim To Go	Whim Urban	Whim Unlimited
Monthly payment	Free	49€	499€
Local public transport	Pay per ride	Unlimited Single Tickets	Unlimited Single Tickets
City Bike	Not included	Unlimited (30min)	Unlimited
Taxi (5km radius)	Pay per ride	10€ per ride	Unlimited
Car rental	Pay per ride	49€ per day	Unlimited
Car share	Coming soon	Coming soon	✓
Cancel anytime	✓	✓	✓
Add-ons Incl regional HSL >			
	Read more	Read more	Read more

出典:MaaS Global

プリで、マルチモーダル❾なルート検索、予約、決済を可能としている。16年からスタートし、何度か運賃の改定を行い、現在は3つの運賃体系でサービスされている(18年10月時点)。(図1-2)

都度払いのスタンダードプランの他、「ウィム・アンリミテッド」は月499ユーロ(約6万5000円、1ユーロ=130円換算)で市内の公共交通機関がすべて乗り放題であり、かつレンタカー、タクシー(5km以内)、自転車シェアリングも乗り放題である。続いて、「ウィム・アーバン」は月49ユーロ(約6400円)で、同じく市内のすべての公共交通が乗り放題であり、タクシー(5km以内)は1回10ユーロ(1300円)、レンタカーは1日49ユーロ(約6400円)で利用できる。

1つのアプリでルート検索から予約決済まで行えるだけではなく、定額のサブスクリプションモデルとなっている点がウィムの最大の特徴である。また、アンリミテッドプランのようにタクシーの

❾マルチモーダルは、モードがマルチということであり、多様な交通手段が選択的であること。なお、インターモーダルという場合は、モードのインター、すなわち「際」であり、交通手段と交通手段の間の継ぎ目である交通結節点での連続性を意味する

図1-3　Whimユーザーの移動手段の変化

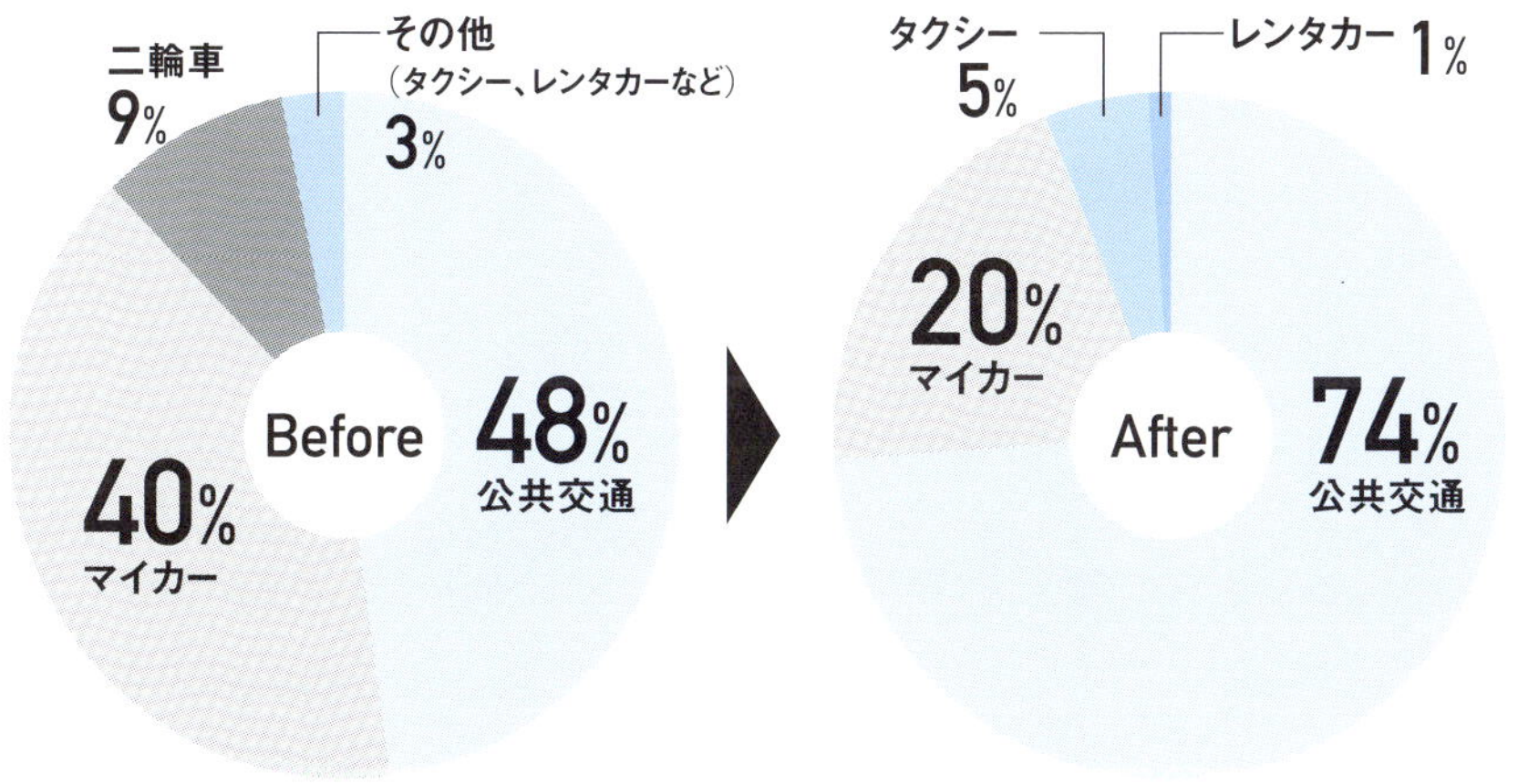

出典：MaaS Global（自転車と徒歩での移動は除く）

利用を5㎞以内乗り放題とすることで、公共交通の課題であるラストワンマイルを補完し、鉄道アクセスの手段としてタクシーを位置付けていることもポイントだ。

MaaSグローバルによると、ヘルシンキのウィム登録者は6万人を超え、10~20%が毎月定額料金を支払っているという。ヘルシンキの人口は約63万人なので、既に約1割がユーザーということになる。ウィムユーザーの利用前後の交通行動の変化も報告されており、利用前は公共交通（48%）、マイカー（40%）、二輪車（9%）であったものが、利用開始後には公共交通が74%と大きく伸び、マイカーが20%に半減。それまで、あまりなかったタクシーでの移動が5%に増加したという。（図1－3）

サービスを開始してから18年7月時点でウィム利用者のトリップ数は100万回を超え、同年9月には150万回を突破しており、19年以降はさらに利用が急増していくと予想される。

MaaSアプリ「Whim」の現地レポート

ここで、MaaSアプリとはどんなものか、MaaSグローバルの「ウィム」を例に解説する。現地ヘルシンキ市で利用したのは、都度払いのスタンダードプランだ。

まず、スマホでウィムアプリを立ち上げると、行き先を入力する画面が現れる。ここで早速注目したいのが、下側の「Upcoming」欄にグーグルカレンダーに登録している自分の予定が出てくることだ（画面❶）。いちいち行き先を入力する必要がなく、次の予定を1タップするだけで現在地からのルート検索ができるのは非常に便利だ。

行き先を選ぶと、一般の経路検索アプリと同じく、複数のルートが提案される（画面❷）。例えば、「徒歩→バス→徒歩」、「徒歩→バス→徒歩→トラム（路面電車）→徒歩」といった具合で、移動時間や料金も確認可能。ルートによってはタクシーや自転車シェアなども組み合わされる。カーシェアリングについても、ウィムアプリから現在地近くの車両の予約、決済が可能だ（画面❸）。

ルートを選択すると、チケットの購入画面に移る（画面❹）。あらかじめ登録したクレジットカードで決済できるため、検索の都度、カード番号などを入力する手間はない。決済が完了すると電子チケットが発行され、サービス開始ボタンを押すと〝旅〟の始まりだ。アプリでは、総移動時間からのカウントダウンがスタートし、利用者は案内に従って移動する（画面❺）。また、バスやタクシーに乗る際はドライバーにアプリ画面を見せるだけで済む。

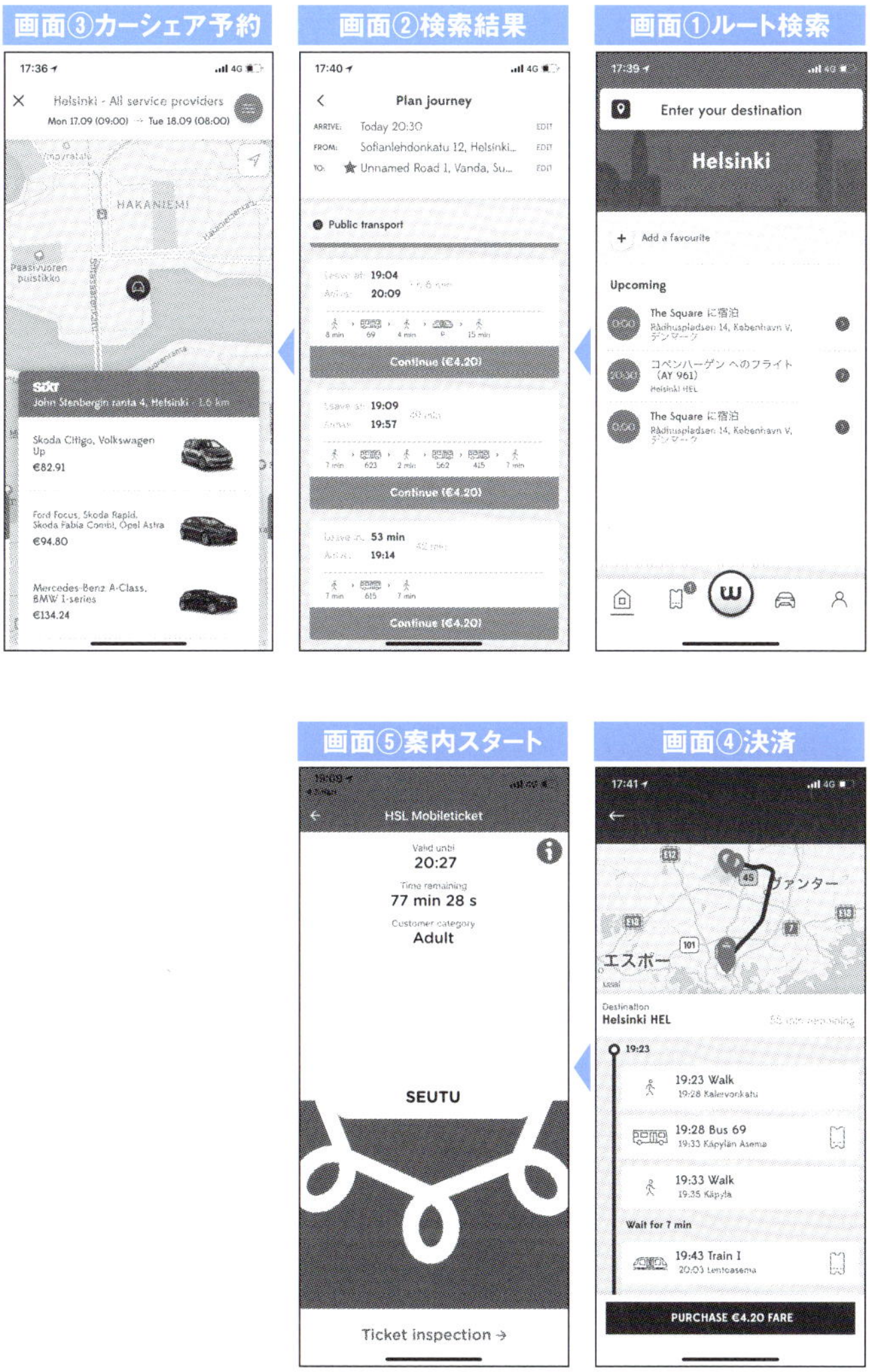

こうして個別の決済がなくなるだけで、移動のストレスはずいぶん解消された。定額プランなら、より気軽に使えるのは想像に難くない。ウィムは観光客でも使いやすいUI（ユーザーインターフェース）を実現しており、その面でも学ぶべきことは多い。

一方、公共交通事業者の主導で先進的なＭａａＳの取り組みの代表例は、スイス連邦鉄道（ＳＢＢ）であろう（ドイツ鉄道については、第4章で詳細に触れる）。２０００年ごろからカーシェアリング、レンタカー、駅併設の自転車シェアリングなどと鉄道利用を統合した戦略を進めており、スムーズな乗り継ぎができるサービスを展開してきた。

サービス開始当初は、駅からのラストワンマイルに、これらのサービスを利用した人の鉄道運賃を割り引くサービスであった。その後18年4月には、鉄道と各交通サービスを統合した定額サービス「グリーン・クラス」❿をスタート。グリーン・クラスには2つのサービスがある（18年10月時点）。最も充実している「プレミアム」を紹介しよう。プレミアムでは、ファーストクラス（一等車）乗り放題に加えて、新車の電気自動車（ＥＶ）がリースされる特典が付いている。ＥＶはテスラモデルＳ、日産リーフ、フォルクスワーゲン（ＶＷ）のｅＧｏｌｆ、ＢＭＷｉ3の4種類から選べ、車種により料金が異なる（家族での利用可）。保険も充実、各種税金はかからず、有料道路利用の必要な許可証も付帯され、夏冬のタイヤ交換もサービスという充実ぶりだ。

ＥＶは駅まで利用してもらう狙いがあるため、駅の駐車場が利用できるサービスも付いている。駐車場は2種類選択でき、1年間、特定の駅の決まった場所を利用するタイプと、スイス鉄道の充電施設がある駐車場を自由に２２０日（平日相当）選べるタイプがある。充電施設では、年間３０００㎞相当分までの無料充電の特典が付いている。平日は、駅までＥＶを運転していき、ファーストクラスで通勤すれば、パッケージ料金以外、全く追加料金がかからない仕組みだ。

前記に加えて、週末などの長距離移動をサポートするため、スイス国鉄が運営するカーシェアの利用権も付与される。また、自転車シェアは1回30分無料で利用でき、タクシーも25スイスフラン

❿ ＳＢＢ公式サイト：ＳＢＢ Green Class

（約2800円、1スイスフラン＝113円換算）相当の10枚のバウチャーが提供され、専用配車アプリ「go！（ゴー！）」を利用すると1回当たり1割引となる。これらすべてで月額1210スイスフラン（約13万7000円）である。ちなみに、もう1つの「コンフォート」プランの場合、月額は940スイスフラン（約10万6000円）で、利用できる列車は二等車となり、プレミアムに付帯されているタクシーの特典は含まれていない。

このスイス国鉄のチャレンジングな試みは、マイカーを〝所有〟せず、環境にも優しい全く新しいライフスタイルを提示したものである。日々の快適な鉄道による移動が約束され、なおかつ、最新のEVが維持管理費を負担せずに利用でき、鉄道駅の駐車場利用も保証されている。これらの利用や決済もネットですべて完了してしまう。スイスにおけるMaaSの取り組みは、先端を走る欧州の中でも1歩も2歩も先を行ったものである。

なお、スイス国鉄が外国人向けに提供している「スイスレールパス」は、都市間鉄道が特定期間乗り放題になるだけではなく、スイス全土の都市内の公共交通も乗り放題のチケットだ。また、スイス国鉄のルート検索アプリはUIに優れ、初めての外国人でも利用でき、鉄道のルート、時刻表、乗りたい列車の車両の情報を簡単に知ることができる。列車のサービスも一目で確認でき、車両の混雑状況も参考情報として提示される充実ぶりだ。レールパスとアプリがあれば、滞在期間中、安心して移動できる工夫は、まさに究極の「おもてなし」である。

自動車メーカー主導でMaaSに取り組んでいる代表的なプレーヤーは独ダイムラーの子会社moovel（ムーベル）であろう。18年10月時点では3種類のサービスが提供されている。1つは地域の公共交通と他の新しい交通サービスを統合し、ルート探索やリアルタイムの運行情報が得られるマルチモーダルなアプリ「ｍｏｏｖｅｌ（ムーベル）」である。欧州ではアムステルダムやバルセロナ、ウィーンをはじめ８都市、米国ではボストンの他３都市、アジア・オセアニアでは、シドニーで展開中だ。特徴は、マルチモーダルなルート検索に加えて、公共交通やタクシーなどのリアルタイムの到着時刻や運行状況が得られる点であり、アプリで決済もできる。

２つ目は、「ｍｏｏｖｅｌ ｔｒａｎｓｉｔ（ムーベル・トランジット）」という公共交通のキャッシュレスサービスであり、世界中で展開している。これは各国のさまざまな決済システムをムーベルのプラットフォーム上で展開できるようにしている点に特徴がある。

そして３つ目は、都市部でのオンデマンド型乗り合いサービス。スマホで乗車と降車を指定することで予約から決済までができ、行きたい時に行きたい所へ移動できる「ｍｏｏｖｅｌ ｏｎ－ｄｅｍａｎｄ（ムーベル・オンデマンド）」という新サービスである。これは、次世代の本命とされるモビリティサービスだ。18年6月1日には、ダイムラー本社のあるドイツのシュツットガルトで、公共交通と共同でサービスを開始した。

こうしたダイムラーの取り組みは、ＭａａＳのプラットフォームを世界の主要都市に拡大しながら、自社のビジネスを有利に進めていくグローバル戦略である。既にダイムラーの新しいモビリティサービスの展開エリアは31都市[11]を超え、例えば同社が手掛ける乗り捨て型カーシェアリング「Ｃａｒ２Ｇｏ（カーツーゴー）」の会員数は３２０万人以上を誇るほど勢力を急拡大している。

[11] ｍｏｏｖｅｌ、Ｃａｒ２Ｇｏ、ｍｙＴａｘｉの展開エリア

3 国内の現状は、MaaSレベル「1」

MaaSをモビリティサービスの統合や機能面から5段階にレベル分けをしてみると、図1-4のように表現できる。これはスウェーデンのチャルマース大学の研究チームが提案した分類である。欧米ではさまざまな新しい交通サービスが出現していることから、異なる交通手段が統合され、リービスが高機能化していく段階を定義した試みである（サービスを格付けした分類ではないことには留意が必要）。

「**レベル0（No Integration／統合なし）**」は、それぞれの事業者が個別に行うモビリティサービスである。既存の交通事業者が提供している独自の交通サービス、カーシェアリングや自転車シェアリング、レンタカーの予約サービス、配車サービス、駐車場予約、単独の交通事業者の検索サービスなどがここに該当する。グローバルスタンダードでは、単独のモビリティサービスや、それを進化させたものをMaaSとは呼ばない。

続いて「**レベル1（Integration of Information／情報の統合）**」は、異なる交通手段の情報を統合して提供するサービスで、マルチモーダルなルート検索サービスがここに該当する。グーグルマップによるルート探索や所要時間の案内は、自動車と他の交通手段とが比較されたマルチモーダルな情報提供の代表例である。他にも、「TripGo（トリップゴー）」や「Citymapper

（シティーマッパー）」などがグローバルに展開している。日本では、ナビタイムジャパンが展開するマルチモーダルなルート検索サービス「ＮＡＶＩＴＩＭＥ」などが該当する。先述したＭａａＳの概念に当てはめてみると、レベル１ではまだ、ＭａａＳとは呼べないだろう。

「レベル２（Integration of booking & payment／予約・支払いの統合）」は、マルチモーダルなルート検索に加えて、予約や決済もできる統合型のプラットフォームによるサービスである。先に紹介したダイムラーのムーベルや、ロサンゼルスのゴーエルエーなどが、このレベル２に当たる。ＭａａＳの概念に当てはめてみると、レベル２以上がＭａａＳと呼べるサービスだ。

そして**「レベル３（Integration of the service offer／提供するサービスの統合）」**は、予約や決済ができるだけでなく、専用の料金体系を持つなど、シームレスなモビリティサービスが実現される段階である。先に紹介したＭａａＳグローバルやスイス国鉄は、月額制のサブスクリプションモデルで都市内の乗り放題サービスを提供している。個々の交通事業者の垣根を越え、顧客主義に徹底した新しい概念のモビリティサービスを提供しているところに独自性がある。

最後に**「レベル４（Integration of societal goal／社会全体目標の統合）」**は、まだ世界でも該当するサービスがないとされる。14年から15年にかけて、スマートシティの実証実験の一環でウィーン市当局が開発・実証した「ＳＭＩＬＥ（スマイル）」（実運用は、ウィーン市１００％出資の公社であるヴィーナー・シュタットベルケが担当）は、スマートシティの実現という上位の政策目標に統合されていた点、自治体主導で官民協働が進んでいた点では、レベル４に近い。しかし、ＭａａＳグローバルのウィムのようにサービスとしては統合されておらず、レベル４に位置付けるには至らなかった。なお、スマイルは17年、「Ｗｉｅｎ Ｍｏｂｉｌ（ウィーン・モビル）」という交通

図1-4　MaaSのレベル定義(統合や機能面)

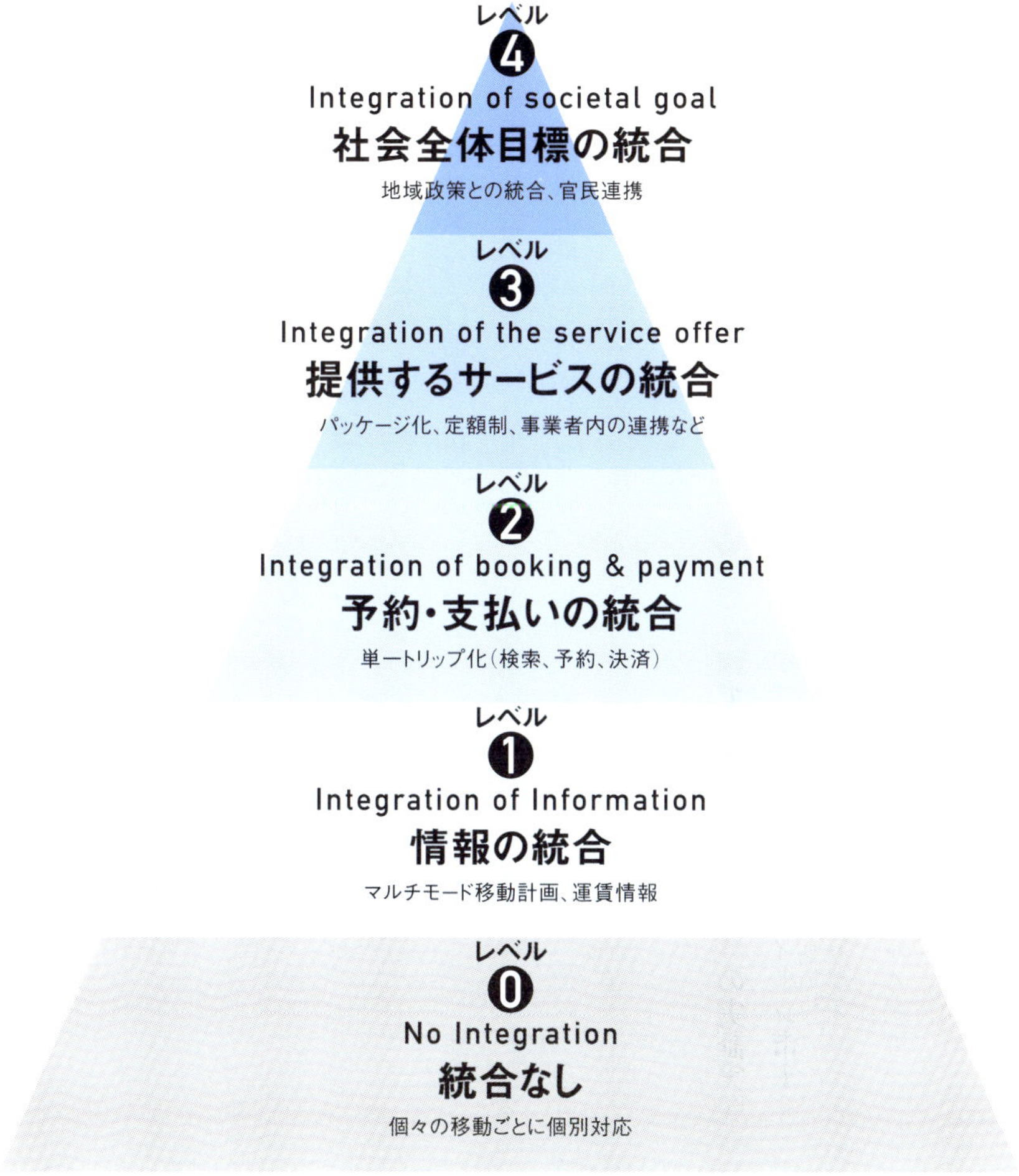

出典：Jana Sochor et al(2017);A topological approach to MaaS, November 2017

サービスに引き継がれている。

日本においても90年代には国が主導し、例えば金沢市におけるマイカーとパーク&バスライドを統合したマルチモーダルな情報提供の社会実験「金沢ダイナミックパーク&ライド社会実験」が行われている。⑫ マイカーで兼六園まで行った場合とシャトルバスで行った場合のリアルタイムの所要時間を直接ドライバーに提供したものだ。所要時間の提供だけではなく、駐車場情報（パーク&ライド専用駐車場空き台数、兼六園の満空情報）を統合し、1つのパッケージ（商品）として取り組まれた点で、MaaSの目指す方向性と合致したものだ。

また、広島市を対象に、自動車と新交通システム（アムトラムライン）を対象としたマルチモーダルな情報提供の社会実験も行われている。⑬ 西部丘陵地の郊外住宅から自動車と新交通システムの選択肢に関する情報提供（それぞれの所要時間や新交通の運行状況など）を行ったものである。それぞれの社会実験では、自動車と他の交通手段の情報を一体で提供することとの有効性が確認され、公共交通機関への行動変容が生じることが明らかとなっている。

金沢や広島などでの社会実験を通して、日本でも知見や教訓が蓄積されている。これらは渋滞緩和という目的だけではなく、誰もが安心して外出でき、ゆっくり街中を巡れる交通まちづくりの発想から取り組まれたものである。日本でも、このように古くから現在のMaaSに通じる試みがなされてきた実績があり、第4次産業革命の波を日本の実情に合った形でカスタマイズし、全く新しいモビリティサービスを創出していくことが期待される。

⑫ 中村文彦、牧村和彦、佐藤和彦（1998）：ダイナミックパーク&バスライドの実験、高速道路と自動車、1998年4月

⑬ 尾高・藤原・岡村・佐藤（2001）：マルチモーダル情報提供が交通行動に及ぼす影響の分析、土木学会第56回年次学術講演会（2001年10月）

4 MaaSビジネスとステークホルダー

ＭａａＳが注目されている理由には、これまでの交通システムを一変させ得る潜在的なビジネスモデルと、さまざまなステークホルダーの存在が挙げられる。ＭａａＳは、サービスを担うプレーヤーとインフラを担うプレーヤーで構成され、前者は図1－5に示すことができる。

まず、ＭａａＳプレーヤーには、先に紹介したアプリなどを提供する「ＭａａＳオペレーター」、移動手段などを提供する「モビリティサービス事業者」がある。ＭａａＳオペレーターには、プラットフォームに必要となる構成要素を単独、あるいは複合的にサービスする事業者もいる。ルート検索、リアルタイムな情報提供、予約、支払い、発券、個人アカウント管理など、個別のプレーヤーが存在する（これらプレーヤーの代表例は第4章で、また個別の技術に関しては第5章で詳しく解説する）。

一方、インフラを担うプレーヤーには、信号制御や優先制御などの交通システムインフラ、コネクテッドサービスに代表される通信インフラ、都市全体のインフラなどが存在する。さらには、ＭａａＳのレベル4を実現するには、交通の最適化や制御、都市計画を担い、予測評価・モニタリングに活用するシミュレーターの存在も重要となる。

また、ＭａａＳが進化すればするほど、さまざまな価値が創造され、これまでのライフスタイル

図1-5　MaaSのサービスレイヤーのプレーヤー

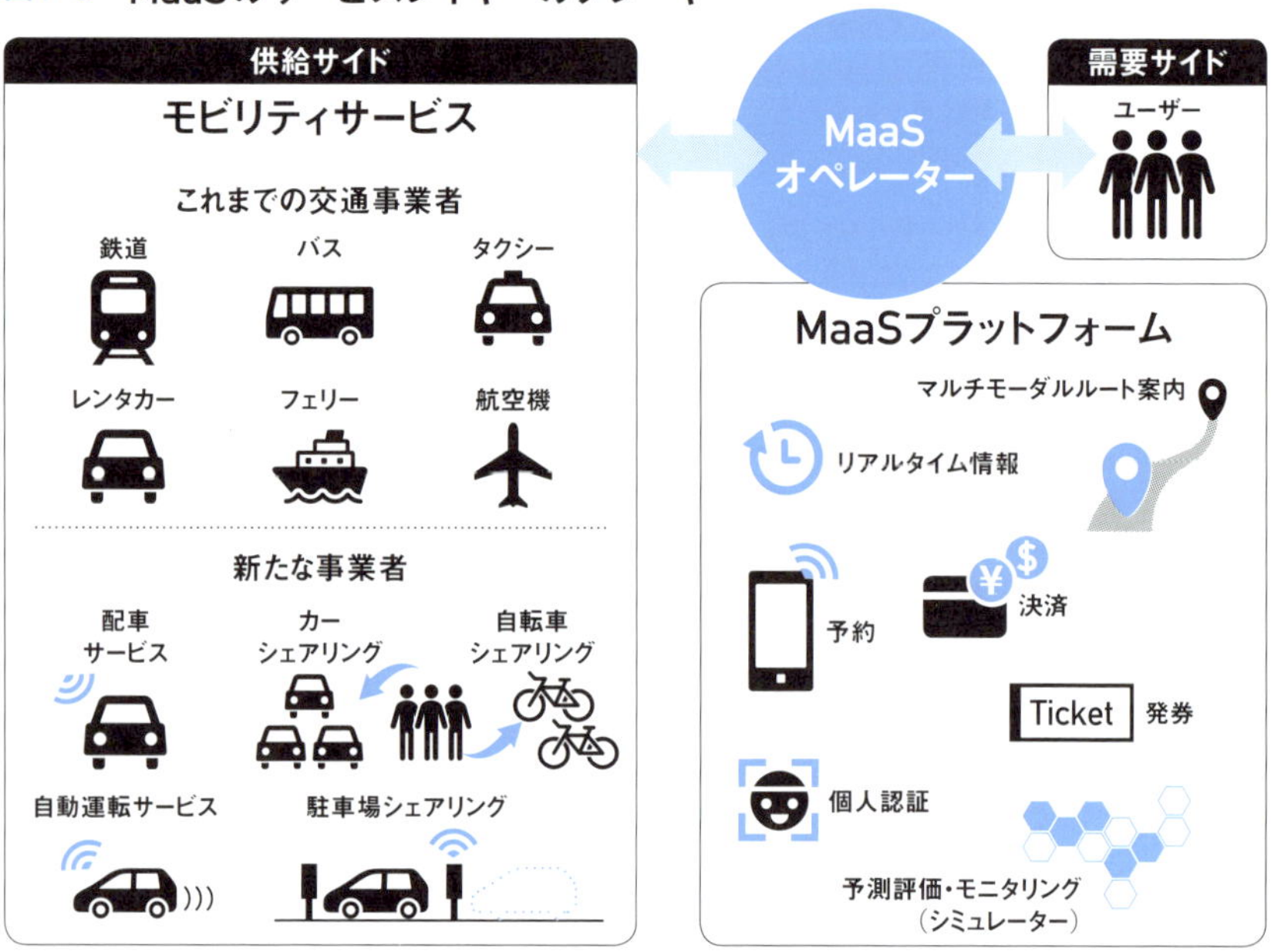

や社会全体を一変し得る可能性を秘めている。「100年に1度」と言われるモビリティ革命の先にある絵姿は、ヒトやモノの移動が最適化された都市、つまりスマートシティである。自動運転は手段であり、自動車の電動化も手段である。それと同様にMaaSも手段であり、その目的は持続可能な社会を維持、構築していくことに他ならない。

先に紹介したMaaSのレベル定義を基に社会への影響を予想した図1－6をもう少し解説しよう。

「レベル1」の段階では、鉄道やバス、鉄道とレンタカー、鉄道とタクシー、鉄道とカーシェアリングなど、異なる交通手段による移動経路や移動時間が提供され、マイカーによる移動時間やコストとの比較により、利用者は多様な価値観で個人の移動を最適化するよう行動が促されていく。また、公共交通とマイカーという比較だけではなく、グーグルマップで既にサービス提供されているような公共交通とマイカー、配車サービスとの比較など、ドア・ツー・ドアの新たな交通サービスなども選択肢として加わっていく。さらに配車サービスにも無人の自動運転車をベースにしたものなど多様な選択肢が提供されていくだろう。

そしてMaaSの「レベル2」では、移動の選択と同時に予約や決済がなされることで、チケットレスかつキャッシュレスで移動ができるようになる。既に日本では、自動車にはETC（電子料金収受システム）が普及しており、高速道路の移動はキャッシュレス化が実現している。そのため、自分が利用した高速道路の利用料金を正確に言える人は少なくなったのではないか。ETCの普及は、キャッシュレスとチケットレス化により、利用者の移動コストに対する意識や価値観を大きく変えた。MaaSによって今後マイカー以外の交通サービスでも同様のことが起こるであろう。

ＭａａＳの「レベル３」では、さまざまな交通手段がパッケージ化され、定額制によって提供される。いわゆるサブスクリプションモデルである。携帯電話の世界では、従量制から定額制に移行したことで、人々のコスト意識や通信サービスに対する価値観は激変した。同じく映像や音楽の世界でも、個別に販売されていた商品がパッケージ化され、映画やドラマ、音楽が定額で見放題、聞き放題といったサービスに移行し、いつでもどこでも好きなときに好きな人と、映像や音楽を楽しめる時代が到来している。その結果、「Ｎｅｔｆｌｉｘ（ネットフリックス）」や「Ｓｐｏｔｉｆｙ（スポティファイ）」に代表されるようなゲームチェンジャーが生まれ、新たなプレーヤーがビジネスを支配するようになった。

交通の分野にも同様の波が訪れようとしている。これまで個別の移動手段ごとに契約・支払いをしていた料金制度から、ＭａａＳオペレーターによってパッケージ化された統合交通サービスに対して契約することとなるだろう。月額や年間乗り放題などの定額制サービスにより、人々の移動に対する価値観が激変するだけではなく、小売り・物流業界におけるアマゾンのような新たなゲームチェンジャーが登場する可能性もある。また、権限が新たなプレーヤーに移譲されるなど、まさにこれまでの自動車産業、鉄道やバスなどの交通産業に対して、革命が起きるであろう。

そして、これまでさまざまな制約によって移動が困難であった人たちには、マイカー以外の移動の機会が与えられる。利便性の高い交通サービスの選択肢が増えることで、人々はより外出するようになることが期待される。交通事業者間の連携が進み、需給調整が進むであろう。さらに、交通と他のサービスとの統合も始まる。交通と観光やイベント、交通と医療や介護、交通と住宅や不動産など、モビリティ革命は、他の事業分野と融合した新たなサービスや産業を創出していく。

図1-6　MaaSのレベルと社会インパクト

レベル4
社会全体目標の統合
- スマートシティの実現
- 都市全体の目的との整合
- QOL（生活の質）の向上

レベル3
提供するサービスの統合
- 定額制パッケージにより移動の価値観、コスト意識の変革
- 新たな移動需要の創出

レベル2
予約・支払いの統合
- チケットレス・キャッシュレスによるシームレスな移動を実現
- 移動の安心向上

レベル1
情報の統合
- 異なる交通サービスの情報が統合
- マイカー以外の多様な選択肢の提供

レベル0
統合なし

最後にＭａａＳの「レベル４」は、個々人の移動の最適化だけではなく、都市全体を最適化するために、交通の制御や交通のマネジメントにより、人やモノの流れが適正にコントロールされる社会である。自動車や鉄道、バスなどの車両数やドライバー数が最適化され、マイカーで埋め尽くされている現代の都市空間や街路空間はリ・デザインされていくだろう。郊外から都心部に転居する人には一生涯にわたる移動の自由を保証する「生涯移動保証ＭａａＳ」というパッケージ商品が登場し、都市のコンパクト化が促進されていくかもしれない。安全で誰もが安心して移動でき、環境負荷の小さい持続可能な都市、スマートシティが実現する社会である。

MaaSを理解する3つのポイント

Point 1

ICT（情報通信技術）やスマートフォンを活用し、これまで統合・連携しにくかった公共交通や新たな交通サービスを利用者のニーズに応じて1つのサービスとし、シームレスで便利な移動を実現する

Point 2

交通手段により、輸送力や料金、ダイヤの柔軟性など特色があり、その組み合わせの最適化をすることによって、利便性が高く、環境にも配慮したユニバーサルデザインな都市交通を提供する。また、都市や交通事業者の課題を解決する

Point 3

機能としてはナビゲーションや予約、決済の統合サービスであるが、単なる機能の統合だけでなく、そのデータ利活用や機能連携により、モビリティ産業以外のビジネスとの融合が進み、新たな付加価値を生み出す

Chapter

2

なぜMaaSのコンセプトは生まれたのか

この章で分かること

- ◉「モビリティ」を巡る進化の歴史と、MaaS誕生の必然
- ◉フィンランドにおけるMaaS勃興の経緯
- ◉「マイカー依存」からの脱却を目指すMaaSの効用

1 「as a Service」時代の幕開け

20世紀はモビリティマシンの世紀だった。最初に鉄道が、次に自動車が、人やモノの移動を変え、産業構造を変え、社会を変えた。大量輸送手段として鉄道やバスが登場し、よりきめ細かな移動を提供する手段として、タクシーやハイヤーが誕生した。マシン・エイジ（機械の時代）として幕を開けた20世紀は、マシンを使った交通サービスが花開いた世紀でもあった。

マシンを使った交通サービスが日本で始まったのは、1872年（明治5年）のことだ。鉄道の開業が、その始まりである。1903年（明治36年）には現在のバスの原点である乗り合い自動車の運行が始まった。当初、「辻待ち自動車」と言われたタクシーの登場は1912年（大正元年）。その後1916年（大正5年）には米国で自動車を貸し出すレンタカー事業が始まっているが、戦前は運転免許が普及しなかった日本では、運転手付きで自動車を貸し出すレンタカーとハイヤーの中間のような業態が生まれたにとどまっている。

日本で自動車だけを貸し出すレンタカーが始まったのは49年だ。「ドライブクラブ」の名で運営された会員制・時間貸しのサービスだったから、レンタカーというより現在のカーシェアリングに近い業態と言える。レンタカーと呼ばれるようになったのは57年のジャパンレンタカーの登場以後で、63年のホンダレンタカーの参入をきっかけに、トヨタ自動車（65年）、日産自動車（66年）が相次いで参入したことでレンタカーが一般化した。64年の東京五輪を機にカラーテレビが普及し、(マイ)カー、クーラーと合わせて「3C」が新・三種の神器と呼ばれるようになるが、レンタカーは、マイカーの普及と共に一般化したのである。

20世紀の歴史を振り返ると、新しい交通サービスが誕生・普及する背景には、モビリティマシンやテクノロジーの進化に加え、利用するユーザー側の変化や進化もあったことが分かる。また、20世紀に普及・成長した新たな交通サービスは、最初の15年~20年間で原形が出そろっていたことも興味深い。

恐らく21世紀も、この構図は変わらない。マシンやテクノロジーの進化が新しいモビリティサービスを誕生させ、ユーザーや社会の側の変化・進化がその普及を促すだろうし、21世紀に栄えるモビリティサービスの原形は、2020年ごろまでには出そろうだろう。すなわち、今、私たちが目撃しているもの、これから目撃するものが、21世紀のスタンダードとなってゆくのだ。今、世界がモビリティサービスに着目する理由は、ここにある。私たちは21世紀の成長産業の勃興に立ち会っている。

新たな交通サービスの台頭(2000年代)

20世紀から21世紀の橋渡しとなったモビリティサービスが、カーシェアリングに象徴されるシェアリングサービスだ。

カーシェアの歴史は古い。発祥の地はスイスで、1948年には誕生していた。もともとは自動車を単独で購入できない人が共同所有するための協同組合（セファージと言われた）を作ることから始まった。マイカーの普及に伴ってセファージは下火となるが、80年代になると、渋滞や環境汚染などマイカー依存の弊害が問題視されるようになり、スイス政府は、中心市街地へのマイカー流入規制に乗り出した。これに対し、公共交通を補完する新たな交通手段として誕生したのが、不特定多数の人々が自動車を共有するカーシェアである。87年に2社のカーシェア会社が誕生するが、97年には連邦政府の介入でスイス・モビリティ社として統合され、政府公認のサービスとして提供されるようになった。

このスイスで普及しているカーシェアにヒントを得て、学生用にカーシェアを行うＺｉｐＣａｒ（ジップカー）が米国で設立されたのが２０００年のことだ。ジップカーは、ＩＣカードによる施錠・解錠、インターネットによる車の位置確認、予約、支払いなど、95年の「Ｗｉｎｄｏｗｓ９５」の発売以後、急速に普及していたインターネットとＩＴ技術を駆使した新しいビジネスモデルをつくり上げた。このジップカーのモデルが世界中に影響を与え、カーシェアを普及させたのである。日本では、早くも01年にオリックスグループがカーシェアのサービス提供を始めている。

カーシェアの急速な普及は、特に若い層で、「所有から利用へ」の価値観の転換が起きていることを印象付けた。そして08年には、独ダイムラーが乗り捨て型（フリーポート型）のカーシェア「Ｃａｒ２Ｇｏ（カーツーゴー）」の展開を始め、世界中の自動車メーカーを驚かせた。メーカーにとっては決して好ましくない「所有から利用へ」の流れに、ダイムラーが積極的に棹を差したからだ。

しかし、それも束の間のことで、２０１０年代になると、自動車メーカーによる参入が相次ぐようになる。11年には独ＢＭＷが、16年には米ゼネラルモーターズが、18年には日産がそれぞれカーシェア事業を開始し、スウェーデンのボルボも19年の参入を表明している。トヨタは12年から一部国内でテスト的に始めていたが、19年からは国内のディーラー網を使って本格的に展開するという。レンタカー同様、カーシェアは今や自動車メーカーが自ら手掛けるサービスとして定着しつつある。

カーシェアに続いて生まれたのが、自転車シェアリングである。95年にコペンハーゲンで始まったのが最初とされるが、普及に大きな役割を果たしたのが、07年にパリで始まった「Ｖｅｌｉｂ（ベリブ）」である。パリジャンやパリジェンヌたちが大都会をさっそうと自転車で駆ける風景は世界中で話題となり、自転車シェアリング普及のきっかけとなった。以来、10年で急速に普及し、今、欧米の主要都市では自転車シェアがあることが当たり前になっている。

そして、カーシェア、自転車シェアに続いたのがライドシェアだ。09年に設立された米ウーバーテクノロジーズの登場が、その契機となった。ウーバーはマイカーを使ったオンデマンド型の配車サービスで、送迎をしてもいいドライバーと、送迎してほしい利用者とをスマホのアプリ上でマッチングさせる。ドライバーと利用者の双方の現在位置をスマホによって交換し合うことが前提になるため、「スマホの申し子」のようなサービスだ。07年のｉＰｈｏｎｅの発売と、その後のスマホの爆発的な普及がウーバーを生んだと言える（なお、〝Ｕｂｅｒ〟は〝Ｓｕｐｅｒ〟とほぼ同義の米語のスラング）。

ウーバーが提供するサービスは、日本ではライドシェアと言われるが、欧米では、ライドヘイリング（Ride Hailing. hailingは「呼んで迎える」の意）と呼ばれるようになっている。これは、ウーバーやその後に続々と誕生した類似のサービスが、同じ方向に行く人を相乗りさせるサービスを開始したからだ。その相乗りサービスも、通勤時など、決まった時間に同じ方向に行く人と乗り合わせて行くような相乗りや事前に示し合わせての相乗りはカープール（Car Pooling）、たまたま同じ方向に行く人同士の相乗りはライドシェアと呼び分けられている。日本ではなじみのないサービスのため、ライドシェアと一括りにされているが、他人と乗り合いをする行為（ライドシェア、カープール）と、誰かのマイカーを呼び出して送迎してもらう行為（ライドヘイリング）とは、本来別ものである。スマホアプリによる配車サービスが普及した結果、見知らぬ他人のクルマを呼び出して乗せてもらったり、相乗りのマッチングをしたりが簡単にできるようになって、別ものだったものの境界が曖昧になっているのである。

アプリによる配車サービスを提供する企業は、米国ではＴＮＣ（Transportation Network Company）と呼ばれるようになっている。マイカーを使った配車サービスを提供するＴＮＣは、タクシーやカーシェアのように車両や駐車場をアセットとして持つ必要がないため、ＩＴ系企業の参入が相次ぎ、米国のＬｙｆｔ（リフト）、シンガポールのＧｒａｂ（グラブ）、インドのＯｌａ（オラ）、中国の滴滴出行（ディディチューシン）などのスタートアップが誕生して、瞬く間に急成長したのである。

ＴＮＣが提供するオンデマンド型の配車サービスは、スマホという新しいテクノロジーの出現によって生まれたものだ。ウーバーのアプリは、ＵＸ（ユーザーエクスペリエンス）を考え抜いたインターフェースのデザインや、自動車と利用者の正確な現在位置をリアルタイムで表示する機能を備えているが、このような優れたアプリを構想・プログラムする技術力に加えて、クラウドやＡＩというＩＴ技術の進化もＴＮＣの成長を支えたのである。

ＴＮＣが提供する配車サービスは、データビジネスと言っていいほどデータとの関わりが深い。

自動車と利用者の位置データだけでなく、ドライバーと利用者それぞれの個人データ、行き先や走行に関するデータ、そして利用後の相互評価のデータ、これらのデータがアプリを通じて収集され、クラウドサーバーに蓄積されてゆく。クラウドには膨大なデータが蓄積されるが、このビッグデータを解析すれば、移動の需要予測や渋滞予測が可能になる。

ビッグデータをリアルタイムで解析するのに有用なのがAIで、AIがあれば需給に応じた変動制の料金（ダイナミックプライシング）や、それを通じた需給調整、相乗りマッチング（行き先が同じ方向の人を見つけ出し、それぞれの行き先を勘案した最適ルートを瞬時に割り出す）などが可能になる。

このように、1990年代の後半以降のインターネットやIT技術の進化により、カーシェアや自転車シェアなどシェア型の移動サービスが広がり、スマホやクラウド、AIの進化が、ライドヘイリングやライドシェアといったオンデマンド型の配車サービスを普及させたのである。

これら新しいサービスの台頭によって、移動手段が一気に多様化した。これは鉄道やバスが整備されていない地域に暮らす人々にとっては福音となったし、駅やバス停のその先の移動（ファースト&ラストワンマイル）にこれらのサービスを使うということが、新たな選択肢となり始めたのである。

結果、それまではマイカーや自転車、あるいは徒歩に頼るしかなかった近距離の移動が、これらのサービスによって代替されるようになった。すなわち、マイカーや自転車、徒歩によって担われてきた移動ニーズが、シェア型、オンデマンド型のモビリティサービスを提供する側にとってはブルーオーシャン（競争相手のいない未開拓の市場）となったのである。これは、まさに市場の創造だった。だからこそ、短期間にシェア型、オンデマンド型のサービスが普及し、成長したのである。

そして、これら新しいモビリティサービスは、自動運転時代になるとますます普及することが予想されている。自動運転は所有から利用への流れを推し進めるからだ。呼べばいつでも自動運転車が目の前まで来てくれて、どこでも乗り捨てられるような時代が来れば、マイカーを持つ理由が薄れる。戦後の発展を支えてきたマイカーの時代はいよいよ終わり、これからはサービスの時代となるのだ。そのことを見越して、TNCへの出資をしたり（ダイムラーはウーバーに、トヨタはウーバーとグラブに出資済み）、モビリティサービスを運営する子会社を作ったり（ダイムラーの「moovel（ムーベル）」、米フォードの「フォード・スマートモビリティ」、独フォルクスワーゲンの「MOIA（モイア）」、トヨタとソフトバンクの「MONET Technologies（モネテクノロジーズ）」など）と、自動車メーカー各社もモビリティサービスへの進出を急いでいる。インターネット、スマホ、クラウド、AI、そして自動運転。これら新しいテクノロジーによって、シェア型、オンデマンド型の多様なモビリティサービスが台頭し、アズ・ア・サービス（as a Service）の時代が到来したのである。

統合型モビリティプラットフォームの登場（2010年代）

シェア型、オンデマンド型のサービスが生まれたことで交通手段が多様化し、移動の選択肢が増えた。選択肢の多様化は最適選択の検索ニーズを生み出し、既存の公共交通のみならず、新しい交通手段も組み合わせて提案することでドア・ツー・ドアの移動をサポートするサービスが生まれた。

最初に出てきたのは公共交通の経路検索サービスだ。日本で最初に生まれたのは94年のジョルダンの「乗換案内 for windows3.1」だから、ネット黎明期から登場していたことになる。その後、モバイル端末の進化に合わせて経路検索サービスも進化したが、スマホが普及し、シェア型、オンデマンド型の新しいモビリティが登場したことで、経路検索のみならず、予約や決済も含めてワンストップで提供するプラットフォーム型のサービス（通常はスマホアプリの形をとる）が、2010年代になって続々と登場するようになった。

11年に米国テキサス州オースティンでリリースされたアプリ「RideScout（ライドスカウト）」が、その始まりである。ライドスカウトは、既存の公共交通のみならず、配車サービスや自転車シェアまで含めて、利用できる交通手段はすべて可視化し、最適な交通手段を選んで予約までできるようにした、マルチモーダル型の統合プラットフォームである。11年のリリース後、瞬く間に全米69の都市で提供されるまでに成長した。15年には決済ソフトを手掛けるGlobeShelpa（グローブシェルパ）を買収し、決済機能も取り込んで、ワンストップ性を高めている。

ライドスカウトがリリースされた翌年の12年には、ダイムラーが同様の取り組みであるムーベルをスタートさせた。既に08年からカーシェアのカーツーゴーを展開していたダイムラーは、既存の公共交通とカーツーゴーとを組み合わせた最適な移動を提供するためのサービスとしてムーベルの展開を始めている。自社サービスの利用促進のためにも見えるが、公共交通がある所は公共交通、その先のファースト&ラストワンマイルはカーツーゴーを使うことでドア・ツー・ドアのシームレスな移動が実現するというコンセプトは理にかなっている。何よりカーツーゴーのみならず、ドイツ鉄道のチケットの予約・決済もできて、シームレスな移動体験の提供を実現した点が優れていた。

カーツーゴーやムーベルの運営部門は、13年にダイムラー モビリティサービスとして分社化されている。ムーベルに社名変更した14年には、ライドスカウトを買収し、そのノウハウを吸収してマルチモーダル型のプラットフォームとしての機能を高めている。同時に、タクシー配車サービスの「mｙTａｘｉ（マイタクシー）」も買収。既に自転車シェアの運営は手掛けていたため、ムーベルは、さながらダイムラーによるモビリティサービスの〝見本市〟のようになった。入り口をムーベルで押さえ、出口となるサービスのほとんどを自社で手掛けるという徹底ぶりは、ダイムラーがいかにサービス化に賭けているかをうかがわせる。

ダイムラーに続いて、13年にはドイツ鉄道がやはりマルチモーダル型統合プラットフォームの「Qｉｘｘｉｔ（クイックシート）」の展開を開始した。ドイツ鉄道もまた入り口としてのプラットフォームを押さえる一方で、カーシェア、自転車シェア、ライドシェア、タクシー配車サービスなどを次々に傘下に収めている。傍から見ればダイムラーとドイツ鉄道が互いの覇権を競い合っているように見えるが、一方でダイムラーのカーツーゴーと、ドイツ鉄道のカーシェア「Fｌｉｎｋｓｔｅｒ（フリンクスタ）」は相互のメンバーシップを共有するなど、協力関係を築いてもいる。協調と競争のバランスを取りながら、プラットフォーム同士が緩やかに連携し、相互乗り入れができるようになっているのである（クイックシートはプラットフォーマーとしての中立性を高めるべく、16年にドイツ鉄道から独立した）。

自動車メーカーと鉄道会社の双方が並び立つドイツとは異なり、北欧スウェーデンでは、大学（チャルマーズ工科大学）が主導する形で、「UｂｉGｏ（ユビゴー）」と名付けられた統合プラットフォームのコンセプトメイクと実証実験が行われた。13年にヨーテボリで行われた実証実験の成果は、14年のITS国際会議で発表され、アカデミックな方面も含め、グローバルな関心を呼ぶきっかけとなった。また、この年、オーストリアのウィーンでは、ウィーン市当局が主導する形で、マルチモーダル型の統合プラットフォームの実証プロジェクト「SMILE（スマイル）」が実施されている。こちらは、公共交通と都市政策を統括する側からのアプローチとして注目された。

このように、11年にテキサス州オースティンで始まった流れが、すぐに自動車メーカーと鉄道会社の手によってスケールされ、13年には大学、14年には公共というように、3年もしないうちに産官学の各方面からアプローチされる存在になっていったのである。

2 フィンランド発・MaaSグローバルの誕生秘話

MaaSという言葉が世界で使われ出したのは14年からで、フィンランドのヘルシンキを震源地にして広がった。1本の論文と、ITSヨーロッパ会議でのプレゼンテーションが、MaaSのコンセプトを世界中に広めると共に、その実装に向けてヘルシンキ市の背中を押し、フィンランド政府の取り組みを本格化させる契機となったのである。

論文とは、アールト大学の修士課程に在籍していたSonja Heikkilä（ソンジャ・ヘイッキラ）氏が14年4月に発表した修士論文「Mobility as a Service - A Proposal for Action for the Public Administration」❶（以下、「ＭａａＳ論文」）のことだ。ヘルシンキ市都市計画局からの依頼で書かれたもので、新しいモビリティが登場し、情報技術が進展するなか、ヘルシンキの交通システムが向かうべき方向性を見いだすことが依頼の趣旨だった。

これに対してヘイッキラ氏は、現状のヘルシンキの交通システムが抱える問題を明らかにすることから始めている。問題の根源にあるのは、市民のマイカー依存だ。鉄道、地下鉄、トラム（路面電車）、フェリー、バスなどの公共交通は整備されているが、その利便性、快適性は決して高くなく、他に選択肢もないなかでは、どうしてもマイカー頼みになってしまう。結果、１９８０年代を境に公共交通よりマイカーを利用して移動する人のほうが多くなってしまった。それは慢性的な渋滞や駐車場不足、環境問題を引き起こし、移動をストレスに満ちたものにし、町の魅力を失わせている。

このような状況を変革するためには、マイカーがなくとも移動に困らない社会をつくればいい。そのためにヘイッキラ氏が考案したのが、「モビリティオペレーター」という存在である。「オペレーター」と言っているが、交通事業者（図２－１ではService Producersに相当）のことではない。利用者の移動ニーズ（モビリティのニーズ）に合わせて交通事業者が提供する交通手段の最適な組み合わせをつくり、１つのサービスパッケージとして提供するのがモビリティオペレーターの役割だ。利用者はパッケージ料金を払い、モビリティオペレーターはその中から個々の交通事業者にサ

❶ アールト大学のWEBサイトでダウンロードできる（https://aaltodoc.aalto.fi/handle/123456789/13133）

図2-1　MaaSのコンセプトの下でのモビリティサービス提供の構図

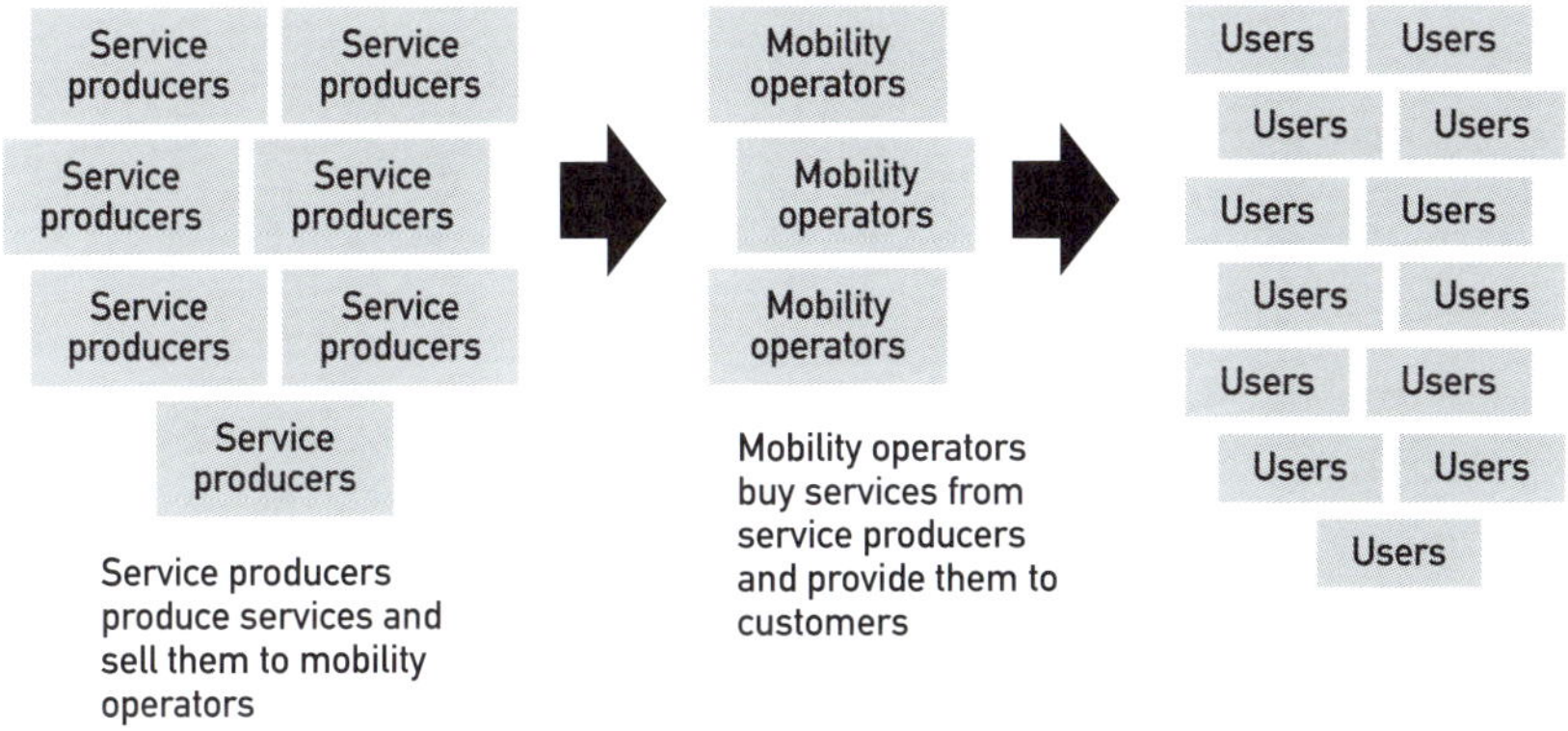

出典：S.Heikkilä (2014), "Mobility as a Service – A Proposal for Action for the Public Administration", p.71

ービス提供料を払うという構図になる。これがＭａａＳ論文が提唱するＭａａＳの基本構造である。

こうしたＭａａＳのコンセプトは、通信業界からヒントを得て生み出されたものだ。ヘイッキラ氏は論文のなかで、公的なサービスが自由化によってどのように変革されたかを知るために、通信、エネルギー、鉄道、航空の4分野のケーススタディーを行っている。とりわけ力を入れているのが通信業界の分析で、自由化後に多様なサービスや料金のパッケージが生まれ、利用者の選択肢が広がったことを肯定的に評価している。Ｎｏｋｉａ（ノキア）を擁するフィンランドでは、通信業界は自由化によって成功した公的サービスの象徴的な例とされており、交通業界も同じような変革を実現することで、利用者にとって望ましいサービスが実現するはずだという発想から、ＭａａＳのコンセプトは生まれている。

このコンセプトが実現するためには、多様な交通事業者によって多様な交通手段が提供されていることが前提となる。当然、既存の公共交通だけでは足りないが、カーシェアや自転車シェア、配車サービスなどを組み合わせれば、利用者の多様なニーズを満たすのに十分な交通手段が提供されるはずだ。モビリティオペレーターは人々の移動ニーズを可視化するから、新規参入を促すことも期待できる。その存在自体が、移動のニーズと交通手段の供給を一致させるように働くのである。

ＭａａＳ論文は、２０２５年にマイカーがなくとも全く困らない暮らしが実現していることを目標にヘルシンキの交通システム変革のロードマップを描いている。25年の暮らしを描写しているシーンでは、単に多様なモビリティサービスがあるだけではなく、例えば、体育館では道具を保管し、スポーツウエアを洗濯してくれるサービスがあって、いつでも手ぶらで立ち寄れるようになっている。そういう付帯サービスまで含めてサービスのパッケージをつくるのがモビリティオペレーターの役割だということが分かる。サービスパッケージは、利用者のニーズに合わせてそれこそ無数につくられる。交通事業者の都合ではなく、利用者目線でサービス開発をするのが肝である。モビリティオペレーターは、利用者のエージェント（代理人）的存在と言ってもいいだろう。

前述した通り、11年のライドスカウト以来、マルチモーダル型の統合プラットフォームは登場していた。利用できる交通手段を可視化し、最適な組み合わせを提案するだけでなく、予約、決済までできる仕組みも14年には生まれている。しかし、ＭａａＳの原点と言えるこの論文を読んでみると、ライドスカウトやムーベル、クイックシートなど、14年までに登場していたものとＭａａＳ論文で語られるＭａａＳの思想とは一線を画していることが分かる。ライドスカウトなどは検索・予約・決済をワンストップでできるようにしているが、選択した交通手段の利用料金は個々の交通事業者の規定に従う。これに対してMaaS論文で提案されているMaaSのモデルでは、利用者が払うのはモビリティオペレーターが決めるパッケージ料金だ。パッケージだから、個々の交通事業者に実際にどれだけの料金が支払われているかは外からは分からない。利用者は交通事業者の提供する交通サービスでなく、モビリティオペレーターが提供するサービスに対価を払っているのである。

MaaSがリアルビジネスの表舞台に

若干24歳の女子学生だったヘイッキラ氏は、MaaS論文を書いたことによって一躍、時の人になった。米Foreign Policy誌は、14年の「100 leading global thinkers」の1人に彼女を選んでいる。

ヘルシンキ市当局にMaaSを実装するためのロードマップを添えて提案し、市を動かしたヘイッキラ氏は、間違いなく「MaaSの生みの親」の1人である。だが、もともとのアイデアは、16年に設立されたMaaSグローバルのCEOとなったSampo Hietanen（サンポ・ヒータネン）氏が構想していたものだ。ヘイッキラ氏自身、「MaaSのクレジットはヒータネン氏にある」と公言している。

ヒータネン氏は、ヘルシンキ工科大学（現在のアールト大学）の土木工学を出た後、道路建設・整備会社のFinnish Road Enterprise（後のDestia）に勤め、そこでドライバー向けの情報サービスのビジネス化を担当していた。そのときに、多様なパッケージプランによってサービスが提供されている通信業界のように交通サービスも進化すれば、利用者の多様なニーズに応えられるようになる時代が来るのではないか。そんなアイデアを育てていたのだという。ヒータネン氏によれば、最初に着想を得たのは06年のことだ。

12年からＩＴＳフィンランドのＣＥＯになったヒータネン氏は、公共でも民間でもない立場を生かして産官学に人脈を広げ、ＭａａＳの実装に向けた下地づくりをしていった。そして、ヘイッキラ氏の論文が発表されてから2カ月後の14年6月、ヘルシンキで開催されたＩＴＳヨーロッパ会議で、ヒータネン氏自身がＭａａＳのコンセプトを発表した。これがＭａａＳという言葉が国際的な舞台で使われた最初である。

15年10月には、フランス・ボルドーで開催されたＩＴＳ世界会議で、ＩＴＳヨーロッパがEuropean Maas Alliance（欧州ＭａａＳアライアンス）を設立。当初の構成メンバーは、フィンランド、スウェーデン、オーストリア、デンマーク、英国などの産官学の20団体で、ＭａａＳの実現を目指し、欧州共通の取り組みを進め、世界各国にＭａａＳを広げていくための協力を行う団体と位置付けられた。

同時に、15年には、ヒータネン氏が、ＭａａＳフィンランドを設立した（16年6月にＭａａＳグローバルに改称）。16年2月にはフィンランド技術庁（Ｔｅｋｅｓ）や民間の投資機関から220万ユーロ（2億8600万円、1ユーロ＝130円換算）の資金を調達し、6月にＭａａＳアプリ「Ｗｈｉｍ（ウィム）」の試験運用をヘルシンキで行ったうえで、16年9月からサービス提供を開始した。

MaaSグローバルは、MaaS論文では「モビリティオペレーター」とされていたポジションでのビジネスを実践するために設立された企業である。同社は、「モビリティオペレーター」とは言わずに、「MaaSオペレーター」と自らを定義するが、MaaSグローバルの登場によって、MaaSオペレーターというビジネスが生まれたのである。

第1章で述べたように、ウィムの特徴は、定額制のサブスクリプションモデルを採用している点にある。MaaS論文で提案されたパッケージとしての移動サービスが実装された形だ。例えば、月499ユーロ（約6万5000円）の定額プランでは、1回5km以内のタクシー利用を含めてヘルシンキ市内の交通機関が乗り放題になる。それ以外にもいくつかのプランが用意され、利用者は自らのニーズに合ったものを選べる。

ヘイッキラ氏は、「世界に先駆けて通信革命を成し遂げたフィンランドは、交通においても世界に先駆けて革命を起こすことができるだろう」という期待の言葉でMaaS論文を締めくくっている。その期待通り、ヘルシンキ発のMaaSのコンセプトと、MaaSアプリのウィムは、世界中で話題となり、フィンランドは世界で最も先進的な移動サービスを実現した国として知られるようになった。そして、17年には、トヨタファイナンシャルサービス、あいおいニッセイ同和損保、デンソーが相次いでMaaSグローバルへの出資を決めたことから、遠く日本でも、自動車業界を中心に注目を集めるようになったのである。

期待のモビリティサービスも「単体」では成り立たない

市内の渋滞と駐車場不足からマイカーを減らしたいという思いを持っていたヘルシンキ市では、13年から15年の3年間、公営のオンデマンド型の乗り合いバス「Ｋｕｔｓｕｐｌｕｓ（クッツプラス）」の運営を試みている。フィンランド語で〝Call plus〟を意味するクッツプラスは、9人乗りのミニバスを使ったオンデマンド型乗り合いサービスで、スマホのアプリを使って近くの停留所まで呼び出せる仕組みになっていた（スマホを使えない高齢者などには電話予約も対応）。利用者がアプリに出発地点と目的地、希望時刻を入力すると、システムが最適なルートを割り出して、乗車時刻と乗車場所、運賃を表示する。それに対してＯＫすれば予約成立で、その後は乗車場所まで歩き（停留所までの経路案内はアプリがしてくれる）、指定された時刻に来たバスに乗り込めば指定した目的地まで連れていってもらえる仕組みだ。実施主体は、ヘルシンキ市の交通政策と公共交通の運営を担うＨＳＬ（ヘルシンキ地域交通局）だった。

9人までの乗り合いが可能だが、自分が乗った後に誰かを拾えば、その分、到着時刻は遅れてしまう。遅れずに速く着きたい利用者は予約の際に急行を選べる。急がない場合はエコノミープランにすれば、9人までは乗客を乗せてゆくから時間はかかるが、運賃はその分安くなる。運賃は自動引き落とし方式で、現金決済は不要。価格は路線バスより高く、タクシーよりは安い。運行形態の面でも運賃の面でも、バスとタクシーの中間的な存在という位置付けのサービスだった。

こうしたオンデマンド型の乗り合いサービス自体は珍しいものではない。日本でも欧州でも、人口の少ない過疎の町などでよく見られるものだ。しかし、クッツプラスの場合、過疎地の交通を支えるためでなく、大都市のマイカーを減らすために導入されている点がユニークだった。アプリを使って呼び出せて相乗りもできるようにすれば、公共交通の利便性と効率性が向上し、マイカーからの乗り換えが進むのではないかという仮説を基に導入されたシステムである。

結果はどうだったか。利用者にはそれなりに評判が良かったようだが、利便性を高めるためには台数を増やす必要があり、台数を増やすとコスト高でとても採算が取れないという結論から、プロジェクトを継続する理解が得られることはなかった。プロジェクトが打ち切られた15年に導入されていたミニバスの台数は15台。これを17年には100台にし、乗降もバス停ではなく、ドア・ツー・ドアにすることが計画されていたが、そこに至る前にプロジェクトは終了(公式には休止)している。

クッツプラスの実践を通じて分かったことは、オンデマンド型の乗り合いバスという、一見、利便性の高そうなモビリティサービスを投入したところで、それ単体では利便性が限られるためマイカーからの乗り換えは進まないということだった。需要に応える供給を実現するには相当の台数が必要で、それではとても経済的に見合わなくなってしまう。また、既存のバスの需要を奪い、公共交通の側の不評を買うという問題も起きてしまった。これらはHSLにとっての教訓となった。

結局、利用者が特定の交通事業者から個々にモビリティサービスを購入する既存のモデルにとどまる限り、効率化と多様化には限界があるということだ。利用者と交通事業者の間にモビリティオペレーターを介在させることで初めて交通手段が十分に多様化され、移動のニーズと交通手段との間の需給ギャップが最小化される。これがヘイッキラ氏のMaaS論文の骨子だったが、図らずもクッツプラスの実践は、特定のモビリティサービスによって多様な移動ニーズを満たそうとすることの限界を露呈する形となったのである。

なお、ＭａａＳ論文の中で描かれる２０２５年の未来予想図では、モビリティオペレーターの提供するアプリを通じて至るところでクッツプラスが使われるようになっている。クッツプラスというモビリティサービス自体が間違っていたのではなく、他の交通手段との連携がなく、それ単体で多様な移動ニーズに応えようとしたことに問題があったといえよう。

行政のコミットがMaaS実現への近道

ＭａａＳグローバルのサンポ・ヒータネン氏は、「ＭａａＳの実現のためには自治体が交通に関するビジョンを持ち、導入に対してコミットすることが必要だ」と再三強調している。逆に言えば、ウィムのサービスをスムーズに立ち上げることができたのは、ヘルシンキ市の理解と後押しがあればこそということだ。クッツプラスの経験が、ヘルシンキ市にＭａａＳ導入への後押しをさせたと言えよう。

もっとも、自治体がいかに頑張ったとしてもできることは限られる。ＭａａＳ実現の背景には、フィンランド政府による交通システムおよび交通産業を改革したいという強い意志と、柔軟で大胆な政策の実践があった。高齢化が進み、前近代的で競争力を失っていた交通産業を改革することで、かつての輝きを失ってしまったノキアに代わる成長産業に育てたいという思いも、フィンランド政府にはあったようだ。

フィンランド政府の取り組みは、09年に発表された「Finland's Strategy for Intelligent

Transport」と「Climate Policy Programme 2009－2020」にまで遡ることができる。環境負荷の低い持続可能な社会をつくるためには、マイカー依存を止め、効率的で使いやすい、万人に開かれた交通システムを実現することが必要という認識を政府が示し、それに向けて具体的な政策を導入していくことを約束したのである。

これを踏まえ、まず省庁の組織再編が行われた。フィンランドでは、日本の運輸省と総務省を足したような組織である交通・通信省（LVM：Ministry of Transport and Communications）が交通政策全体を統括しているが、10年には、それまで海運、陸運、空運ごとに分かれ、交通のモードごとに縦割りで組織されていた部局をフィンランド交通庁（Liikennevirasto：Finnish Transport Agency）と、フィンランド交通安全庁（Trafi：Finnish Transport Safety Agency）に再編した。交通庁が公共交通の運行を含めた実施面、交通安全庁が交通システムや規制面を担うことで、マルチモーダルで交通システムを構想し、実践することができる体制を構築した。

12年には、交通・通信省の大臣が呼びかける形で非公式の会合「A New Transport Policy Club」が発足し、交通のあるべき姿について、有識者や産官学の関係者がざっくばらんに話し合う場が生まれた。そして、13年2月に開かれた会合において、MaaSグローバルのヒータネン氏が、サブスクリプションモデルをベースとしたアイデアを披露し、そこでの議論を通じてMaaSのコンセプトが生まれたのである。先述したように、MaaSのコンセプトが公式に世に出されたのは14年4月のMaaS論文によるが、大臣含め、政府高官と国内有識者の間では、13年2月という早い段階から大まかなコンセプトは共有されていたのである。

そして14年にMaaSのコンセプトが発表され、国際的にも注目を浴びるようになったなか、政府はＭａａＳの実装に向けたパイロットプログラムに着手する。14年には、交通・通信省と交通安全庁が共同でLiikennelabra (Traffic Lab) を立ち上げ、フィンランド技術庁（Tekes）も加わる形で官民の有識者・関係者を集め、具体化の方策を話し合った。その上で、15年には技術庁がスポンサーとなって実証プロジェクトを公募。これに応える形でＭａａＳオペレーターになるべく後のＭａａＳグローバルとＴｕｕｐ（トゥプ）という2つのベンチャー企業が誕生した。ＭａａＳグローバルは16年にヘルシンキでウィムをローンチし、トゥプは17年にヘルシンキも含むフィンランドの主要都市で「Ｋｙｙｔｉ（キーティ：フィンランド語でＲｉｄｅの意）」の提供を開始した。

フィンランド政府は、ＭａａＳの実装に当たって法制度も改革している。16年9月に、交通事業に関する個別の業法を廃止すると共に、すべての交通事業者がデータをオープンにし、チケットや支払いに関するＡＰＩをも公開することを義務付ける交通サービス法（Act on Transport Services）へ一本化をした。この法案は、17年5月に可決され、18年1月から施行されている。フィンランドの交通大臣Anne Berner氏は、17年12月にベルギーで開かれたConnected Transport Summitでこの法案に触れ、“We regulate the market over data, we don't regulate anymore over price.”と語っている。料金に関する規制を撤廃する代わりにデータ公開を義務付け、データで市場を統制しようというフィンランド政府の意図がこの言葉に表れている。

18年7月には、交通サービス法の施行第2弾として、タクシー免許取得者数の上限を撤廃する規制緩和が実施されている。フィンランドでは、タクシー免許があればウーバーのようなアプリを通して旅客行為ができる。免許の上限を撤廃したことで、既存のタクシードライバー以外のドライバーを増やし、配車サービスの事業者が営業をしやすいようにしたのである。この規制緩和を受けて、

17年に一度撤退していたウーバーは、フィンランドに再参入を果たしている。

このように、フィンランド政府は多様なモビリティサービスが供給されるよう規制緩和を行う一方で、データ公開を義務付けることで、MaaSグローバルやトゥプのようなMaaSオペレーターがサービスを提供しやすいように市場環境を整えている。フィンランドは国を挙げてMaaS導入が進むよう後押しをしているのである。

3 「マイカー依存脱却」のトレンド

ここで、フィンランド発のMaaSが目指していることを改めて整理しておこう。

最初に、モビリティ（Mobility）という言葉について、その意味するところを改めて確認しておきたい。Mobilityを英和辞書で引けば、「可動性」「移動性」「流動性」と出てくる。これでは意味が分からないので英英辞典（Oxford English Dictionary）で引き直してみると、"the ability to move or be moved freely and easily."とある。移動できる能力、あるいは、自在に移動できる状態にあることを意味する言葉ということが分かる。あくまでも動く側の視点で移動を捉えた言葉がMobilityであるのに対し、運ぶ側の視点で捉えた言葉がTransportだ（通常、「輸送」「運送」「交通機関」と訳される)。移動を、動く側の視点で見るか、運ぶ側の視点で見るかが、この2つの言葉の違いとなって表れる。Mobility は需要家目線、Transport は供給者目線と言い換えてもいいだろう。

需要サイドと供給サイドがある場合、たいてい、そこにはズレが生じる。経済学の理論に従えば、需要と供給は価格メカニズムの導入によって完全にバランスされる。しかし、現実の世界では、そんなにうまくいくことはない。需給調整は、官民を問わず、永遠のテーマである。

先に紹介したMaaS論文でも、需給の不一致が問題視されていた。マイカーか公共交通かの二択しかないなかで、満たせていない移動のニーズがあること。通信やエネルギー分野では自由化後に供給が多様化して、需給の不一致が自然と解消されるようになったが、交通でも同じことが起きるはずだ。そのためにも、融通のきかない公共交通と、自由だが外部不経済の大きいマイカーとのすき間を埋める多様な交通手段が必要だし、それを個人のニーズに合わせたパッケージにして提供するモビリティオペレーター(=MaaSオペレーター)が必要になる。すなわち、交通事業者とは別の存在を介在させることで、Mobility と Transport の間の不一致を解消することをMaaSは目指しているのである。

MaaSグローバルのウィムは、定額制モデルを採用したことに特徴はあるが、そこにMaaSの本質があるわけではない。定額制というパッケージの方法はユーザーのニーズに合っているが、それがなぜこれまで存在しなかったかと言えば、業界ごとに規制に守られた交通の世界では利用者(Mobility)のニーズより、提供者(Transport)の都合のほうが優先されがちだったからだ。その発想を転換し、モビリティの論理でサービスのパッケージをつくり、提供することにMaaSの本質があり、企業としてのMaaSグローバルの革新がある。

同社CEOのサンポ・ヒータネン氏は、ウィムについて「交通版のネットフリックス」という比喩をたびたび使う。米国のコンテンツ業界では、「Netflix（ネットフリックス）」や「Spotify（スポティファイ）」のようなサブスクリプションモデルが登場してから、売り上げが急回復している。定額制は、所有から利用に比重が移ったビジネスにおいて、〝鉄板〟のサービスパッケージなのかもしれない。

マイカーよりも合理的な選択肢に

先のMaaS論文は、「2025年までにマイカーがなくても困らない暮らしをヘルシンキで実現する」という想定で書かれている。MaaSが目指しているのは、マイカー依存からの脱却だ。人口60万人超、周辺も含めた大ヘルシンキ圏としては140万人規模のヘルシンキ市は、それなりに公共交通が整備されている。それでもマイカー依存型社会になっているのは、駐車場を探す手間や渋滞につかまるリスクを差し引いても、マイカーのほうが便利で快適だと思われているからだ。

オンデマンド型の乗り合いバスであるクッツプラスは、公共交通の利便性、快適性を高めるための試みだった。だが、十分に便利になるためには相当の台数が必要で、そこまでのコストはかけられないとの結論から、継続が困難になってしまった。既に述べたように、特定の交通手段で利用者の多様なニーズを満たすのには限界があるというのが、その教訓だった。

MaaSが目指すのは、特定の交通手段に誘導することではなく、既存の交通手段を組み合わせることでシームレスな移動体験を生み出すことだ。決まった駅や停留所でしか乗り降りができない公共交通も、駅や停留所から目的地までのラストワンマイルを自転車、カーシェアで乗り継げば、ドア・ツー・ドアのシームレスな移動が可能となる。近年勃興しているシェア型、オンデマンド型のモビリティサービスは、公共交通を補完する存在になれる。乗り継ぎがスムーズで、決済の手間が増えず、料金が割高でなければ、複数の交通手段を乗り継いでいくことは何ら問題ない。駐車場のコストや渋滞のリスク、運転の手間などを考えれば、マイカーよりも合理的な選択肢となるから、マイカーからのシフトが進み、マイカー依存から脱却できる。それがMaaSの目指すところである。

実際ヘルシンキでは、ウィムの導入後、ユーザーのマイカー利用率は半減し、導入前は50％に満たなかった公共交通の利用率が74％に増えた（第1章参照）。タクシーとレンタカーの利用も増えており、今のところは狙い通りに進んでいるようだ。

ウィムの導入前、バス業界は使い勝手の良いタクシーやカーシェアに流れる人が増えて、バスの需要が減ることを恐れていたという。デンソーやトヨタファイナンスなど、自動車関係の会社が出資していることからも、ウィム（およびMaaS）は自動車産業のためのもので、公共交通にとってはマイナスに働くのではないかという疑心暗鬼の思いがあったのだ。それは、蓋を開けてみれば杞憂で終わったわけだが、マイカーから公共交通＋αへのシフトを目指したMaaSの取り組みが、公共交通の側にはそうは見えていなかったという点は留意すべきだろう。伝え方を間違えると、既存の公共交通事業者の反対でMaaSの導入が頓挫することがあり得るからだ。

MaaSは公共交通の持続可能モデルをつくる

　MaaSがマイカーから公共交通へのシフトを促すことを目指しているからと言って、ヘルシンキにおける公共交通の評価が高いかと言えば、そんなことはない。先に紹介したMaaS論文には、市民目線で今の交通の問題点を語らせている場面があるが、公共交通は設備が古く、臭いがきつく、駅にはアルコール依存症の人をはじめ身なりの悪い人間がたむろし、女性にとっては使いたくない交通手段として描かれている。駅のトイレに温水洗浄便座までが完備されている日本の都心部の公共交通（特に鉄道）と、フィンランドのそれとは同じものと思わないほうがいい。

　公共交通の質を高めるためには投資が必要だが、マイカー依存が進んだ社会で、公共交通に投資をするのは難しい。利用者が少ないから利益が出ないし、だからと言って税金を投入しようにも、マイカー利用者からの支持を得ることが難しいからだ。

　MaaSグローバルによると、フィンランドでは平均で月に300ユーロ（3万9000円、1ユーロ＝130円換算）が交通手段に使われていて、そのうち240ユーロ（3万1200円）がマイカーの保有に関わるコストだという。この240ユーロをMaaSのエコシステムの側に還流させることができれば持続可能になるというのが、MaaSグローバルが描く基本戦略だ。もちろん、MaaSオペレーターがそれを独り占めするのではなく、大半は実際のモビリティサービスを提供している事業者に還元されることになる。つまり、MaaSがビジネスとして成功するほどに、地域でマイカーのエコシステムを維持するために使われていた資金が、公共交通を潤すことになるのだ。

公共交通に資金が回るようになれば、必要な投資ができるようになり、公共交通の質が改善する。それは公共交通の利便性・快適性を高めるから、公共交通へのシフトがより進む。こうした好循環によって公共交通の質が改善していくことが期待される。決してそれが明示的な目標とされているわけでなく、結果としてそうなるという側面が強いのは確かだが、公共交通の質の改善も、MaaSが目指すものの一つと言っていいだろう。事実、MaaS論文でヘイッキラ氏は、その効果として「公共交通への投資が進むことが期待できる」と述べている。

自動車産業がない国の経済を守る側面も

フィンランドには自動車産業はなく、油田もない。従って、マイカーの購入、維持にかかる費用のうちの多くは、国外に流れてしまう。もちろん、ディーラー、整備会社、駐車場運営会社、ガソリンスタンド、カー用品販売店など、マイカーの存在によって潤う国内企業はある。マイカーへの課税による税収もあるから、フィンランド国内に全くお金が落ちないわけではない。それでもマイカーの場合、付加価値の源泉はクルマそのものにあるから、マイカー依存型経済がクルマの製造を行っていない国や地域にもたらすものは、周縁的なものにとどまる。付加価値を生まない産業が経済に与える影響は限定的だ。

すなわち、マイカーを求め続ける限り、フィンランドの資金は国外に流出し続けるのである。旺盛な成長を続けるステージにある国はいいが、欧州や日本のように成熟期に移行した経済で、資金流出が続くのは痛い。だが、MaaSによってマイカー依存から脱却すれば、資金流出は抑制できる。流出していた資金を国内で循環させられれば、国内経済は潤い、サービスのレベルがアップする。公共交通への資金還流による質の向上は、その象徴的な例である。

多くの製造業で組み立て部分の付加価値が失われ、素材・デバイスなどの川上か、サービスなどの川下でしか儲からなくなっている。いわゆる「スマイルカーブ」の構造である。自動車産業においても、近い将来、同じ構造になることが予想されている❷。

すなわち今後は、川下のモビリティサービスが、付加価値の源泉になるということだ。MaaSの導入は、それを地域経済に取り込むことを意味する。国外への資金流出を抑制する一方で、付加価値の源泉を得るのだから、地域は確実に潤うようになる。

フィンランドでのマイカーの稼働率は、一日のうちせいぜい4%程度だという。これは日本と大差ない状況だ。せっかく国外からクルマを買ってきても、それが稼働するのはせいぜい4%。一方、同じようにクルマを外国から買ってきたとしても、それを使ってサービスを提供すれば、そこで生まれる売り上げのほとんどは国富となり、地域を潤す。何より雇用が生まれる。どちらが良いかは一目瞭然だ。しかも、モビリティサービスは、今後、成長が期待される分野なのである。

あまり語られることはないが、MaaSはモビリティ革命による地域経済の振興を目指すものでもあるのだ。

❷デロイト トーマツ コンサルティング『モビリティ革命2030』（2016年、日経BP刊）など

Interview

MaaS定額モデルが生まれたワケ 世界のトップランナーは 住宅、ヘルスケア市場も狙う

MaaS Global CEO

Sampo Hietanen

MaaSという概念の「生みの親」として知られる存在。自社開発したMaaSアプリ「Whim（ウィム）」をフィンランドなどで展開する。欧州を中心にMaaSに関する法整備のガイドラインの策定などを進める「MaaSアライアンス」の理事も務めている

――MaaSグローバルは、どんなことを実現しようとしているのか？

サンポ・ヒータネン氏（以下、ヒータネン氏） 目標としたことは、モビリティサービスを組み合わせて、クルマを保有する生活よりも、より良い生活を実現するサービスを作り出すこと。クルマの保有コストが高い東京で、あえてマイカーを購入する理由は、いつでもどこへでも行けるからでしょう。MaaSのアイデアは、あらゆる移動に関わるモビリティサービスをうまく活用し、クルマを保有することで得られる自由を超えようとする、とても大きなものです。

従って、我々MaaSグローバルのような「MaaSオペレーター」は、米ウーバーテクノロジーズなどの新たな交通サービスを直接手掛ける存在ではありませんし、鉄道やタクシーなども保有していない中立的な立場で、統合サービスを提供しています。自動車メーカーがMaaSオペレーターになると公共交通は組むのを嫌がるでしょう。逆に公共交通がMaaSオペレーターになると自動車メーカーが嫌がるはずです。私はモビリティサービスのすべてが必要だと思っていますから、独立している必要があるのです。

――MaaSが生まれた背景は？

ヒータネン氏 従来のクルマを保有するスタイルから、どのようにクルマを活用するか、つまりオーナーシップからユーザーシップへのシフトが大きく影響しています。1人当たりの支出項目で、住宅関連に次いで2番目に大きいのが移動に関する支出です。西ヨーロッパでは1人当たり300

ユーロ（3万9000円、1ユーロ130円換算）を支払っていて、モビリティ関連の支出は情報通信の10倍もあるのです。もし私が事業を日本で展開し、人口の約5％だけでも顧客になったとしたら、NTTドコモより大きな売り上げになることでしょう。

しかし、移動に関する支出額の大半、実に85％がクルマの保有コストといわれ、鉄道やバス、タクシーなどに対しては十分にマーケットが開かれていません。これほど負担の多いクルマを保有するよりも、タクシーや鉄道、バスを組み合わせて移動したり、必要なときに高級車を借りたりするくらいで十分ではないか。私は、これまで世界で約1350回のプレゼンをしてきましたが、アブダビを除いて、「ドリームカーを欲しいか」という問いに対して手を挙げる人は少なかった（笑）。使うものだけにお金を払えば、フェラーリに乗ることも可能になります。そのようにスタイルを変えれば、クルマの購入や駐車場料金などの保有に関わる支出を減らすことができ、駐車場も最低限で済みますから都市空間の有効活用につながります。これは、日本でも同様のことが言えるでしょう。

――MaaSは公共交通や自治体に対して、どのようなメリットをもたらすか？

ヒータネン氏　先ほどお話しした通り、移動に関する支出のほとんどはクルマの保有コストで、公共交通やタクシーなど他の移動サービスには15％しか使われていません。もしクルマを保有するマーケットを開くことができれば、公共交通などへ個々人が支払う額が増え、公共交通はマイカーの保有と競争することができます。

しかし、その市場は誰も独占はできないのです。誰もが参加でき、誰もがイノベーションを起こせる。すなわちオープンであることが大切です。米アップルのアップストアで起きていることを思い描いてみてください。彼らは自社でいろいろなことを実現させましたが、マーケットを開くことで、さらにたくさんのことが実現するのです。

我々のビジネスプランについて話すと、都市によりますが、人は平均的に1日4回、約7km移動しています。その際、マイカーを使うのではなく、公共交通や自転車に乗ること、そして歩くことで、より安い移動手段にシフトさせようというのがMaaSアプリ「Whim（ウィム）」のロジック。そのように誘導していくことで、街を活性化できると思っています。

――ウィムの定額モデルは、動画配信サービスの「ネットフリックス」から得たのか？

ヒータネン氏　いえ、我々は06年ごろには既にMaaSのモデルを着想していた。その頃はまだ、ネットフリックスはなく、携帯電話やインターネットのサブスクリプションモデルと比較していました。当時は、フィンランドでも携帯電話向けに〝スマートプライシング〟という月額制料金が導入され、料金を気にせず無制限に使えるようになり、これをモビリティでも実現したいというのが最初の発想です。

ちなみに定額制モデルの組み方として、現状「ウィム・アンリミテッド」ではタクシーを5km圏内で乗り放題という設定にしています。これは、鉄道の駅にアクセスしやすいようにタクシーを使うという考え方が基になっています。タクシーをヘルシンキ市内以外で推奨するつもりはありません。乗り放題の距離設定に関しては、展開するエリアによって最適解が変わるでしょう。また、我々のビジネスモデルとしては、モビリティサービス事業者とウィム会員をつなぐことによる手数料収入だけに頼っているわけではありません。自動車ディーラーも、個別の商品を売った手数料だけを収入にしているのではなく、車両の販売からメンテナンスなどをパッケージにして顧客に販売し、収益を得ているわけです。

既存の公共交通事業者は、時間当たり、走行距離当たりなどの料金を収益のベースにしています。それに対してＭａａＳグローバルは、エンドユーザーに移動手段をパッケージにしたサービスを提供しています。例えば、東京でマイカーを保有している出費を我々のサービスに支払ってくれるなら、タクシーを乗り放題にだってできますし、そのほうが自分でクルマを運転するよりも安全でしょう。サブスクリプションモデルは持続可能なモデルだと思っています。

――ウィムに統合されるモビリティサービス事業者のベネフィットは？

ヒータネン氏　モビリティサービス事業者はおのおのが個別に動くのではなく、連携してマイカーの保有に対して競争する必要があるのではないでしょうか。先ほど述べたように、マイカーの保有は高いコストを伴うため、鉄道やバス、自転車シェアなどの追加的なサービスに支払う余裕がないからです。そこで、サブスクリプションモデルを組んで移動の自由度を上げ、マイカーを手放すことができれば、ユーザーは現状より追加のモビリティサービスにより多くの使用料を支払うことになるはずです。また、モビリティサービス事業者は個別に会員を集める必要がないので、すぐにユーザーへアクセスができ、新たなサービスも展開しやすくなります。

ウィムのアルゴリズムは、エンドユーザーのニーズを大切にしながら、マイカーの保有を超えるサービスを提供できるように複数のルートを提案します。例えば、どのタクシーを推奨するかは、エンドユーザーの使用履歴と事業者のサービスレベルに応じて、表示させるようにしています。

また、エンドユーザーとの間にＭａａＳグローバルが入ることで、モビリティサービス事業者はユーザーとの直接的な接点が減ってしまうことや、これまで育ててきたブランド力などを失いかねないのではないか。公共交通事業者の間でそういった懸念があることもよく理解しています。そのため、我々はどの会社のサービスを利用しているのか、ユーザーに対して分かるようにしている。ですから、ブランド力を失うことに対する心配はないと思います。これまで以上に、ユーザーの移動データを得る機会が増えるメリットのほうが大きいでしょう。

モビリティサービス事業者は、データへのアクセスは無料です。しかし、生のデータそのものには価値がありません。誰にとってそのデータが大切なのか。データ活用に価値が付くのではないでしょうか。ＭａａＳに関わる事業者間のエコシステムでデータを活用した結果に価値があるのです。もし国や地方自治体がＭａａＳグローバルの考え方に賛同して、すぐに展開したい場合は、都市でも地方部でも補助金などのインセンティブを付けてサービスの普及を加速させることもできます。日本でも欧州でも、国や地方自治体は、既に公共交通の運行にかなりの補助金などを投入しています。今の方針を変えてＭａａＳの考え方を取り入れれば、エンドユーザーに対して直接的に補助金を活用することができる。このようなＭａａＳグローバルの考え方に対して、各国の多くの自治体が賛同してくれています。

——今後力を入れたいことは？

ヒータネン氏　18年8月に行った900万ユーロ（約11億7000万円）の新たな資金調達により、海外展開を活発化させています。MaaSグローバルが採るのは、アップルツリー戦略。リンゴの木をゆすって、落ちたリンゴから着手するイメージです。ウィムのサービスを展開するためには、地域のパートナーが必要ですから、先方から声を掛けてもらった展開しやすい地域から始めています。

我々はMaaS構想を時間をかけて練ってきました。今は、MaaSのビジョンを広げる段階にきています。交通分野のサブスクリプションモデルは、MaaSグローバルが世界で一番初めに開始しました。トップランナーだけにリスクが伴います。これからもっとサービスの内容を充実していかなければいけません。

また、住宅業界との連携も視野に入れています。そもそも住宅と移動手段は近い関係にあるもの。交通費として支払っている出費を家賃に含むアイデアもありますし、賃貸住宅の企業がウィムのサービスを提供することも考えられます。マイカーの駐車場に支払わずに済んだお金で、バスケットコートを家に作ることもできるかもしれません（笑）。駐車場は生産性の低いスペースで、もっと付加価値の高い使い方が可能でしょう。

ヘルスケア業界との連携も考えられます。ウィムユーザーがどれだけ歩いたかなどを計測し、たくさん歩いた人は料金が安くなるようなこともできるはずです。そして、新たにウィムに加える交通サービスという点では、どのようにエアライン業界と連携を取るかも課題といえます。

――最後に、MaaSのエコシステムをどう構築するべきか。日本へのアドバイスを。

ヒータネン氏「エコシステム」という言葉を使うと難しくなります。エコシステムは誰もコントロールできない、バリューチェーンの最上位にあるものです。マイカーを保有するよりも利便性の高い移動サービスを、あらゆる交通手段を組み合わせていかに提供するかが大切です。

ケーキに例えて話すと、卵や小麦といった素材から組み立てるのではなく、先にどのようなケーキを作るのかを皆で共有してから作ることが重要だと思っています。スポーツなら、相撲をとってみたり、サッカーをしてみたり、おのおのがバラバラの動きをするのではなく、同じスポーツの中で戦うことがカギになります。

いろいろな交通事業者と話す機会があり、「コンセプトは理解できるが、MaaSを実現させるのは大変難しいのではないか」とよく言われますが、実はとてもシンプルなことなのです。

（文／楠田悦子＝モビリティジャーナリスト　※日経クロストレンド2018年4月18日、10月11日掲載のインタビュー記事を再構成）

Chapter

3

日本における MaaSのインパクト

この章で分かること

◉日本の都市と地方における交通システムの現状と課題
◉MaaSが「地域社会」にもたらす3つのメリット
◉MaaSによって「個人の暮らし」がどう変わるか
◉日本の「国家戦略」としてMaaSをどう捉えるべきか

1 都市と地方が抱える交通の大問題

2018年6月に閣議決定された政府の成長戦略「未来投資戦略2018」には、「自動運転のみならず様々なモビリティ手段の在り方及びこれらを最適に統合するサービス（MaaS）について検討を進める」とある。前年の「未来投資戦略2017」にMaaSの言葉はなく、18年になって初めて入ったものだ。

「MaaSの実現」という言葉は、未来投資戦略2018の中では、以下の3つの見出しの下に出てくる。「交通・物流に関する地域の社会課題の解決と都市の競争力の向上」「次世代モビリティ・システムの構築を通じた新たなまちづくり」「公共交通全体のスマート化」。これを整理すると、①**地域の交通・物流に関する課題の解決**　②**都市の競争力向上**　③**新しいまちづくり**　④**公共交通のスマート化**という4つの目標を達成する手段としてMaaSに期待がかかっていることが分かる。

「まちづくりと公共交通の連携を推進しつつ、自動走行など新技術の活用、まちづくりと連携した効率的な輸送手段、買い物支援・見守りサービス、MaaSなどの施策連携により、利用者ニーズに即した新しいモビリティサービスのモデル都市、地域をつくる」という表現に見られるように、公共交通とまちづくりの連携、まちづくりとMaaSの連携が強く意識されているのも、未来投資戦略2018の特徴である。

しかし、なぜ「まちづくり」なのか。交通とまちづくりの間にどのような問題が横たわっているのか。

まずは人口70万人以上の政令市の交通分担率を見てほしい。東京23区と大阪市では自動車の分担率は15％を切っている。東京・大阪の中心部では公共交通が整備され、クルマに頼らない暮らしが実現している。(図3−1)

一方、3大都市圏の中でも、トヨタのお膝元である名古屋は、自動車の分担率が4割を超えており、マイカー依存型社会になっていることが分かる。札幌は名古屋の状況に近く、福岡は公共交通の利用率は名古屋以下だが、徒歩や自転車での移動が多いため、自動車の分担率は4割を切っている。仙台になると自動車が5割を超え、熊本に至っては6割近い。

地方はクルマ社会とはよく言われるが、東京・大阪とその近郊の大都市を除き、マイカー依存が進んでいるのが日本社会の実相である。可住地面積当たりの車の保有台数が先進国の中でも突出して高い日本は、名実共に自動車大国である。この狭い列島をクルマで埋め尽くすことで私たちは豊かな暮らしを手に入れてきたのである。(図3−2)

「マイカー依存」が公共交通の衰退を招いた

Auto-mobile（自動車）は、Self + Movable つまり、「自分自身で動けること」を原義とする。20世紀、日本人はマイカーを手に入れたことによって移動の自由を手に入れた。それは素晴らしいことだった。だが、その移動の自由は、渋滞や大気汚染を生み、化石燃料の消費により炭酸ガスを生んで、温暖化の原因となっている。日本では年間3600人以上が、世界では年間120万人以上が交通事故で亡くなっているという現実もある。そしてクルマ社会になったことでロードサイドの大きな駐車場のある店がはやり、中心市街地の商店街は衰退した。

よほど狭い路地以外は車が入ってくるから子供も外で遊ばなくなったし、ロードサイド店に客を奪われて衰退し始めた中心市街地は、他に使い道がないからと、青空駐車場だらけになっている。青空駐車場とシャッター商店街、ロードサイドに広がる「ファスト風土」と呼ばれる均一な光景。これらは移動の自由を謳歌し、クルマ社会を称揚してきたことの結果である。

それればかりではない。マイカー依存が進んだことで公共交通が衰退した。例えば、日本バス協会の調べによると、乗り合いバスの利用者は、この半世紀で6割近く減少している。❶ 地方ではバスや電車は高校生以下かお年寄りしか乗らない乗り物になっている。乗客が少ないから朝晩の通勤・通学時間以外は一時間に一本あればいいほう。そんな状態だから、クルマを持っている人が公共交通を使うことはほとんどない。利用客が減るから使い勝手が悪くなり、使い勝手が悪いからさらに利用者が減るという悪循環。地方のバスや鉄道はもはや存続することが難しい段階になっている。16年11月には、JR北海道が全路線の半分以上に当たる10路線13線区、1237・2㎞を「自社単独での維持が困難」と衝撃的な発表をし、地方の公共交通が抱える深刻な現実を突き付けたのである。

公共交通が縮小・撤退しても、これまではそんなに困らなかった。マイカーがある限り、自由に移動できたからだ。しかし、高齢化の進行で事情は変わってきている。近年、高齢者の引き起こす交通事故が増えているが、運転できる年齢にはどうしても上限がある。むろん個人差はあるが、これまでの傾向を見る限り、75歳を超えると免許返納をする人が増える。たいてい70代後半から80代

❶ 公益社団法人日本バス協会「日本のバス事業と日本バス協会の概要」(平成29年度)

図3-1 人口70万人以上の政令市の交通手段利用率(平日)

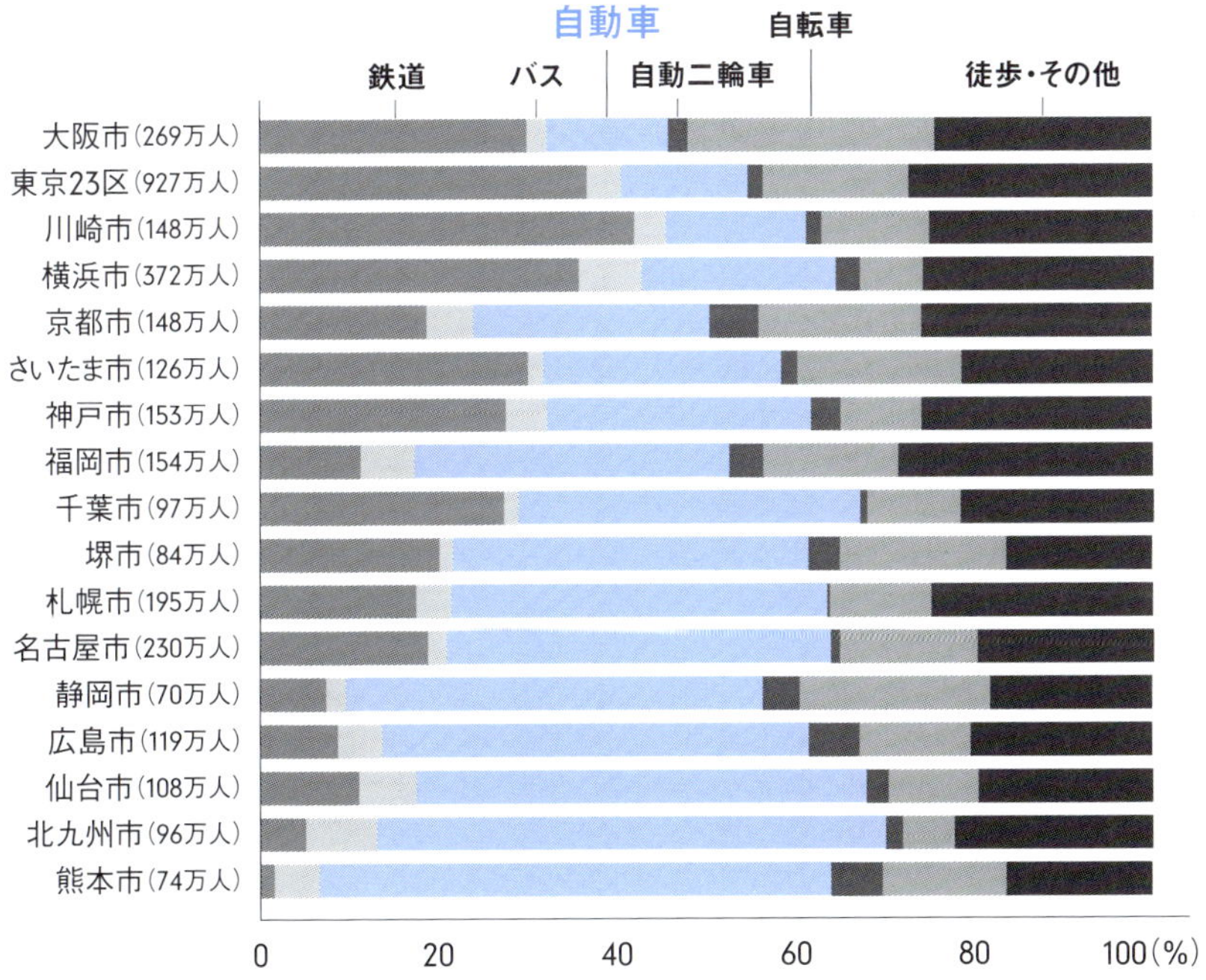

出典：国土交通省「平成22年度全国都市交通特性調査結果」を基に筆者作成。人口は平成27年度国勢調査。新潟市、浜松市、相模原市も人口70万人以上だが、交通手段利用率に関するデータがないため掲載していない

図3-2 主要国別可住地面積1km²当たりの自動車保有台数(2002年)

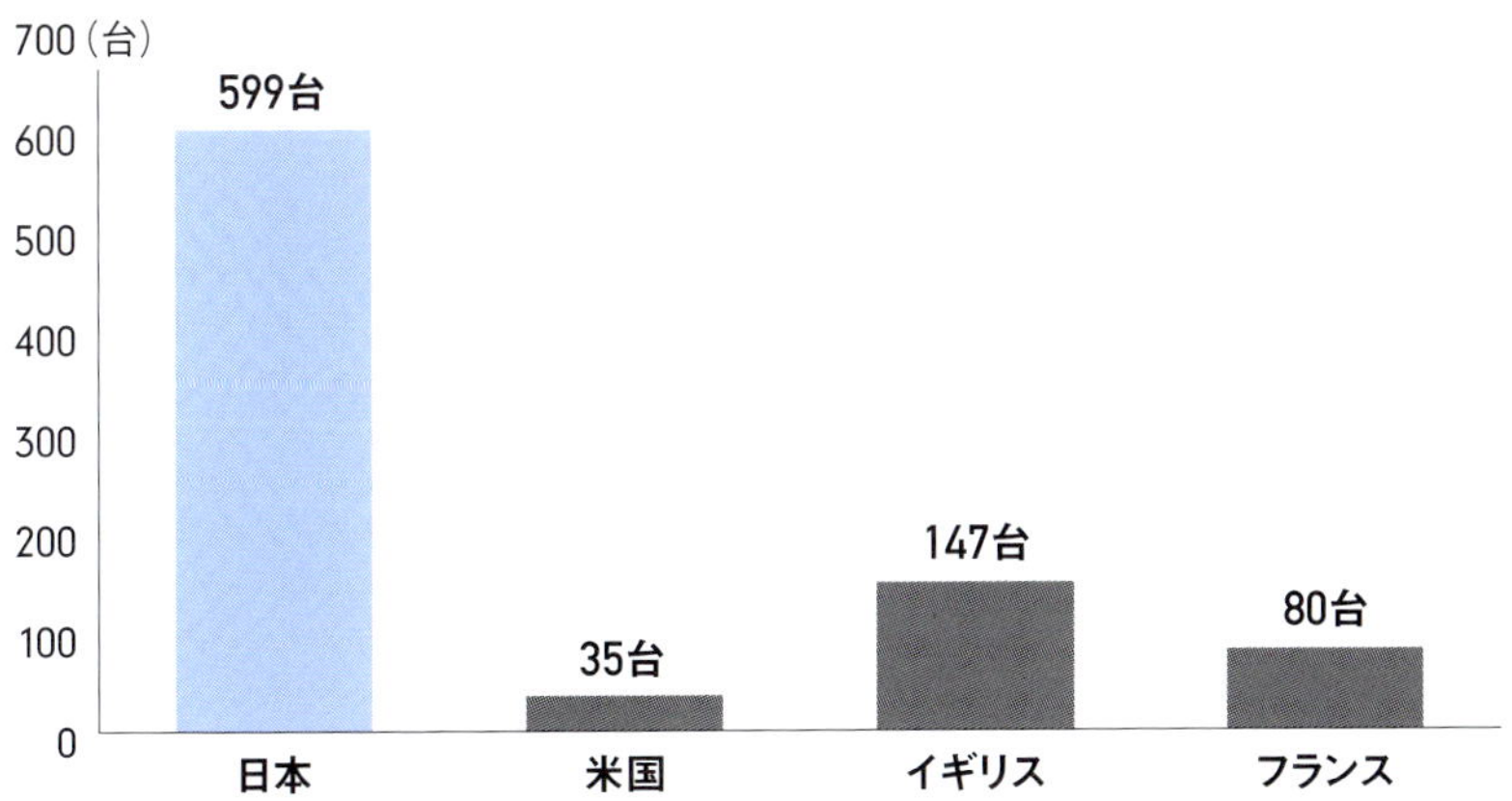

出典：国土交通省

前半で車の運転をやめているようだ。これは団塊の世代が後期高齢者になる2025年以後、免許返納者が激増することを意味している。クルマがないと生活できない地方で、免許を返納した後期高齢者は、どのように生きていけばいいのだろうか。

国土審議会が11年に発表した「国土の長期展望・中間とりまとめ」は、徒歩圏内に生鮮食料品店が存在しない高齢単独世帯の数が、2050年には114万世帯になるとの予想を示している。05年に比べて2・5倍になる計算だ。これとは別に農林水産省は、スーパーやコンビニが自宅から遠いうえにクルマを使えず、食品購入に苦労する65歳以上の人が、15年時点で824万6000人に上るとの推計値を発表している。❷ 10年前に比べて21・6％増の数値である。これらを見ても、今後、「買い物難民」が増えることは確実だ。通販や移動販売で対処すればいい、ドローン宅配が有用だという声もあるが、モノさえ届けばいいという話ではない。高齢者の場合、外出をしないこと、それ自体がさまざまな問題の温床になるのである。

厚生労働省の「国民健康・栄養調査」では、週1回以上外出しない人とそうでない人を比べると、外出しない男性高齢者では、低栄養状態になる率が有意に高くなることが明らかになっている。男女共に出歩かなくなるとうつ病になりやすく、認知症になるリスクが高まるということも医学的に確認されている事実だ。つまり、外出しない高齢者の増加は、心身を損なう高齢者を増やし、医療費や介護費を増加させることにつながるのである。

健康面や財政面の問題だけでない。フランスなどでは、移動できる権利を基本的人権の一つに位置付けているが、移動の自由が確保されているか否かは、個人のQOL（クオリティ・オブ・ライフ）や尊厳に関わる問題である。高齢者の尊厳を守る意味でも、外出したいときに外出できる手段

❷ 農林水産政策研究所「食料品アクセス困難人口の推計値」（平成30年6月）

を用意することが重要になっている。

都道府県単位で見たとき、日常的な移動手段としての自動車の利用率が最も高いのは群馬県である。18年3月に群馬県が公表した「群馬県交通まちづくり戦略」では、県民の日常的な移動手段として、鉄道が2・5%、バスが0・3%、自動車が77・9%という実態が報告されている。4人に1人は100m未満の移動に自動車を利用し、自動車を保有している高齢者の75・2%は自分で日常的に自動車を運転している。

自動車大国の米国をも超える極端なクルマへの依存度だが、こういう社会でクルマを持たない人は、外出において当然にハンディを負うことになる。事実、クルマを保有している高齢者とそうでない高齢者の間には、30ポイント以上もの外出率の差があることを群馬県は報告している。

実は近年の日本では外出率が年々低下している。図3-3にあるように、三大都市圏と比べ、地方都市圏でその傾向が顕著だが、その背景にはクルマが日常の足になっている地方都市圏において、クルマを持てない高齢者が増えているということがあるのではないかと考えられる。

ただし、世代別の外出率を示した図3-4からは、高齢世代よりも、若い世代のほうが外出しなくなっている傾向が見てとれる。高齢者はむしろ年々アクティブになっているから、地方都市圏において特に顕著な外出率の低下を高齢化のせいばかりにするのは間違いかもしれない。地方部でクルマを所有しない若者が特に増えているという事実はないから、地方都市圏における外出率の低下には、足（交通）の問題とは別の問題がありそうだ。

自分自身で移動できることを旨としてきた自動車が一人一台以上行き渡った地方部で、なぜ外出率が低下しているのだろうか。恐らくそこに潜んでいるのは、町の問題だ。マイカーに頼ったまちづくりをしてきたことの弊害が、ここに来て顕在化してきているのである。それは、マイカー依存から脱却することを目指して努力してきた欧州の地方都市と比べると一目瞭然だ。

完全にクルマ社会になっている日本の地方都市は、一般に、歩いていける範囲に出ていきたくなるような場所がない。中心市街地は寂れているから、休日の過ごし方といえば、特定の趣味がある人を除き、郊外のショッピングセンターに行くのが関の山ということになる。消費の場所は飽きるしお金も使うから、そうそう毎週は行っていられないし、そもそも、ファミリー層以外にはそんなに楽しい場所でもない。独り身の若者や子供が独立した成熟した世代が楽しめるような場所が、日本の地方都市には圧倒的に欠けているのである。行く場所がなければ、外出が減るのは当然で、地方都市圏の外出率の低下は、そこに住む人々にとって外出したくなるような場所が年々減ってきているということの表れなのだろう。

対する欧州の地方都市は、そんなに大きくなくても中心市街地に常に人の往来があり、にぎわいがある。中心部には路面電車が走り、クルマがなくとも移動ができて、ウィンドーショッピングをしたり、公園やカフェでのんびりしたりできる。休日は広場にファーマーズマーケットが立つから、朝から大勢の人でごった返す。すべての地方都市がそうだというわけではないが、衰退していない欧州の地方都市に共通するのは、歩いて楽しい町、クルマがなくても移動に困らない町になっているということだ。

歩いて楽しくて、移動に困らない町になっているのは、そういう方向での足づくりとまちづくりの努力を弛まずに続けてきたからだ。クルマ社会になるに任せて無計画にまちづくりをしてきた日

図3-3 **都市圏別の休日のトリップ原単位（トリップ/人・日）の推移**

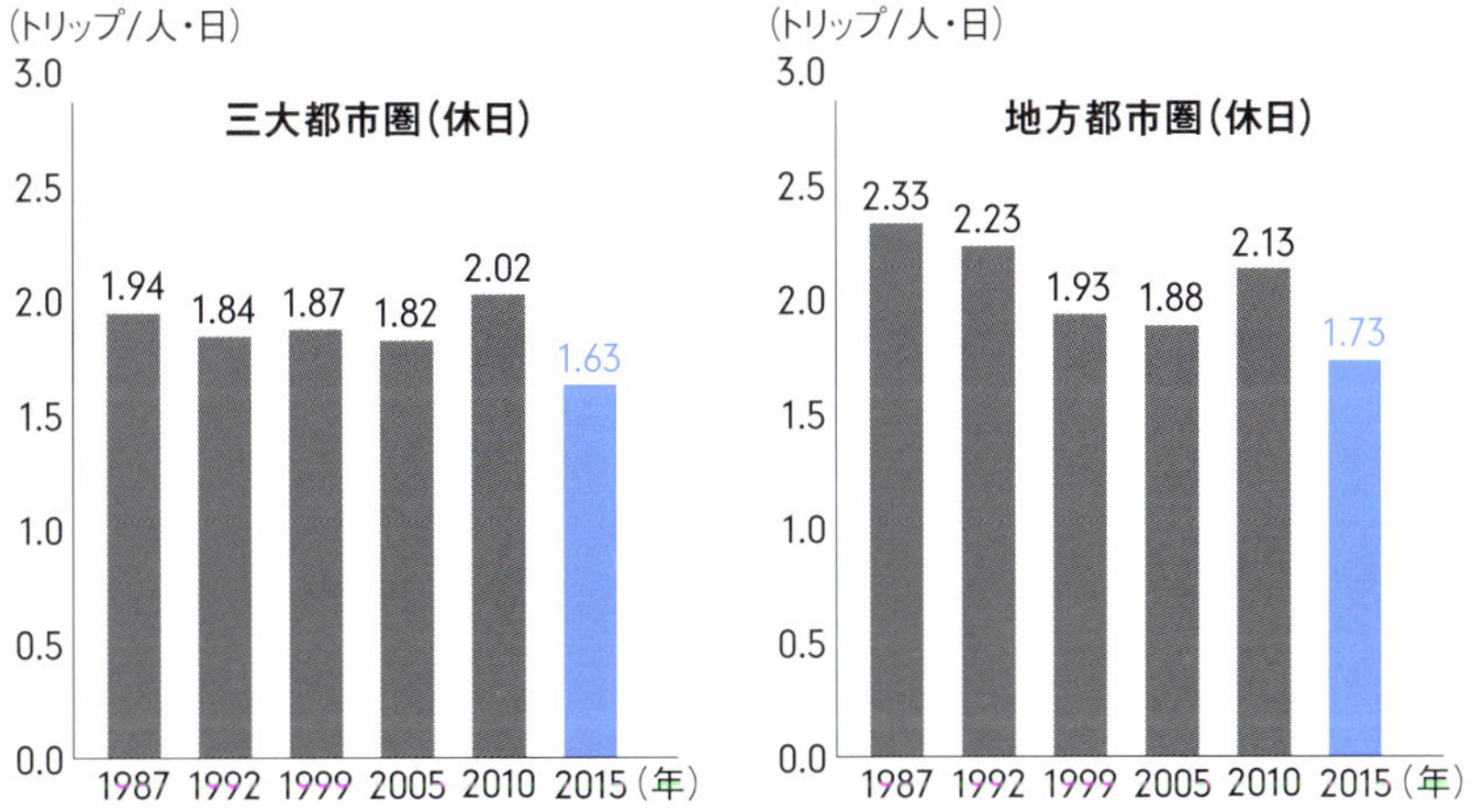

出典：国土交通省「全国都市交通特性調査（H27年調査）」

図3-4 **年代別の休日の外出率の推移**

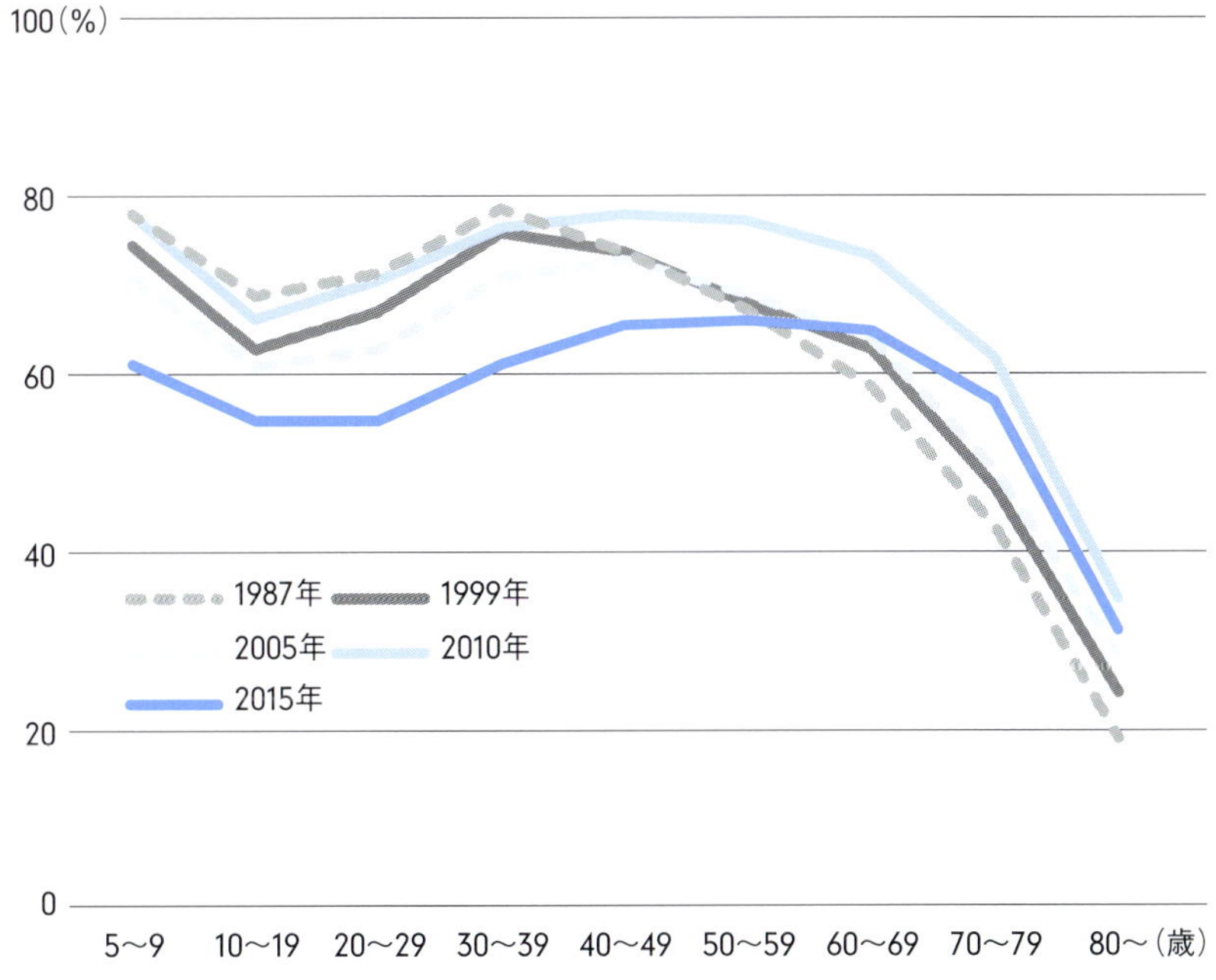

出典：国土交通省「全国都市交通特性調査（H27年調査）」

本とはそこが大きく異なっている。

欧州でクルマ社会からの脱却を目指したまちづくりが行われるようになったのは1970年代以後のことだ。ドイツやスイスなどドイツ語圏で始まった動きが、欧州全体に広がったのは、90年代の欧州統合や、ユーロ圏誕生後の2000年代からなので、まだ30年にも満たない。たったそれだけの期間だが、その期間、マイカー以外の交通手段をつくる足づくりの努力と、歩いて楽しめるようなまちづくりの努力を続けた結果が、今の欧州の地方都市のにぎわいにつながっているのである。

日本には、欧州が経験してきたそういう努力が徹底的に欠けている。前述の未来投資戦略2018がMaaSとまちづくりとの連携を強調するのは、MaaSをきっかけに、足づくりとまちづくりの間に橋を架けようとしているからだ。それは特に地方部においては喫緊の課題である。

大混雑、インバウンド対応……都市交通も不安要素だらけ

公共交通が整備されている大都市ならば問題はないかと言えば、そんなことはない。地方都市以上の渋滞はあるし、大気汚染や騒音の問題もある。当然、事故も多い。地方都市に比べれば通勤でクルマを使う人の比率は少ないが、人口が多いからクルマの絶対数は多いし、経済の中心だから物流のクルマが多いという、都心特有の問題もある。

世界一正確な運行をしていると言われる鉄道は、相互乗り入れが増えて乗り継ぎが便利になったのはいいものの、逆に、東京圏では複雑で分かりにくくなった面もある。複数の路線がある地下鉄はもともと複雑なうえ、新しくできた新線は地下深くを掘っているから歩行距離がやたらと長く、

構内で迷うこともしばしばだ。それでも鉄道はまだ分かりやすい。都内に張り巡らされたバス網に至っては、よほど慣れた人以外は使いこなせない。

日本人ですらその状態だから、初めて訪れた外国人には大都市・東京や大阪の公共交通網は、さながら巨大な迷路のようなものだろう。訪日する外国人が増えたこともあって、東京や大阪では大きな荷物を抱えて途方に暮れたような格好をしている外国人観光客を見かけることが増えた。訪日外国人の視点から見た東京を描いたソフィア・コッポラ監督の映画『Lost in Translation』(03年公開)では、東京の公共交通網や道路網が行き場を見失って途方に暮れる外国人の心情と共に象徴的に描かれていたが、東京の公共交通網はまさに訪れる人をLost(ロスト)させてしまう。

ならばタクシーを使えばいいのかと言えば、外国語を話せるドライバーは少ないから、外国人が使いこなせるかは微妙だ。ジャパンタクシー(旧日交データサービス)の「全国タクシー」(11年リリース。18年9月に「Japan Taxi」に改称)など、多言語対応の配車アプリも普及し、以前と比べてずいぶん使い勝手は良くなっているが、もともとの料金が高いうえに、アプリで呼び出すと迎車料金を取られるから、どうしても割高感が出てしまう。

鉄道、バス、タクシー以外に外国人が使える交通網は限られる。カーシェアは普及してきたが、ダイムラーの「Car2Go(カーツーゴー)」のような乗り捨て型の本格展開はなく、自転車シェアもまだまだ限定的だ。マイカーを使った配車サービスは原則禁止されており、ウーバーテクノロジーズも滴滴出行(ディディチューシン)も参入はしているが、タクシー配車しかできないから、海外でのような使い勝手の良さはない。

今の状態で2020年の東京オリンピック・パラリンピックを迎えたらどうなるのか。通勤・通学者と選手団、それに国内外から応援に来るツーリストたちで鉄道の駅はあふれ、公共交通の麻痺が確実と言われている。16年に東京オリンピック・パラリンピック開催時の鉄道混雑状況を推計する広域シミュレーターを開発した中央大学理工学部の田口東教授（情報工学）は、首都圏において通勤・通学で鉄道を利用する人の数を790万人と推定。37会場で54競技が行われる日を大会期間中最も混雑する日として、その時の観客数を66万人と見込んでシミュレーションした。すると、競技場の最寄り駅はもちろん、東京、新宿、永田町など、乗り換え駅でホームから人があふれ、鉄道が動かなくなる事態が発生するという。オフピーク通勤や大会期間に合わせた休暇取得などの措置を取るにしても、大混雑が予想される。しかも、日本語を理解できない外国人が多くいるのだから、その混乱ぶりは想像を絶するはずだ。

前回の東京オリンピックが開催された1964年の訪日外国人旅行者は35万人。このうち、オリンピックの観客は4万人だった。田口教授が割り出した1日のピーク観客数は66万人だから、当時とは規模が違う。台風や地震や大雪で公共交通がマヒすると大混乱に陥る東京だが、東京オリンピック・パラリンピック期間中は、連日台風が来ているようなものだ。その期間をどのように乗り切るかは、深刻な問題である。

それだけではない。政府は、2020年に訪日外国人旅行者の数を4000万人にする目標を掲げている。18年の時点で3000万人を超えそうだから、恐らくこの目標は達成できる。64年当時の100倍以上の外国人の数である。日本の人口1億2000万人の3分の1に相当する旅行者が毎年日本を訪れる。その最初の入り口となるのは、東京なり大阪である。公共交通が整備された2大都市圏でもスマート化が求められるのは必至である。

2 MaaSが地域社会にもたらすもの

日本においてなぜMaaSが求められるのかと言えば、以上見てきたような交通を巡る問題があるからだ。MaaSの大義の1つは、これら交通を巡る問題の解決にある。そして、それは交通の問題だけでなく、まちづくりの問題でもある。足づくりとまちづくりは、交通の問題を解決するための両輪だ。未来投資戦略2018がMaaSとまちづくりとの連携を強調するのもそのためだ。

ではMaaSは、どのように交通の問題解決に貢献するのか。これまで述べてきたことの裏返しになる部分が多いが、足（交通）とまち（まちづくり）の両面に分けて見ていこう。

まずは足である。公共交通の乏しい、都市部以外の地域においては、ライドヘイリングやライドシェアなど、マイカーを使ったオンデマンド型の配車サービスを解禁することが、クルマを持たない（持てない）人の移動問題の解決に役立つ。人口減少地域において鉄道を新設することはあり得ず、バスは運転手が確保できず、タクシーは料金が高いから長い距離の移動には使えない。バス同様、運転手不足の問題もある。

消去法で考えていくと、公共交通空白地の足の問題を解決するには、既存の交通手段ではどうにもならず、多くの自治体で、コミュニティーバスや乗り合いタクシーなど、バスとタクシーの中間に位置付けられる交通サービスを用意して対処している。ただ、かなりコスト高なため税金による補助で支えるのが前提で、それゆえ財政基盤の乏しい自治体ではいつまでも続けられるものではない。最後に残る手段がマイカーを使った移送サービスで、道路運送法上でも過疎地などには特例的に認められている（自家用有償旅客運送）が、スマホアプリで呼べるウーバーのような手軽さがないため、広がりに欠ける。

このような地域は、ＭａａＳ以前の問題として、交通手段を増やさないことにはいかんともし難い。ＩＴを使ってコミュニティーバスや乗り合いタクシーの運営を効率化して持続可能にすると共に、マイカーの配車サービスを自由化することで移動の選択肢を増やすのが第一段階。そこまでいけば、次の段階として、それらを統合したＭａａＳに移行できる。

一方、地方でも都市部ならば、まがりなりにも公共交通はある。特に政令市はそれなりに公共交通が発達しているので、ＭａａＳの実装により、マイカーから公共交通、その他の交通手段へとシフトさせることが可能だ。それなりに公共交通が整備されているのにマイカー依存率が高いというエリアにＭａａＳは向いているので（ＭａａＳグローバルもそういう場所を狙って展開しているという）、地方の政令市はＭａａＳ導入の適地だ。実際、人口60万人超のヘルシンキは、日本でいうところの地方の政令市といった感が強い。

ただし、ヘルシンキであっても、マイカーを使った配車サービスをやりやすくするよう規制緩和をするなど、多様な移動の選択肢が生まれるための措置をしている。日本の地方都市においても、ＭａａＳの導入によってマイカー依存から脱却するためには、世界中で導入が進むオンデマンド型の乗り合いサービスやマイカーを使った配車サービスを解禁することが併せて必要になろう。

一方、東京や大阪のように公共交通の整備が進んだ大都市圏では、マイカーの利用率も低く、公共交通中心の暮らしが実現している。もっとも、公共交通が十分にスマート化されているかと言えばそんなことはない。今後、増加する外国人対応を考えても、公共交通の使い勝手を高めるためにMaaSを導入することが必要だ。特に東京オリンピック・パラリンピックを控えている東京では、訪日外国人でも迷うことなく使えるようなスマートな公共交通の仕組みを構築することが求められている。初めて東京にやって来た人でも鉄道、バス、タクシーを自在に使いこなせるよう、路線検索・予約・決済がワンストップ化され、乗り継ぎ時には経路案内があり、遅延や運行見合わせなどのトラブル発生には代替手段への乗り換えがスムーズにできるような仕組みがあるといい。

東京や大阪には十分な数のタクシーがあるからマイカーを使った配車サービスを解禁する必要性は乏しいのかもしれない。ただ、タクシーが唯一のオンデマンド交通であり続けるならば、タクシーはもっと柔軟で多様な使い方ができるようになるべきだろう。国土交通省は、18年になってからタクシーの相乗り、迎車の変動料金制、定額制などの実証実験を開始しており、歓迎すべき動きにはなってきている。

諸外国の都市に比べて出遅れているのが自転車や1人乗りのパーソナルモビリティで、規制緩和も含めて普及策が求められる。マイカーから公共交通へのシフトを国是とするシンガポールでは、電動キックスケーターなど、1人乗りの多様な電動パーソナルモビリティが普及している。公共交通とパーソナルモビリティを組み合わせれば、どこでもストレスなく移動できるという考えの下に、政府はその使用を認めているのである。

MaaSによる移動ビッグデータが街を変える

ＭａａＳを導入すれば、人の移動に関するビッグデータが収集できるようになる。日々収集される移動の目的地、経路、時間、速度、クルマの挙動などのデータは、例えば、目的地そばの商業施設の広告をユーザーに配信するなど営利目的で利活用できるのはもちろんだが、もっと公的な目的にも使える。なかでも期待されるのが、交通計画や都市計画における活用だ。

渋滞や事故が起こりやすい場所を分析し、それを改善するための道路整備や公共交通の整備をするといったことに始まり、人の流れを変えるために、今はあまり人が来ていない場所に人を集める施設をつくるなど、全体最適を見据えながらのまちづくりにもデータを生かすことができる。データによる仮説検証を繰り返しながら、それを道路計画、交通計画、都市計画に生かすことで、都市を快適にし、住民のＱＯＬを高めることができる。ＭａａＳが収集するデータは都市の課題を解決し、より魅力的な都市をつくることに活用できるのだ。

ＴＮＣ（Transportation Network Company）の中でも米国のＬｙｆｔ（リフト）や中国のディディは特に、自らが保有するデータを生かして交通や都市を最適化することに大きな関心を持っている。「交通を通じて人々を結び付け、コミュニティーを1つにすること」をミッションに掲げるリフトは、都市をよりよくすること、より人間的な社会をつくることに敏感だ。社会課題解決に対する貢献意識が強く、例えば低所得者の医療機関利用時の移動をサポートするなど、モビリティサービスを提供する企業としてできる社会貢献に熱心である。18年9月には、米フォード、ウーバーと共にＮＡＣＴＯ（全米都市交通担当官協会）が開発した交通・移動に関するデータのプラットフォーム「SharedStreets（シェアードストリーツ）」への協力を約束し、自社が保有する移動データや乗降データをプラットフォーム上で公開することとした。自治体の都市・交通の担当者は、シェアードストリーツに集まるデータを分析した結果を、渋滞緩和や交通事故の削減、縁石設計（配車サービスの普及によって、縁石をセットバックして配車サービス用の乗降場所をつくることが、渋滞緩和の視点から重要になっている）に活用できるようになる。

一方、ディディは、18年2月にAIを使って都市の課題を解決するサービス「交通大脳」プロジェクトを中国の20以上の都市で展開していることを発表した。交通大脳は、ディディが収集する都市・交通のデータと行政が持つデータをAIに解析させ、都市と交通を最適化する解を見いだすためのシステムだ。ディディは、都市と交通の最適化問題を碁に例えている。グーグルの「アルファGO」は、碁の世界チャンピオンに勝利したが、都市と交通の最適化問題という碁以上に複雑なパズルをAIで解くことに挑戦するのが交通大脳プロジェクトだという。

このように、新しい交通サービスによって収集されるデータを活用した交通と都市の最適化は、TNCが先行する形で取り組みが始まっている。現状は、TNCの提供するサービスから収集されるデータに行政の持つデータを合わせての分析が主だが、マルチモーダル型の統合プラットフォームであるMaaSが導入されれば、より包括的なデータを収集できるようになる。すなわち、MaaSを導入することは、都市と交通を最適化する取り組みをより包括的なものにするのである。

第1章で解説したMaaSのレベル分けでは、政策・社会目標との統合が最高位とされている。足づくりとまちづくりが統合され、交通政策と道路政策と都市政策が足並みをそろえるようになることをMaaSは目指す。MaaSにより収集されるビッグデータがそれを実現するのだ。

ＭａａＳは地域に資金を還流させる

第2章で見たように、マイカーの購入をやめ、ＭａａＳで済ますことができるようになれば、地域の外への資金流出を止めることができる。マイカーの購入やガソリン購入に充てられていた費用は、交通サービスを提供する交通事業者に回るようになり、域内で資金が循環するようになる。自動車ディーラーは売り上げが減り、自治体も市町村税である軽自動車税の税収が減るかもしれないが、一方で、右肩下がりだった交通事業者の売り上げはV字回復し、マイカーを使った配車サービスにおいて、ドライバーとなる人間には副収入が生まれるという増収効果が期待できる。

それだけではない。ドイツ、スイス、オーストリアなど、欧州の地方都市には、マイカーから公共交通へのシフトに成功してきたところが多いが、これらの地域を見ると、所有から利用へのシフトが何をもたらすかがよく分かる。中心市街地に人の往来が戻り、町なかの商店などがにぎわい、歩いて楽しい町、出歩きたくなる町になるのである。

ここまでの効果を含めて考えれば、マイカーをやめたほうが地域にとっていいということになる。マイカー依存からＭａａＳへのシフトは、確実に地域を潤すのである。地域外でつくられた自動車に頼るより、地域の中に多様なモビリティサービスを育てたほうが、地域にとってはずっと意味がある。

ドイツやオーストリアには、人口数万人の小さな町でも路面電車が整備されているところが多い。小さな町でも路面電車が維持できているのは、町が営むエネルギー事業の収益で町が運行する公共交通の維持費を補填する仕組みがあるからだ。いわば、エネルギーの自治とモビリティの自治を両立させているのである。

エネルギー事業は、通常、シュタットベルケと呼ばれる公社により営まれている。シュタットベルケは、たいていはエネルギー供給事業（発電・配電）と公共交通の運行事業を行い、他にもさまざまな生活サービスを展開している。シュタットベルケの収支を見ると、エネルギー事業は黒字、交通事業は赤字、その他生活サービスは黒字という構造だ。交通の赤字を他の事業の黒字で埋めている。それで交通の赤字幅を最小限にし、それでも赤字になる分は、税金で賄っている。シュタットベルケは地域を持続可能にするための事業を営む企業体なので、赤字でも市民から受け入れられる。ただし、持続可能性指標のような利益とは別のＫＰＩ（重要業績評価指標）を持ち、それを市民に情報公開しながら経営の透明化を図っている。日本の第三セクターに多く見られるようないい加減な経営はしていない。

特にドイツには、中心市街地からマイカーを閉め出し、トランジットモール❸や路面電車を整備して公共交通へのシフトを促す政策をとっている町が多い。こういうところのエネルギーと公共交通はシュタットベルケが支えている。そして、中心市街地では、集合住宅の一階に商店を入れることを義務付け、徒歩圏内で生活が完結できるような工夫をしている。「ショートウェイシティ政策」と言われるが、マイカーから公共交通へのシフトを促す交通政策と、歩いて暮らせるヒューマンサイズの町をつくるまちづくりとが連動しているのである❹。

同様に、マイカーからＭａａＳへのシフトを促し、中心市街地が活性化するよう歩いて楽しいまちづくりを行えば、地域外への資金流出を止め、地域内へと資金を還流させることが可能になる。マイカー依存社会から脱却することは、地域でモビリティの自治を確立することに他ならない。Ｍ

❸ 公共交通だけを通れるようにした歩行空間

❹ 『ドイツのコンパクトシティはなぜ成功するのか』（村上敦著、学芸出版社刊、17年）

aaSは、モビリティの自治を高める。そして、モビリティの自治こそが、地域を潤し、豊かな地域をつくるのである。

MaaSは日本の観光振興を支える

製造業が雇用を生まなくなった今、地域にとって期待が持てる成長産業は観光しかない。これといった観光資源がなくとも、おいしい料理と水と里山や田畑や海の風景があれば十分だ。事実、イタリアでもドイツでも、グリーンツーリズムやアグリツーリズムが人気で、農家民宿に泊まってのんびりと田舎生活を楽しむ観光客でにぎわっている。食事と自然と丁寧なおもてなし、それに乗馬やトレッキングなどの田舎ならではのアクティビティ。それらが観光資源で、いわゆる名所旧跡は必ずしもいらない。

観光庁の「訪日外国人消費動向調査（17年）」によると、「今回したことと次回したいこと」のアンケート結果では、「日本食を食べること」は「今回したこと」のトップでほぼ100％だが、「次回したいこと」になると約半分になる。つまり、日本食を食べることは、一度体験すれば十分と考える外国人が多いということだ。「日本の酒を飲むこと」「繁華街の街歩き」「ショッピング」も同じ傾向である。

逆に「今回したこと」より「次回したいこと」で大幅に増えているのが、「スキー・スノーボード」「自然体験ツアー・農山漁村体験」「四季の体感」「映画・アニメ縁の地を探訪」「舞台鑑賞」「その他スポーツ」などだ。一通りの観光をした外国人は、次はより日常的なものを体験したがっていることが分かる。目立った観光資源がなくとも、日本人が日常的に楽しんでいることをうまくプレゼンテーションできれば、外国人を呼べる可能性は高い。（図3－5）

同じく訪日外国人消費動向調査（17年）によれば、17年の訪日外国人者数は前年比19％増の2869万人で、1人当たりの旅行支出は15万3921円。総額4兆4162億円の外貨を稼ぐ産業になっている。政府は2020年に4000万人の外国人を迎えることを目標としているが、そうなるとインバウンド観光は6兆円規模の産業になる。統計上、観光収入は輸出にカウントされるが、日本の食料品の輸入額が約6兆円だから、4000万人になれば、食料品の輸入を相殺するだけの輸出産業が育ったことになる。日本とほぼ同じ面積のイタリアは年間6000万人近くの観光客が訪れているが、同じ数が日本に来るようになると9兆円規模だ。一番の外貨の稼ぎ頭である輸送用機器（自動車）でも輸出額は16兆円、半導体などの電気機器で13兆円だから、いかに観光が大きなポテンシャルを秘めた産業かが分かる。

そこで、今以上に外国人観光客を増やすときにネックとなるのが、交通である。外国人にアンケートをとると、滞在中困ったことの上位は、「コミュニケーション」「多言語表示」「無料公衆無線LAN」である。「困ったことはなかった」と答えた人も多い。コミュニケーションがとれて案内があり、無料Wi－Fiさえあればたいして困らずに旅行ができるということなのだろう。

ただし、東京、大阪、京都、富士山など外国人に人気の場所は、もともと公共交通が整備されている。リピーターを育てるには、日常的な体験ができる地方都市や農山漁村に外国人を呼び込むことが重要で、そうなった途端、交通の問題がネックになる可能性が高い。現状でも、2割に近い人が「公共交通の利用」を困ったことに挙げている。訪日外国人に交通手段ごとの不満を聞くと、「問題なく利用できた」と答える人がかなりの割合を占める一方で、「新幹線以外の鉄道」「バス」については、「乗車方法が分かりにくい」という指摘が多く、「タクシー」については、「価格が高い」という不満が突出している。バスやタクシーは「必要がなかった」として使っていない人も多く、今後、鉄道の通っていない地域にも観光客を受け入れていこうとすると、一気に不満が高まる可能性が高いことが示唆される。❺

交通手段の選択肢を増やし、路線検索から決済までをスマートフォンでできるようにするＭａａＳは、今以上の外国人を受け入れるための必須のインフラとなるだろう。前提として地方部ではマイカーを使った配車サービスを解禁し、大都市圏でも自転車シェアなど既存の公共交通以外の選択肢を増やすことが重要になるが、外国人であっても交通をスマートに使いこなせるようにするためのＭａａＳの導入は、観光立国を実現するために不可欠な要素となるのである。

❺ 観光庁「訪日外国人旅行者の国内における受入環境整備に関するアンケート（16年度調査）」

図3-5 訪日外国人観光客に聞いた「今回したこと」と「次回したいこと」

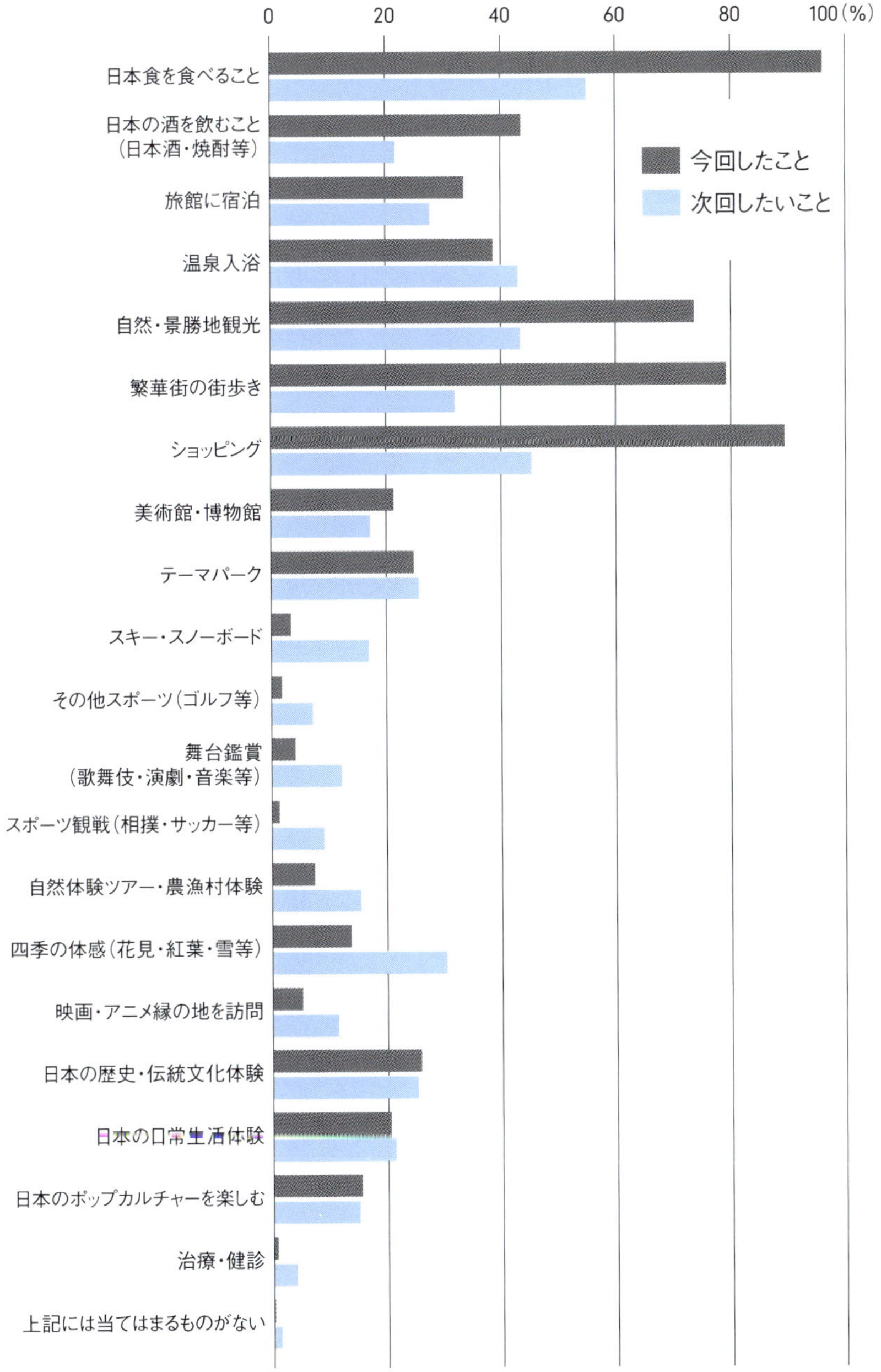

出典：観光庁「訪日外国人消費動向調査（2017年）」

3 個人の生活は低コストでスマートに

マイカーの維持費はばかにならない。地方のように一家に一台ではなく、一人一台の場合、軽自動車にしたとしても、かなりの負担である。今の軽自動車は、ほとんどが100万円を超える価格設定になっている。たいていの場合、車の購入費はサンクコストになっているから意識はしないが、税金、保険代、車検代、ガソリン代、洗車代などを考えると年間の維持費は相当になる。JA共済では、車両購入費を除く年間維持費だけでも、軽自動車で年額38万円、1・5ℓのコンパクトカーで44万円、Lクラスのミニバンで50万円との試算値を公表している。❻ クルマを維持するだけで月3万～4万円程度を使っている計算だ。

この試算では、月の駐車場代を1万2000円と見ているから、自宅であれば2万～3万円程度が、ローンを除く月々の車の維持費ということになる。クルマ社会の地方でもクルマに乗っているのは一日せいぜい1時間程度❼で、稼働率にすれば4％程度だ。それに対してこの金額を払っているのは不経済だ。200万円の車を買って10年間使うとしても、年間20万円。つまり、月額でプラス2万円近くのコストがかかる。安めのコンパクトカーをマイホームで所有して10年間使うとして、月5万円程度の費用を支払っている計算になる。月30日として1日に換算すれば、1700円弱だ。その1700円で移動できるのは、タクシーなら4～5㎞だ。毎日これ以上の距離を運転すると

❻ JA共済「みらいのねだん」http://nedan.ja-kyosai.or.jp/column/20180216_other_no19.html

❼ 国土交通省「全国都市交通特性調査（平成22年調査）」

いう人にはマイカーは経済的だが、週末しか使わないという人にはどうだろうか。休日は家族で出かけたいからクルマはあったほうが便利と考える人も多い。とはいえ、毎週行楽地に行くというような人はそれほど多くない。月に1回程度は行楽地、あとはせいぜい郊外のショッピングセンターに行くくらいというのが、普通の家族の過ごし方だろう。それならば、郊外のショッピングセンターへの行き来はカーシェア、月に1回の行楽はレンタカーという形にすればいい。平日にどれだけ使うかにもよるが、そういう使い方をしても月5万円を超えるという人はそうそういないだろうから、マイカーをやめたほうが、明らかに家計にはプラスになる。

カーシェアやレンタカーではなく、ウーバーのようなマイカーを使った配車サービスを利用すれば、自分で運転をしなくて済むから移動時間を有効に使えるようになるというメリットもある。移動中に仕事もできるから、マイカーを運転せずに済むようになると、毎日の生産性は確実に上がるだろう。

このように経済性と生産性の両面において、MaaSは個人の暮らしにメリットをもたらすのだ。

シームレスで効率的な移動体験をもたらす

決済統合を実現するレベル2以上のMaaSがあれば、移動体験は劇的に変わるはずだ。乗り降りするたびの決済を手間に感じる人は多い。ICカードの普及でかなり負担が軽減されたとはいえ、チャージされていないときなど慌てることになるので、都度決済ではなく、システム上で決済できる仕組みになっていると便利だ。定額制なら、なお利便性は高い。ウーバーを初めて外国で使ったとき、運転手に行き先を告げる必要も決済の手間もなく、降りたらすぐに領収書をメールで送ってくるという手際の良さに、感動したものだ。色々な交通手段を乗り継いでも、ウーバーのようにいちいち決済しなくてスムーズに乗り降りできるならば、とても便利だ。

複雑なバスや地下鉄の乗り継ぎを分かりやすく案内してくれて、バスや鉄道をわざわざ使わなくとも済む際はそう教えてくれる。おまけに遅延などトラブルがあったときは柔軟に代替手段を選んで薦めてくれて、例えばタクシーや配車サービスの手配までしてくれるようになる。そんなサービスがあれば、相当に移動が効率化される。

移動の選択肢を増やしつつ、シームレスでスマートな移動ができるようになることが、MaaSが個人にもたらす第2のメリットである。

免許がなくても困らない暮らしが実現される

MaaSがあれば、免許を返納した高齢者も移動に困らなくなる。高齢者だけでなく、運転を苦手とする人や、そもそも運転できない未成年、障がい者の方々の移動をMaaSはサポートできるから、町はずっとインクルーシブで多様性に開かれた場所になる。

クルマ社会の地方や郊外において、運転できない人・クルマを持たない人が移動する際の困難は想像以上だ。免許を持てない高齢者や障がい者が、自然豊かな場所でのんびりと暮らしたいと思っても、移動の制約からそれはかなわない。運転できるかできないかで住める場所が変わってくるような社会はフェアではないだろう。

その点、ＭａａＳは地方都市や郊外に住みながらクルマを持てない人にとっては福音となる。郊外のニュータウンなどでは、免許を返納したら住めないと不安を抱えている高齢者が多いが、そういう人々も住み慣れた町を安心して終の棲家とすることができるようになる。

郊外のニュータウンが典型だが、最寄りの駅から歩いて30分以上というところは少なくない。通勤通学の時間はバスがあるから何とかなるが、それ以外の時間はバスの本数も限られる。習い事に行く子供の送迎や買い物などは、どうしてもマイカーに頼ることになる。クルマがないと生活できないから、かつてはかなりの高価格で分譲された場所であっても、今は交通の不便な場所として、地価が大幅に下がっている。敷地面積60坪以上の中古一戸建てが相当な低価格で手に入るのである。

ＭａａＳが普及し、マイカーがなくとも困らない暮らしが実現すれば、こういう場所でも何ら不便を感じることなく住めるようになる。今までならクルマを買う費用がかさんだが、ＭａａＳがあればそれも不要になる。そうなると、自然豊かな環境でのびのびと子育てをしたい若い世代が、リーズナブルな出費で理想の子育てができる場所として、空き家の増えた郊外ニュータウンに移住してくるようになるかもしれない。若い世代が移住してくれれば、オールドニュータウンなどと揶揄され、衰退する一方だった郊外ニュータウンも一気に息を吹き返す。

ＭａａＳにより免許がなくとも困らない暮らしが実現することは、免許を持てない人にとって福音となるだけでなく、子育て世代や年収の低い世帯にとっても、良質な住宅を安価で手に入れる機会を提供するのである。

4 国家としてのMaaS戦略の必要性

スマホのOSはアンドロイドとiOSで、その上のアプリケーションはGAFA（Google, Apple, Facebook, Amazon）に押さえられている。日本にはメルカリやZOZOのように独自の生態系を築いている企業もあるが、ネットの世界は米国出身のプラットフォーマーたちに支配され、個人データも完全に握られてしまっているのが実情だ。

中国は〝情報鎖国〟をし、米国のプラットフォーマーたちの活動を制限したことで、中国のGAFAと呼べるBAT（Baidu, Alibaba, Tencent）のような巨大なプラットフォーマーたちが育った。あえて鎖国することによって強大なプラットフォーマーを育て、米国以上のネット社会をつくり上げた中国政府の戦略は見事というほかない。

欧州は、米国のプラットフォーマーによる個人データ支配に対する対抗措置として、EU加盟国のすべてに適用されるGDPR（General Data Protection Regulation：EU一般データ保護規則）を策定し、2018年5月から施行している。GDPRは、個人データを扱う事業者に厳格な個人データの保護措置を求めるものだ。EU域外への個人データの持ち出しを禁止するなど、「米国企業の好きにはさせない」という気迫を感じさせる内容になっている。

同時に、GDPRに対する違反が発見されたときは、前年度の全世界売上高の4％もしくは

2000万ユーロ（約26億円、1ユーロ＝130円換算）のどちらか高いほうを制裁金として科すなど、これまでいいように稼いできたプラットフォーマーたちから、できるだけ多くを奪い返そうという構えだ。GDPRの施行後すぐにグーグルとフェイスブックが提訴されたが、今後、米国のプラットフォーマーたちを相手取った訴訟が、手を替え品を替えて起こされ続けてゆくのだろう。プラットフォーマーたちのビジネス展開は足踏みせざるを得ない。欧州も、中国とは別のやり方で、したたかに米国のプラットフォーマーたちに対抗しているのである。

翻って日本はどうか。ITでは米国の軍門に屈した日本だが、IoTの時代になれば、「T（Things）」の強みを生かして覇権を握れるかもしれない。そう考える人は多い。だが、「I（Internet）」の世界の〝制空権〟を握られているなかで、「T」の強みだけで本当にやっていけるかは、はなはだ心もとない。そもそも、日本には、GAFAのようなビッグデータの覇者がいない。ビッグデータを使って付加価値を生み出すことができる、IoTの時代に対応した動きをできている企業は少なく、ビッグデータの解析に必要なAIにおいても、完全に出遅れてしまっている。

このような状況のなかで、日本はどのような戦略をとろうとしているのか。個人データは、医療データのようなクリティカルなものを除いて、ほとんどGAFAに押さえられてしまっているから、今さら個人データで勝負しようにも話にならない。しかし、GAFAがアクセスできていない産業データならまだ勝機がある。それが現在の政府の発想で、それぞれの企業や系列内に閉じている産業データを共有して利活用できるようにして、産業データの分野でプラットフォーマーを育てていこうという戦略・政策を打ち出している。確かに産業データの分野ならば、米国のプラットフォーマーたちの侵入を許していないうえ、コマツやファナックのように、プラットフォーマーと呼んでいいポジションを築けている企業も存在する。そういう意味でも、産業データに着目した政府の戦略は正しい。

これを移動の分野に置き換えて考えてみよう。グーグルマップの経路検索やSNSのチェックイン機能、位置情報連動機能で、個人の移動はかなりトラッキングされている。だが、さすがのグーグルも位置情報や経路情報はとれても、実際にどの交通手段を使って移動しているかまでは正確にはつかめない。クルマの操作や挙動に関するデータは自動車メーカーなり交通事業者なりが持つデータで、産業データである。移動に関する情報のうち、個人データはある程度とれても、産業データにはGAFAは十分にアクセスできていないのである。

マイカーを使った配車サービスが自由化されていない日本は、世界中がモビリティサービスに注目するなかで、後れを取っている。ウーバーやディディは日本では現状、タクシー配車しかできていないから、モビリティのプラットフォーマーにはなり得ていない。結局、モビリティサービスに関しては、ほぼ鎖国状態なのが今の日本である。しかし、だからこそ、まだ手付かずのフロンティアが広がっているのである。

モノづくりから一気通貫のMaaSエコシステム

MaaSが注目されるのは、手付かずのフロンティアであるモビリティサービスの分野においてMaaSオペレーターのポジションを握れば、ユーザーに一番近いところを支配する、モビリティのプラットフォーマーになれると期待されているからだ。モビリティサービス市場は、GAFAに侵略されていないうえ、コネクテッドカーや自動運転など「100年に一度」の技術革新が実現しようとしている市場だから、ここでプラットフォーマーのポジションを築いておけば、間違いなく将来的な成長も期待できる。しかも、海外で経験を蓄積してきたウーバーやディディは、日本では極めて限定的な形での参入しかできていないから強力なライバルは存在しない。

この機に乗じて、T（Things）の象徴的な存在である自動車産業を持つ強みを生かし、モノづくりとセットになったMaaSのエコシステムを構築することができれば、それを世界にも売っていける。すなわち、モビリティサービス市場は、モノづくりからサービスまでを一気通貫にした、日本ならではのエコシステムを生み育てることができる数少ない市場なのである。だからこそ、未来投資戦略2018の中でも、MaaSと自動運転は、フラッグシッププロジェクトの筆頭に位置付けられている。

では、MaaSのエコシステムを構築することで何が変わるのか。

第1は、マイカー依存社会においては排除されてきた人々がモビリティの自由を享受できるようになることだ。マイカーは個人に移動の自由をもたらしたが、それはクルマを持つ者、運転できる者のみが享受できた特権だった。この特権意識をくすぐることで所有欲を喚起しながら、最初は家に一台、次に一人一台と販売量を増やすことで、自動車産業は成長してきたのである。

これに対し、MaaSのエコシステムは、万人に開かれたインクルーシブなモビリティサービスの提供を目指す。特権性や排他性により支えられてきたモノづくりの発想とは根本的に相容れない部分が出てくるが、今後は、ユーザー側に軸足を置くＭａａＳの発想を優先せざるを得なくなる。そうでなければ、モノづくり自体が生き残ることが難しくなる。

第2に、前記と関連するが、マイカーの所有を国是としてきた結果進行していた「合成の誤謬」と呼ぶべき事態が解消される。どういうことか。

マイカーの所有は多くの人に満足をもたらす。所有者は移動の自由と所有の満足を手に入れ、自動車メーカーや販売会社は、販売利益を手に入れる。整備や保険など、マイカー所有にまつわる産業も育つ。誰もがハッピーになれる。

だが、その結果、クルマがないと生活できない町が増え、中心市街地は衰退して駐車場だらけとなり、子どもの遊び場もなくなってしまった。渋滞問題、環境問題、事故の問題もなかなか解決されない。個人の効用を追求した結果、全体的な効用が下がる「合成の誤謬」を生み出してきたのが、自動車産業である。

これに対し、ＭａａＳのエコシステムが普及し、所有から利用へのシフトが実現すれば、クルマ中心（Vehicle Centered）になっていた町や社会が人間中心（People Centered）に生まれ変わる機運が生まれる。ＭａａＳオペレーターが収集するデータをまちづくりに生かしながら、人間中心の町・社会へとつくり直すのである。所有から使用へのシフトにより、ようやくそういう作業ができるようになる。

最後に、これらを通じて、経済的な繁栄と社会課題の解決が両立されるようになる。それがＭａａＳのエコシステムが構築されることの第3の効果である。万人に開かれたインクルーシブなモビリティサービスは、移動の制約をなくすから、人の外出・移動が促される。結果、往来に人が戻り、地域にはにぎわいが生まれ、地域の中でお金が回るようになる。地域が潤い、豊かな場として持続可能になるのである。

ＭａａＳは、モビリティ分野におけるＩｏＴの実践例だが、ＩｏＴにより経済的な繁栄と社会課題の解決が実現する社会を、政府は「Ｓｏｃｉｅｔｙ ５・０」と呼んでいる。これは21世紀の日本が目指すビジョンであり、内閣府によれば、「サイバー空間（仮想空間）とフィジカル空間（現実空間）を高度に融合させたシステムにより、経済発展と社会的課題の解決を両立する、人間中心の社会」と定義される。ＭａａＳは、国是であるＳｏｃｉｅｔｙ ５・０の実現に資するものとなる。

Chapter

4

「新モビリティ経済圏」を制すのは誰か？

この章で分かること

◉ダイムラー、トヨタ、ワーゲンのMaaS戦略
◉ドイツ鉄道、JR東日本、小田急…鉄道会社のMaaS
◉虎視眈々と覇権狙うウーバー、リフト、滴滴出行の目論見
◉MaaS台風の目となるソフトバンクの「群戦略」　など

1 自動車メーカー＆MaaS
（ダイムラー、トヨタ自動車、フォルクスワーゲン）

ダイムラー（ドイツ）

自動車メーカー系MaaSの急先鋒

自動車メーカーとして、ＭａａＳにいち早く注目し、今や世界中でビジネスを展開しているプレーヤーの筆頭はダイムラーだ。日本の自動車メーカーよりも10年以上前から本格的な事業として着手しており、この分野のパイオニアである。

ダイムラーの自動車販売台数は約３２７万４０００台（２０１７年実績）で、後に紹介するトヨタ自動車やフォルクスワーゲンに比べると、その規模は小さい。その分、モビリティカンパニーへの転進が早く行えたのかもしれない。

ダイムラーは、07年に新しいビジネスフィールドを開拓するための部署を立ち上げた。その理由は、自社の新たな収益モデルを考えることだった。日本と同様にドイツをはじめとした欧州では、

小会社のmoovelがMaaSアプリやプラットフォームを展開

２０００年以降、若者のクルマ離れの兆候が出始めていた。そこで「若者の車離れ問題」と「Individual Mobility（個人の移動）」のニーズに応えるために、乗り捨て型カーシェアリングの「Ｃａｒ２Ｇｏ（カーツーゴー）」に行き着いた。08年10月には、ドイツのウルムで50台規模の実証実験をスタートした。09年には、２００台でサービス提供を開始。その後、欧州の各都市でサービスをスタートし、さらには北米に事業を拡大させている。

次に「ｍｏｏｖｅｌ（ムーベル）」をスタートさせる。カーシェア単体での利用促進は困難であり、カーシェアと公共交通を組み合わせ、ドア・ツー・ドアの利便性と公共交通の定時性を組み合わせたビジネスモデルとして生まれたのが、マルチモーダルなルート検索アプリなどを展開するムーベルである。カーツーゴー開始から3年目の12年7月に、ダイムラーの本社があるシュツットガルトでムーベルは実験的にサービスを開始した。

そして、12月に入ってドイツの首都ベルリンでも2例目の実験を開始し、ベルリンのバス、トラム、鉄道、地下鉄などの交通事業者が加盟する運輸連合VBB（Verkehrsbund Berlin-Brandenburg）と連携している。

さらにダイムラーは、タクシーのオンデマンド型配車サービスの「MyTaxi（マイタクシー）」を14年9月にムーベルを通じて買収。ダイムラーは単に車両を供給するだけのポジションにとどまらず、今や、MaaSオペレーターであり、MaaSプラットフォームの事業も行う。上流から下流までを押さえ、垂直統合されたMaaSプレーヤーとして君臨しつつある。

なお、ダイムラーによると、カーツーゴー、ムーベル、マイタクシーの利用者は、18年5月に前年同月比188％と大幅に増加し、合計で2290万人に到達。マイタクシーは同116％の1490万人、ムーベルは同174％の480万人、カーツーゴーは同125％の320万人が利用したと発表している。

そしてダイムラーは、16年のパリ・モーターショーで中長期戦略「CASE」を発表した。「Connected」「Autonomous」「Shared & Services」「Electric」という次世代自動車産業における4つのキーワードの頭文字からなるコンセプトだ。同時に新たな電気自動車（EV）シリーズ「EQ」を発表。18年に「モビリティ・カンパニー宣言」を行ったトヨタ自動車に先駆けて、自動車業界の大変革の流れを自社の経営方針に取り込んだ。今や新しいモビリティサービスの象徴としてCASEを用いることが一般化したが、あくまで一民間企業の将来のモビリティ戦略のキーワードである点は記憶にとどめておいたほうがいい。

ここで、ＣＡＳＥについて簡単に紹介をしたい。

「Connected」

クルマに車載通信機を搭載することで、さまざまなモノとの連携が始まる。協調型ＩＴＳといわれる分野では「通れた道マップ」の作成や、車車間通信によって道路環境などの情報を共有し、自動運転やＡＤＡＳ❶（Advanced Driver Assistance System）などの安全・安心な交通システムの構築にも貢献する。

これは、ＩｏＴの１つとしてクルマを捉えることでもある。ネットにつながることで、メルセデス・ベンツが提供するコネクテッドカーでスマートフォンによる車両情報の管理や遠隔操作、コンシェルジュサービスなどを行う「Ｍｅｒｃｅｄｅｓ ｍｅ（メルセデス ミー）」がある。例えば自宅のスマートスピーカーから車両状況を確認できるなど、サービスの利便性や車内の快適性は高まる。同様に、クルマの車両情報や、クルマの中の部品に関する情報もデジタル化することで、製造から販売、利用までが一体となったインダストリー４・０のエコシステムにも組み込まれる。

「Autonomous」

自動運転は Automated ではなく Autonomous だ。この認識のズレがよくあるので念のため説明する。というのも、クルマが自らの動きを律する（制御する）必要があり、特定のセンサーや機能に頼らず、複合的な組み合わせによって障害発生時の二重三重の予防対策としてのフェイルセーフを迅速かつ適切に行う必要がある。

❶ 先進運転支援システムのこと。ドライバーの安心・安全な運転サポートをすることを目的にセンサーやカメラを使用した車載システムのこと

つまり、人がこれまで運転する際に行ってきた、認知・判断・操作をクルマが行うということだ。交通事故などの原因であるヒューマンエラーをなくし、安心・安全なドライブを得ることは当然だが、交通事業者の視点からするとドライバー不足の解消やドライバーの人件費を削減できるといったメリットもある。ダイムラーでは、CES2015で発表したリビングのような車内空間の自動運転車「F015 Luxury in Motion」は有名だが、それ以外にもバスやトラックの自動運転にも取り組み、最近では、メルセデス・ベンツにリモートの自動駐車支援などの技術を実装している。

「Shared & Services」

さまざまなモビリティを所有せずに、必要なときに必要な分だけモビリティサービスを利用できるMaaSや配車サービス、乗り捨て型カーシェアリングなどのサービス群のこと。また、マイカーを使用していないときにシェアサービスに提供することでオーナーが収益を得るアイデアもある。

これらのシェアサービスを自動車メーカーが自ら展開することで、サービスと一体になったクルマが生まれる。ダイムラーの場合では前述のカーツーゴーやムーベルなどが、それに当たる。

「Electric」

クルマを電動化することで、エネルギー産業と連携してエコシステムを構築することができ、1回の走行距離が少ないカーシェアなどとの相性もいい。新興国市場では、内燃機関より手軽に現地生産でき、大気汚染の心配もない。ダイムラーではEVをEQブランドとして推進している。

こうしたダイムラーが提唱するＣＡＳＥ戦略は、これまでの自動車産業にとっては諸刃の剣だ。メリットもリスクもある。しかし、技術とサービスの革新が一挙に起こり、これを避けることもできない。Connected と Autonomous は、ユーザーがドライブ中にアプリケーションなどのさまざまなサービスを使用する時間を増やすことができる。ダイムラーの戦略は、従来の所有による移動時間だけではなく、新しいモビリティサービスを増やしていくことで、自社のサービスに触れる時間を増大していく戦略とも読み取れる。そのための手段としてＭａａＳを位置付けているのだろう。

そして18年9月には、ダイムラーとＢＭＷが提携し、カーシェアリングを中心とした新たなモビリティサービス事業の新会社設立を発表した。カーツーゴーとＢＭＷが世界で展開しているカーシェア「Ｄｒ·ｉｖｅ Ｎｏｗ（ドライブナウ）」などを統合するという発表であった。今回の提携により、両社の会員を合わせると世界で１３００万人に達し、カーシェア車両は2万台となる。カーシェアやタクシー配車サービスなどに取り組んできた両社が手を組み、よりグローバルにモビリティサービスを展開していく方針だ。

さらにダイムラーは、ムーベルのサービスと連携した新しい交通サービス「moovel on-demand（ムーベル・オンデマンド）」をスタートさせている。路線バスとタクシーの中間に当たる位置付けで、タクシーのようなドア・ツー・ドアの利便性を確保しつつ、路線バスのように乗り合い型で移動するオンデマンド型の新交通サービスである。1つは、傘下のメルセデス・ベンツ・ヴァンと米Ｖｉａ（ヴィア）の共同事業としてロンドン、アムステルダム、ベルリンで展開する「ＶｉａＶａｎ（ヴィアバン）」。もう1つは、シュツットガルトの公共交通を運営するＳＳＢ（Stuttgarter Strassenbahnen AG）と共同で18年6月から始めた「ＳＳＢフレックス」だ。スマホでルートの

オンデマンド型の乗り合いサービスであるSSBフレックスが始動

検索、車両の予約、決済までの一連の手続きができ、地域の公共交通とも一体となったサービスを展開している。

SSBフレックスは、従来の地域公共交通機関として課題となっているサービスを補うために導入された。従来の供給量を超えた交通需要が発生したケースや、十分なサービスが提供できない地域や拠点間、時間帯などにおいて、柔軟性の高い移動オプションを提供するものである。本格サービスが開始される前の実証実験では2万1000人がサービスを利用し、鉄道やバス、トラムの運行頻度が低い深夜の時間帯で、便利なサービスとしても評価された。

実証実験を踏まえて、アプリの他、ドライバーやオペレーター向けの運行システム、管理画面などのモジュール開発が進められた。ユーザーがA地点からB地点にできるだけ早く到達できるように、最新のリアルタイム交通情報と公共交通ネットワークの情報を考慮して最適な移動経路を算定するといった複雑なアルゴリズムも、自社で開発をしている。

このように、ダイムラーが着実に推進しているムーベルという垂直統合されたＭａａＳサービスは、日々進化を遂げている。従来の地域に根付いた公共交通のサービスを尊重しつつ、これらのサービスでは十分に行き届かないサービス、例えば供給量が超過した場合、深夜の時間帯、環状方向などの移動需要、鉄道やバスのラストワンマイルへの対応、少人数の移動需要しかない地域や拠点間などに対して、カーシェアやオンデマンド型の交通サービスを供給している。ＭａａＳにおけるモビリティサービス事業者の立場として移動の魅力を高めつつ、上流側のＭａａＳオペレーターとしても顧客にじかに接するサービスを展開しているのだ。

トヨタ自動車（日本）

「全方位戦略」で大逆転狙うトヨタのMaaS

ダイムラーだけが、いち早くモビリティカンパニーへの転身を遂げようとしてきたわけではない。トヨタ自動車も2010年ごろから社内での検討を行い、モビリティサービスを事業に取り込もうとテストを繰り返してきた。ダイムラーのカーツーゴーほど大掛かりなサービス提供でないが、東京都や愛知県豊田市、フランスのグルノーブルでも「Ha:mo RIDE（ハーモライド）」という小型EVを使用したカーシェアリングの実証実験を進めている。

しかし、世界でトヨタの自動車販売台数は1000万台を超え、その大規模な体制を変革していくのは険しい道だった。そうして、これまでの出遅れを取り戻すかのように18年10月4日、ソフトバンクとMaaS事業分野に関して電撃的な事業提携を発表した。トヨタとソフトバンクが共同出資した新会社MONET Technologies（モネ テクノロジーズ）を設立し、戦略的提携を果たしたのだ。

ソフトバンクはこれまで、モビリティと関わりの強い「群戦略」を取り、ビジョン・ファンドなどを通じて海外の配車サービスである米ウーバーテクノロジーズや中国の滴滴出行（ディディチューシン）など、各国の有力企業に先行投資し、大株主となることで〝最強〟の企業群を形成してきた。今回の発表会見でソフトバンクの孫正義社長は、投資先の配車サービスであるウーバー、ディディ、Grab(グラブ)、Ola(オラ)の総取扱額は3年間で7倍と急成長しており、18年(第2四半期の年換算)には年間10兆円(900億ドル、1ドル=約114円換算)に達すると紹介した。そして、「おそらく10年もたたずにして、現在のアマゾンの取扱高に追いつき、追い越す規模にまで伸びるのではないか」と市場の拡大を予想している。

トヨタがクルマをつくり、ソフトバンクがサービスアライアンスを組み、その間をつなぐ新会社のモネ テクノロジーズが需給調整システムの提供や運営代行を行う。この2社の提携によってグローバルでMaaSプレーヤーとの連携が加速する可能性があり、トヨタのモビリティサービス戦略により現実味が増した。

では、ここからはトヨタのMaaS事業に向けたモビリティサービスの変遷を見ていこう。冒頭で述べたように、12年からはハーモライドという低炭素交通システムの実証を愛知県豊田市でスタートさせている。当時は、Ha:mo NAVI(現在はサービスを終了)という鉄道・クルマ・徒歩が連携したマルチモーダルなナビゲーションを開発。公共交通機関とラストワンマイルの交通手段をCOMS(コムス)などの小型EVで提供するカーシェアサービスのハーモライドを統合したモビリティサービスを提供した。12年から長期間、さらには小型EVによる乗り捨て型のカーシェアを展開している点でも注目に値する取り組みである。その後、東京ではパーク24グループのカーシェア「Times Car Plus(タイムズカープラス)」と連携し、沖縄、萩市、出雲市、バンコクでサービスを提供している。

特に豊田市では、トヨタ自身がオペレーターとして、車両の偏在への対応や収集したビッグデータから交通需要を分析し、貸し出しステーションの選定や追加などを提案し、新しい交通サービスの運用に携わり、ノウハウを蓄えた。現在では、交通事業者にハーモライドの運用管理システム（OMMS）を提供し、運用パートナーを募集している。今後は、後述するトヨタのMSPF（モビリティサービス・プラットフォーム）と連携し、サービスの拡充を図る予定だ。

MSPFは、トヨタにとってモビリティサービスの根幹を担うものだ。このMSPFは16年10月に米国の個人間カーシェア「Getaround（ゲットアラウンド）」との協業を発表した際に紹介されたもので、DCM（データコミュニケーションモジュール）という車載用通信モジュールを搭載することでクルマがコネクテッドカーになり、APIを公開してさまざまなモビリティサービスと連携するプラットフォームとなる。（図4－1）

MSPFをベースにして、18年1月のCES2018で発表したモビリティサービスの専用次世代EV「e－Palette Concept（イーパレットコンセプト）」は、トヨタがこれから自動運転車とMaaS事業へどう取り組み、その準備をどう進めているのかを分かりやすく示している。

イーパレットについて紹介すると、この車両制御については、トヨタが開示した車両制御インターフェースとMSPF上でAPIを公開し、モビリティサービスを提供するパートナー企業と連携することで、トヨタ以外が開発した自動運転キットでも使用が可能になる自動運転技術のオープンプラットフォームを提供するもの。セキュリティー対策としては、自動運転キットから車両制御指令コマンドの安全性を一定のルールに基づいて確認するガーディアン機能を備えており、さらにO

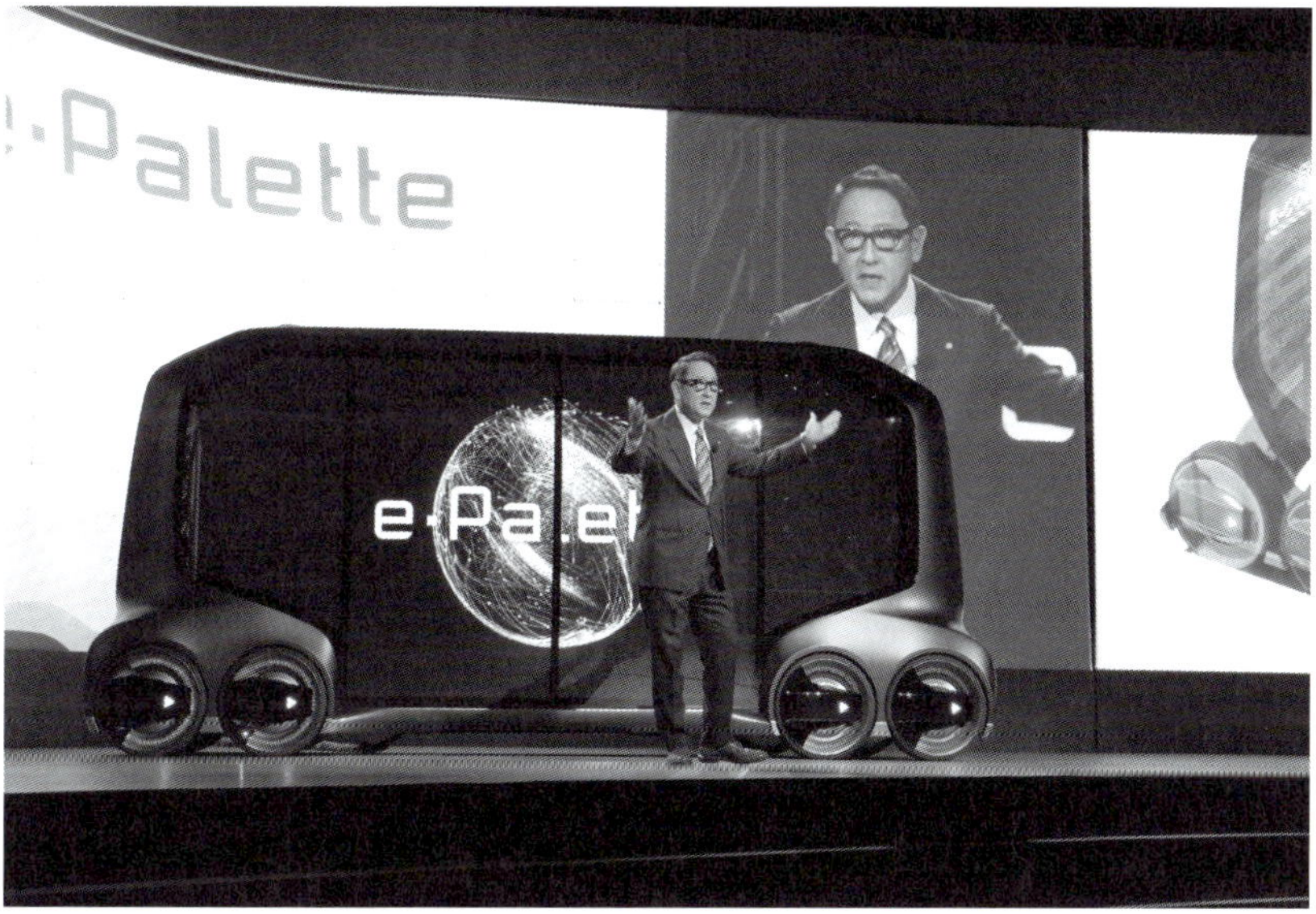

CES2018でモビリティ・カンパニーへの変革を宣言した豊田章男社長

図4-1 MSPFを土台にサービス連携を目指す

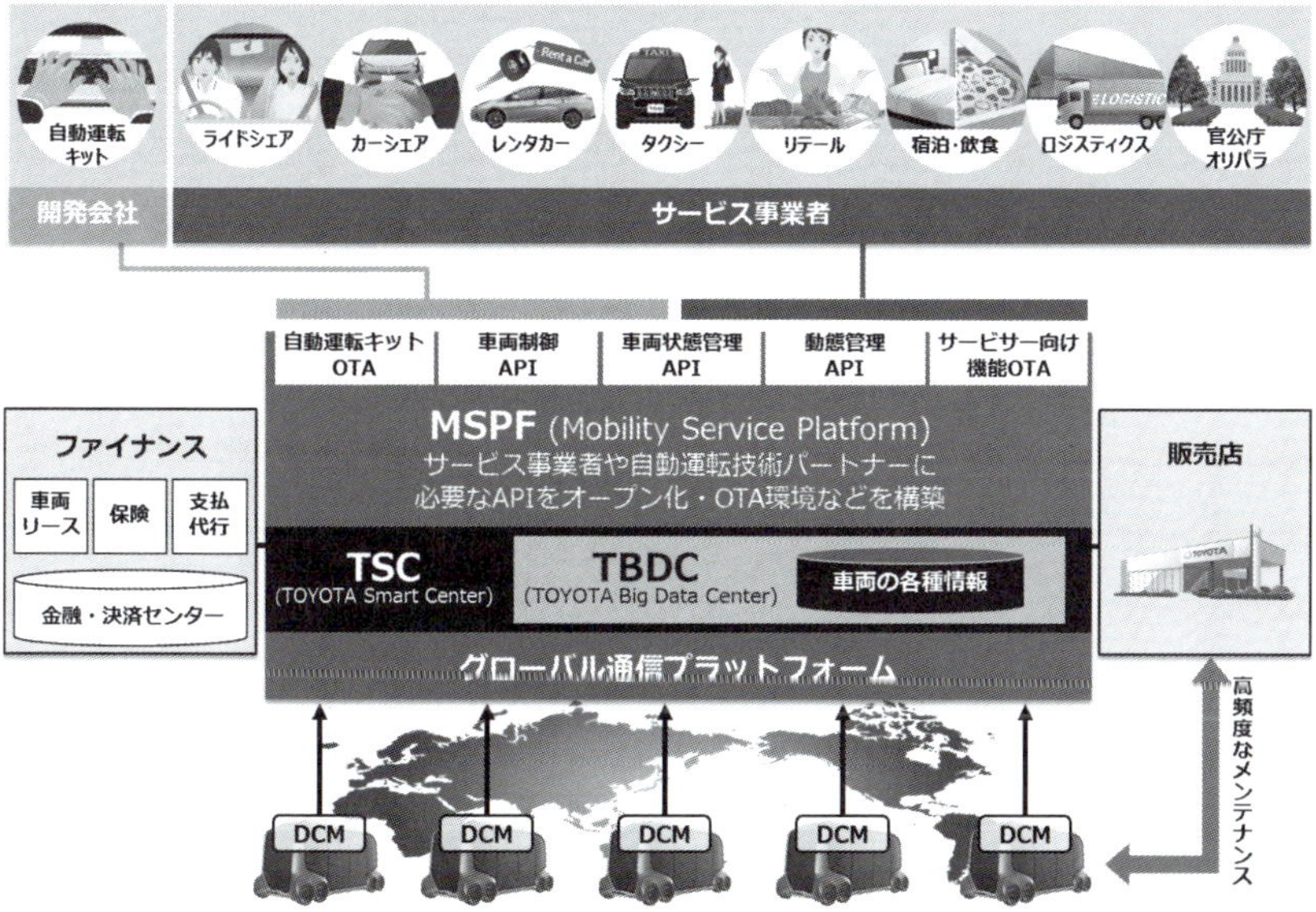

出典：トヨタ自動車

TA❷（Over The Air）で自動運転などの車両システムに関するソフトウエアを常に最新の状態に更新することができ、安全性を確保している。

車両情報に関してもモビリティサービスに活用できるようになっている。車両にDCMが搭載され、収集した利用者の情報や運行情報がTBDC（Toyota Big Data Center）に蓄積される。OTAを通じて高度な車両メンテナンスなどが提供でき、車両状態や動態管理などサービス事業者が必要とするAPIも公開することが可能になる。

イーパレットの発表スピーチの中で豊田章男社長は、「クルマ会社を超え、人々のさまざまな移動を助ける会社、モビリティ・カンパニーへと変革する」と述べ、コネクテッドサービスに必要なモビリティサービス・プラットフォームをつくる会社となる方針を示した。そのビジョンが反映されたイーパレットは、電動化、コネクテッド、自動運転技術を活用したモビリティサービスの専用次世代EVであり、用途に応じたオープンかつフレキシブルなプラットフォームになるという。トヨタはイーパレットを用いて、例えば「お店まで行かなくてはいけない」から「お店があなたのもとまで来てくれる」クルマの未来を描いている。「さまざまなイーパレットを1カ所に集めることにより、医療からエンターテインメント、フェスティバルといったサービスのモバイルハブが出来上がり、ビジネス、あるいはコミュニティーを簡単に形成することができる」と豊田社長は述べており、ヒト・モノ・サービスのオンデマンドプラットフォームを形成する意図が分かる。

車内空間については、「人工知能を通じてお客様の要望を予測できるパーソナルアシスタントにしたい」というコンセプトを掲げた。展示されたモデルは低床・箱型のバリアフリーデザインであり、全長4800㎜、全幅2000㎜、全高2250㎜だが、荷室に応じて全長が異なる計3サイ

❷ オーバー・ジ・エア。無線や電波などの通信を使うこと

ズを検討しているという。これにより、配車サービス仕様、オフィス仕様、リテールショップ仕様など、サービスパートナーの用途に応じて車内空間に設備を搭載することができるという。

トヨタはイーパレットの初期パートナーとして、アマゾン、ディディ、マツダ、ピザハット、ウーバーとアライアンスを結んでいる。今後、パートナーと共に実験車両によるテストを進め、2020年前半には米国を始めとしたさまざまな地域でサービス実証を行う予定である。

また、2020年の東京オリンピック・パラリンピックにおいても、イーパレットをはじめとする現在開発中の多くのモビリティ技術を社会実装していく計画だ。トヨタのモビリティサービス分野を統括している友山茂樹副社長は18年のCESで記者団に対して、「クルマが個人の所有するものから利用するものになる。ライドシェアが増えて、時代が変わっていくときに、我々の得意な整備など、クルマ以外のバリューチェーンというものをある程度きちっと確保する必要がある」と、これまでの自動車産業が築いてきたエコシステムを存続させることも明言している。ダイムラーが提唱したCASEのインパクトへのトヨタとしての1つの答えがイーパレットだろう。

トヨタはモネ テクノロジーズの発表まで、MSPFを通じてサービス事業者との提携を進めてきていた。米国ハワイ州のトヨタ販売店Servo(サーボ)では、17年後半からSKB(スマートキーボックス)とMSPFを活用したカーシェアサービスをスタートさせている。SKBを搭載することで、スマホなどの電子鍵によってクルマの貸し借りが可能。対面ではなく手軽にマイカーを個人間カーシェア車両として提供することで、車両の購入代金にカーシェアで得た収入を充てるなど、新たな販売手法も可能になるかもしれない。カーシェアに提供できることで新車購入のハードルを下げたり、販売後のＭＳＰＦによる事故抑止や自動車保険の運転評価などへの活用も期待できる。今後２０２０年までに日本・中国・米国で発売されるすべての乗用車がコネクテッド化し、ＭＳＰＦに接続される。

また、トヨタは18年6月、東南アジアを中心に配車サービスを行っているグラブとモビリティサービス領域での協業を拡大させるため、同社へ10億ドル（約１１００億円、1ドル＝１１2円換算）の出資を行っている。これまで、トヨタはグラブに通信型のドライブレコーダー「Ｔｒａｎｓｌｏｇ（トランスログ）」を搭載し、ＭＳＰＦへ走行データを収集。現地の保険会社と走行データと連携したテレマティクス保険を提供している。さらにグラブが開発を進めている金融サービスやメンテナンスサービスなどに協力することで、コネクテッドサービスを東南アジア全域に拡大することを狙っている。この提携で、例えばグラブのドライバー向けに配車サービスの売り上げから車両購入代金の一部を支払える販売手法を導入することなど、東南アジアでの新たな新車購入層の創出とシェア拡大にもつなげる狙いがあるのだろう。

そして、トヨタは18年8月にはウーバーにも5億ドル（５５０億円、1ドル＝１１０円）を追加出資。ミニバンのシエナをベースとし、初めての自動運転のモビリティサービスを展開する「Ａｕｔｏｎｏ－ＭａａＳ」専用車両として、21年からウーバー向けに提供する。この提携は、イーパレットの発表時に示したようにトヨタの自動運転キットではなく、ウーバーの自動運転キットを使用し、トヨタのガーディアンシステムがドライバーと自動運転キットを監視してサポートする仕組み。ＭＳＰＦとも常時接続されており、データの収集・分析などを行う。

その他、トヨタは国内でＪａｐａｎ Ｔａｘｉ（ジャパンタクシー）などのタクシー事業者と連

ソフトバンクとの新会社設立は世界的なニュースになった

携し、タクシーのAI配車やオンデマンド型の乗り合いサービス、パーク24とはトランスログを搭載したカーシェアの実証を行うなど、国内でもMSPFの構築と機能拡充を進めている。

このように、これまで新たな交通サービスの提供を行う海外プレーヤーへの投資を加速させてきたトヨタだが、そこには必ずソフトバンクが先手を打って大株主になっていた。その2社がついにMaaS事業の構築を目指して、モネ テクノロジーズを設立したのだ。

この新会社では、交通・物流サービスをオンデマンドで提供する事業者に向けて、イーパレットなどの次世代車両とサービス企画、車両リース、運行オペレーションなどの代行などを行う。モネ テクノロジーズは、ソフトバンクが50・25％、トヨタが

49・75％の株主構成で、ソフトバンクが過半数を握る。資本金は20億円で18年度内に設立し、将来的には100億円への増資を予定している。（図4－2）

モネ テクノロジーズはMaaSプレーヤーと自動車メーカーを結ぶ立場で、同社自体はMaaSオペレーターの立ち位置を目指しているのだろう。初期は需給最適化システムを利用し、ヒト・モノ・サービスを好きなときに呼べるモビリティサービスの提供を考えているという。国内で戦略特区の設置などによって地方自治体と連携し、モネ テクノロジーズのプラットフォームを100地区での導入を目指す。2020年代前半からはイーパレットを活用したモビリティサービスの実現を目指す。

豊田章男社長は、モネ テクノロジーズの会見でCASEついて「コネクテッド、自動化、シェアリング、電動化といった技術革新によって、クルマの概念が大きく変わり、競争の相手も、競争のルールも大きく変化している」と競争の激化を訴えた。これらへの対応としては「ホーム＆アウェー戦略」としてグループ企業との関係を強化し、事業の集約を図りつつ、競争力を強化する。競争力のある製品はトヨタグループ以外に販売する（アウェー）ことで、デファクトスタンダードを狙う。

また、トヨタ、マツダ、デンソーの3社で17年9月に設立したEV CASというEVの新会社に、新たにスバル、スズキ、ダイハツ工業、日野自動車、いすゞ、ヤマハ発動機が加わるなど、国内メーカーとの連携強化を進めている。トヨタのMSPFがパートナー企業のモビリティサービスとのゲートウエーの役割を果たし、収集したデータを分析し、サービスだけでなく自動運転技術や車両

図4-2　MONET Tecnologiesの事業イメージ

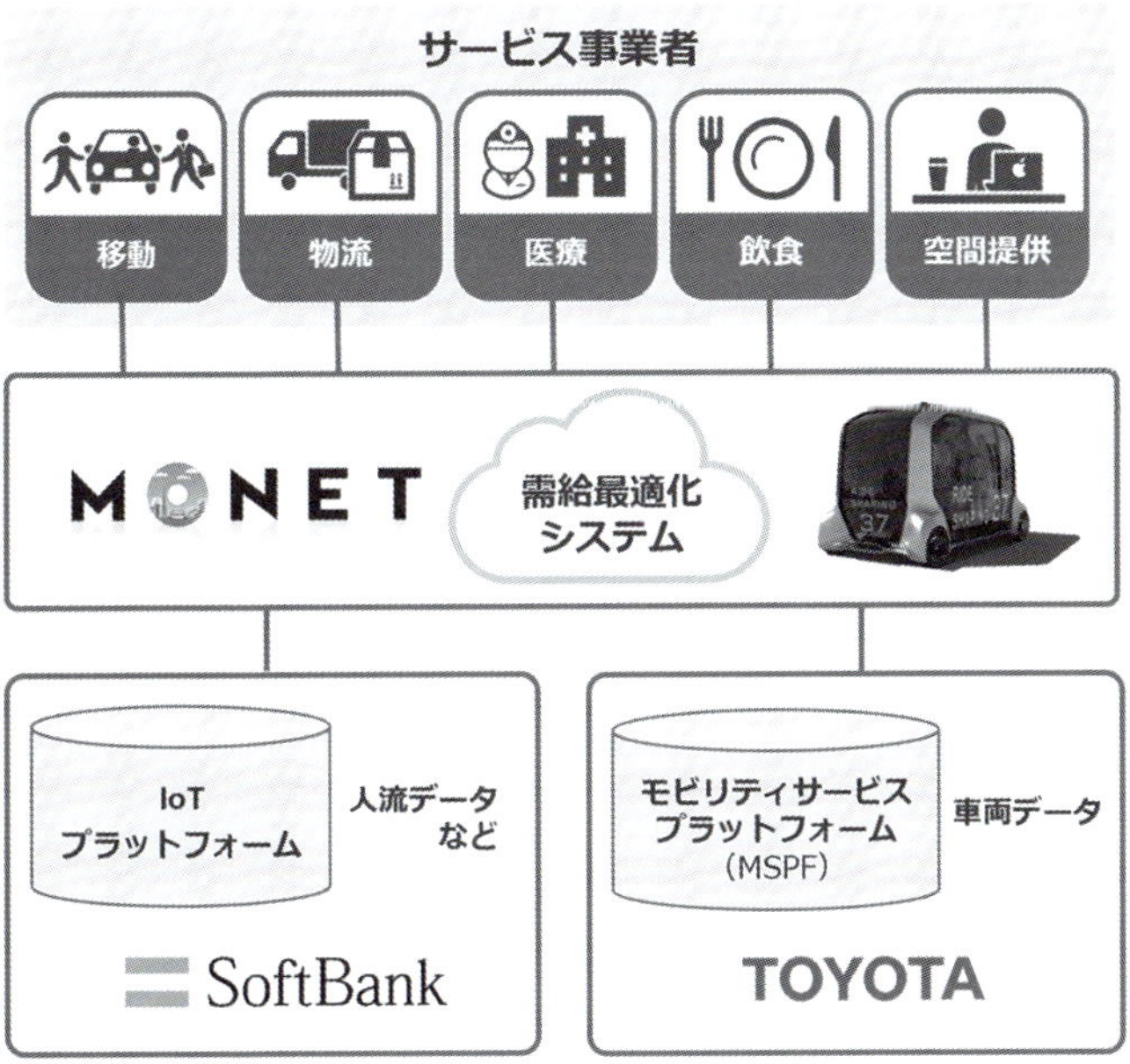

出典：トヨタ自動車

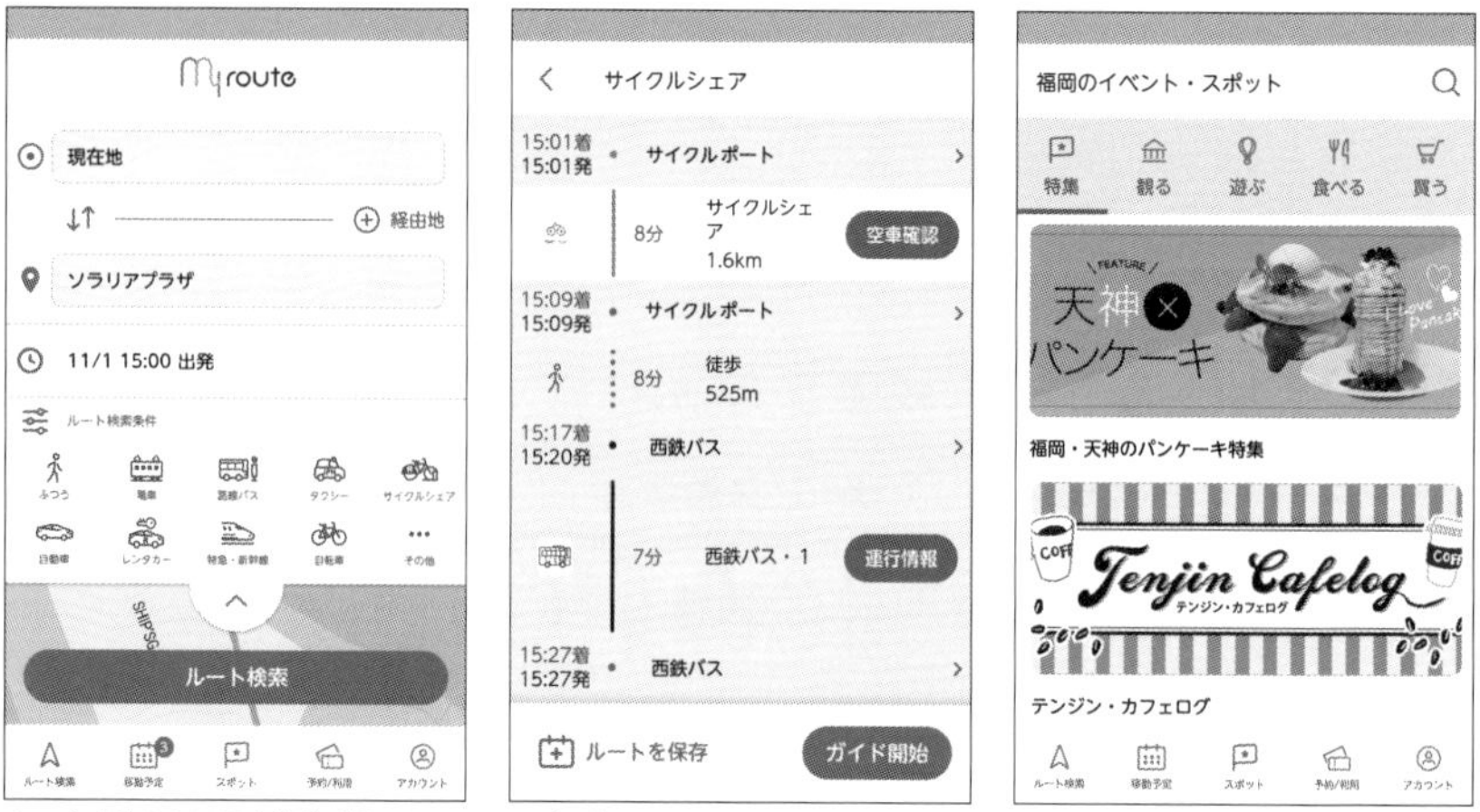

トヨタ自動車と西日本鉄道が始めたMaaSアプリ「my route」

開発などにも活用する。そして、トヨタと提携している自動車メーカーとモビリティサービス事業を拡大させていく狙いだ。

さらに、トヨタが抱える世界中にある販売店ネットワークの活用について、国内ではレンタカーを含め約6000店舗の拠点があり、ユーザーとの信頼関係を構築している。このネットワークでモビリティサービス事業を展開し、ディーラー向けに開設した「コネクテッドオペレーション改善道場」によりコネクテッドカーに対する販売店のサービス研修や、その次に必要なMaaS事業参入への準備運動を行っている。これまでの自動車の製造と販売を分離した体制から製販一体となったモビリティ・カンパニーへ着実に変革している。

事実、18年11月には、トヨタと西日本鉄道が連携し、福岡地域を対象としたMaaSの実証実験「my route（マイルート）」を開始した。マイルートは、鉄道や地下鉄、バス、自動車、レンタカー、タクシー（Japan Taxi）、自転車シェア（メルチャリ)、駐車場予約(akk·ipa)を1つのスマホアプリに統合したマルチモーダルな移動支援のサービスであり、ルート検索から予約(タクシーや駐車場)、一部決済も可能としている。日本で初めての本格的なMaaSである。一部決済には、タクシーや自転車シェアだけではなく、1日乗り放題のバス乗車券(デジタルフリー乗車券)の発券も含まれている(1日タイプと短時間滞在者向けの6時間タイプの2つが用意されている)。

また、マイルートでは移動先にある店や地域イベントの情報も提供されており、行きたい店やイベント情報からもルート検索ができるよう工夫されている点が特徴的だ。この実証実験は、トヨタの未来プロジェクト室と、西日本鉄道のまちづくり推進本部が担当しており、MaaSによる円滑な移動を支援するだけではなく、街のにぎわいを創出することも狙いとした、まちづくりとモビリティサービスが一体となった取り組みであり、大いに期待したい。

フォルクスワーゲン（ドイツ）

ＥＶ専用のモビリティサービスで都市交通を丸ごと奪取

フォルクスワーゲン（ＶＷ）は、トヨタ自動車と同様に世界で年間１０００万台を超える新車を販売する巨大自動車メーカーだ（２０１７年のグループ実績は１０７４万１５００台）。そのＶＷのＭａａＳにつながる代表的な取り組みは、子会社のＵＭＩ（アーバン モビリティ インターナショナル）がＥＶによるカーシェアリング「Ｗｅ Ｓｈａｒｅ（ウィシェア）」を19年にベルリンからスタートし、２０００台規模に拡大するものだ。こうしたモビリティサービスや技術に対して、２０２２年末までにＶＷグループで３４０億ユーロ（４兆４２００億円、１ユーロ＝約１３０円換算）以上の投資を表明している。人口が集中する都市部を明確なターゲットとし、自治体などとの連携を深めながらＥＶとシェアリングサービスをセットで導入し、市場を奪取する目論見だろう。その先には当然、最大のＥＶ市場である中国での展開も検討していると見られる。

もう１つは、オンデマンド型乗り合いサービスへの参入だ。ＶＷは戦略子会社のＭＯＩＡ（モイア）を16年に設立。同社は、バスとタクシーの中間に当たる6人乗りのバンを使って、リアルタイムでユーザーの乗車ニーズをマッチングし、目的地まで届けるオンデマンド型乗り合いサービスを展開する。先に紹介したダイムラー子会社のムーベルのＳＳＢフレックスなどと同種のものだ。バ

オンデマンド型乗り合い交通サービス専用に開発されたEV

専用EVの車内は快適な旅を約束する贅沢な内装

スより自由度が高く、タクシーより割安感があるサービスとして位置付け、鉄道駅からの2次交通として、あるいは採算が厳しいバス路線の代替として、MaaSによる交通新体系を築くうえで重要なカギを握るプレーヤーとなる。

モイアはドイツの地方都市ハノーバーでのテスト展開を終え、18年7月末から一般向けにサービスを始めた。そして、19年初頭には人口174万人を超える北部の有力都市ハンブルクで、VWが開発した世界初の乗り合い専用EVを使った実証実験をスタートする。コペンハーゲンで開催されたITS世界会議2018の講演に登壇したモイアのCEO、オーレ・ハームズ氏は、「将来に向けてMaaSアプリのようなモビリティの統合サービスは必要だが、現時点で一番大切なのはマイカーを自宅に置いていっても快適に移動でき、かつ都市部が抱える交通渋滞や環境問題を解決できる新たな交通システムの展開に集中すること」と話している。

というのも、国際連合の予測によると、2050年には世界の人口の約7割が都市部に集まるといわれる。現状のままでは都市交通の破綻は免れず、それを避けるための切り口が、モイアのような新しい交通サービスということだ。

19年初頭からハンブルクで行う実証実験には、専用EVを当初200台、1年後に500台、2年後には1000台で運用する計画だ。市内にいくつかの拠点を設け、そこから乗車ニーズに応じて配車したり、EVの充電スポットとして使う。利用者はモイアのアプリから手軽に乗車予約が可能。待ち時間は5分か10分から選べる仕組みで、マッチングが成功すると料金が提示される。正式に乗車依頼をすると、モイアが設定しているピックアップ場所（バーチャルストップ）が指定され、利用者はそこまで徒歩で移動するのだが、最大150m、ほとんどが50mほどで済む。

そして迎えに来た専用ＥＶに乗ると、快適な〝旅〟が始まる。まず、モイアは乗り合い交通といっても、ドライバーは同社が雇用しているプロであり、安心感がある。また、専用ＥＶの車内は６人乗りの座席のうち４席が独立シートで、２席がベンチシート。頭上空間も足元のスペースもゆったりとしているうえ、大ぶりのヘッドレストで他の乗客をあまり意識せずに乗れる。各席にＵＳＢポートや読書灯も備えており、移動中に仕事をすることも可能。もちろんマイカーほどの完全なプライベート空間ではないが、既存のバンを転用するより確実に快適性は向上しており、マイカーと違って移動時間を有効に使えるのが魅力的だ。

「メインターゲットはマイカーの置き換えであり、公共交通とはすみ分けできる」とモイアの担当者は話している。例えば、２～３回乗り継ぎがあって公共交通を使うのが面倒で、マイカー通勤している人。また、子供のレッスンやスポーツセンターに通う、ちょっとした買い物に行くときなど、日常の移動で使われることを想定している。

モイアは今後、ハンブルクでの検証を経てドイツの各都市や、欧州、北米への進出も視野に入れている。また、ハンブルクでは、市の１００％出資で、地下鉄とバスネットワークの大部分を運営している公共交通Ｈｏｃｈｂａｈｎ（ホフバン）が提供しているアプリ「Ｓｗｉｔｃｈｈ（スイッチ）」への参加も検討中という。このスイッチには、すでにダイムラーのカーツーゴー、ＢＭＷのドライブナウ、ドイツ鉄道が運営するシェアサイクル「ＳＴＡＤＴＲＡＤ ＨＡＭＢＵＲＧ」などが参加。公共交通の経路検索、チケットの購入に加え、目的地で利用可能なシェアカーなどの検索が簡単にできる（予約は各サービスのアプリで行う）。

こうした新しい交通サービスに対して、子会社を通して積極的に展開し始めたＶＷ。特に単なる移動サービスにとどまらず、自動車メーカーとして新しい需要に対応した乗り合い型専用のEV車両を他社に先駆けていち早く開発した点は、注目に値する。ダイムラーも商用車の主力であるスプリンターをCASEのコンセプトに合致した車両として大幅に刷新した「eスプリンター」を発表したばかりだ。中国市場も意識し、MaaSを構成するモビリティサービス事業者として、VWグループの存在感は急速に増している。

2 鉄道・交通オペレーター＆MaaS
（ドイツ鉄道、ケオリス、東日本旅客鉄道、小田急電鉄）

ドイツ鉄道（ドイツ）

「鉄道系MaaS」の世界トップランナー

MaaSの取り組みが進んでいる欧州のなかでも、早くからMaaSオペレーターとしての名乗

MaaSオペレーターのドイツ鉄道（DB）が展開するQixxit

出典：ドイツ鉄道ホームページより

りを上げてきたのが、鉄道会社である。なかでも先鋭的なのが、ドイツ鉄道（DB）だ。DBの先進事例としてしばしば取り上げられてきたのが、2009年〜11年のリサーチコンソーシアム「BeMobility（Berlin elektro Mobil）」である。これは、後述する東日本旅客鉄道（JR東日本）の「モビリティ変革コンソーシアム」のモデルとなったことでも知られるが、もともとはBMVBS（連邦交通・建設・都市開発省）の主導により、EV普及策の一環として立ち上げられた。ただし、官主導である点、EVの普及に力点が置かれていた点で、JR東日本の取り組みとは性格を異にする。メンバーとなったのは、エネルギー、自動車、公共交通の3分野の代表的な企業であり、都市の環境改善、渋滞解消、省エネルギーなどが研究テーマとされた。

このコンソーシアムの運営を担ったDBは、エコカー（EV、ハイブリッド車）によるカーシェアと自転車シェア、それに公共交通を共通チケッ

自動運転やAI時代に対応した新しいモビリティサービスIoki
出典：ドイツ鉄道ホームページより

トで利用できるようにし、これらの検索・乗り換えのためのアプリを開発・実証した。既に統合モビリティサービスとしてのMaaSの萌芽が見られる点が興味深い。DBにとってBeMobilityは、カーシェアや自転車シェアが公共交通機関を補完し、都市環境を改善するうえで有効な手段になり得ることを証明する機会になったという。以来、DBは、公共交通機関とそれ以外のモビリティサービスとの統合に向けた動きを加速することになる。

1つは、マルチモーダル型の統合プラットフォームの開発・提供である。13年には、MaaSアプリの「Qixxit（クイックシート）」をローンチ。クイックシートでは、アプリ上で検索のみならず、予約・決済もできるようにした。当初はドイツ国内に限られていたが、現在では、飛行機や長距離バス含め、国境をまたぐ長距離移動時のトラベルプランナーとしての使い勝手の良さを売りにするようになっている。

もう1つは、モビリティサービス自体の多様化である。既に01年に設立したＤＢレント（17年にＤＢコネクトに改称）が、カーシェアの「Ｆｌｉｎｋｓｔｅｒ（フリンクスタ）」や自転車シェアの「Ｃａｌｌ ａ Ｂｉｋｅ（コールアバイク）」を運営している。ＢｅＭｏｂｉｌｉｔｙにおいてもこれらのサービスが使われてきたが、15年には「ＣｌｅｖｅｒＳｈｕｔｔｌｅ（クレバーシャトル）」が加わった。クレバーシャトルはEVを使った乗り合いタクシーで、一部、水素自動車も導入するなど、環境性能にこだわったモビリティサービスである。

この他、16年設立のベンチャーキャピタル、ＤＢデジタルベンチャーズを通じて、タクシー配車のプラットフォーム「Ｔａｌｉｘｏ（タリクソ）」（運営はパブリックインモーション）や、子供の通学ライドシェアの「ＧｏＫｉｄ（ゴーキッド）」など、国内外のモビリティ関連のスタートアップへの投資を加速させている（クイックシートも16年にスタートアップとして独立。ＤＢは子会社化せず、ＤＢデジタルベンチャーズの投資先に位置付けている）。

そして、自動運転やＡＩ時代に対応した新しいモビリティサービスとして、17年に始動したのが「ｉｏｋｉ（イオキ）」である。イオキは、Analytics, On-demand, Autonomousをコアとする3つの事業領域からなるプロジェクトで、18年中に企業化される計画だという。3つの事業領域のうちAnalyticsは、ＡＩを用いたビッグデータ解析によるソリューションサービスで、特にオンデマンド型の新しい交通サービスを導入したい交通事業者や、行政機関向けに分析・提案を行っていくという。

第2のOn-demandは、文字通りオンデマンド型交通サービスの提供だ。これは現時点では、乗り合い型のドア・ツー・ドアのオンデマンドサービスとなっている。ウーバーのようにマイカーをマッチングするのではなく、イオキのサービスカーを使用し、VWのモイア同様に専属の運転手もいる。車種・サイズは色々で、商用バンから電動三輪車（eTuk Tuksと呼ばれている）まであるが、共通しているのは「電動」という点である。

18年10月時点では法的な制約もあり、実験フェーズのようだが、DBは、このようなDRT❸(Demand Responsive Transport) に既存の公共交通を補完する役割を見いだして、イオキを構想している。駅からのラストワンマイルの移動手段としてDRTを導入することで鉄道の利便性を向上させ、鉄道利用客を増やし、都市環境を改善すると共に、夜間や農村地帯など、鉄道が手薄な時間・場所では、マイカーに代わる交通手段としてDRTを広めていこうという発想だ。

イオキの3つ目の柱であるAutonomousは、自動運転を使ったサービスである。既に、EasyMile（イージーマイル）、Navya（ナビヤ）、Local Motors（ローカルモーターズ）の自動運転シャトルを用いたラストワンマイル実証を、フランクフルトや温泉保養地のバート・ビルンバッハなどで実施している。自動運転が法的・技術的に可能になれば、自動運転車によるDRTに移行するが、それまでは実証を繰り返すなかで、自動運転を用いた配車サービスのノウハウを蓄積する戦略だ。既存の自動運転車両に限界を感じているDBは、独自の車両開発にも着手しているという。

DBが自動運転に注力するのは、自動運転に関する研究を進めるなかで、自動運転が鉄道会社にもたらすインパクトが甚大だということに気づいたからだという。大都市では鉄道はなくなることはないが、郊外では、ドア・ツー・ドアの自動運転が当たり前になれば、鉄道の需要は激減するか

❸ DRTとは、ルートが決まっておらず、ドア・ツー・ドアの移動サービスをオンデマンドで提供する交通サービスのこと。タクシーのように貸し切りではなく、乗り合いが前提になっていることが特徴。タクシーとバスの中間のような形態で、日本でも「デマンド交通」の名で過疎地などで展開されている

もしれない。一方、自動運転時代にはクルマは公共交通的な位置付けになり、それを取り込むことができれば、公共交通事業者である自分たちにとっては大きなビジネスチャンスになる。危機感と事業拡大意欲の双方が、DBを自動運転に駆り立てているのである。

ケオリス（フランス）

自動運転で覇権狙う交通オペレーター

Keolis（ケオリス）はパリに本社を構え、フランス国鉄（SNCF）が70％、カナダの年金企業・ケベック州投資信託銀行が30％出資しているグローバル交通オペレーターだ。日本ではなじみが薄い業態なので、ケオリスの存在自体、初耳という人も多いだろう。

交通オペレーターとは、各国の自治体などと契約を結んで、鉄道やバスといった公共交通の運営を受託し、路線ネットワークの構築、サービス改善などを行う存在。日本ではJRや私鉄各社が私企業として独自に営業しているが、世界では公共交通を国や自治体が保有し、運営を交通オペレーターに任せるのが一般的だ。例えば「小田急線をフランス企業が運営する」といったことが、世界では当たり前の光景なのだ。

ケオリスでいえば、欧州の他、北米、東南アジア、オーストラリア、上海、インド、カタールなど、世界16カ国、21都市に進出。各地の鉄道、地下鉄、バス、トラム（路面電車）などの公共交通の運営を行っており、年間30億人の輸送を担う。また、カーシェアや自転車シェアといった新たなモビリティサービスも展開。交通オペレーターとしては世界有数の企業であり、ＭａａＳにおいても注目のプレーヤーだ。

将来的にＭａａＳの主軸となり得る自動運転サービスをめぐっては、自動車メーカー各社の他、グーグル系のＷａｙｍｏ（ウェイモ）やウーバーなどがサービス化を狙って実験を繰り返している。そんななかケオリスは、交通オペレーターとしての自治体との結び付きの強さ、受託運営する鉄道やバスなどとの親和性の高さをフックに、自動運転サービスで〝世界制覇〟を狙う絶好のポジションに付けている。

ケオリスはすでにフランスのリヨンで2年、パリで1年、米ラスベガスで1年以上、小型の15人乗りの自動運転シャトルバスを運行。車両は仏ナビヤ製を用い、決められたルートを運行している。例えば、パリのラ・デファンスでは、駅からのラストワンマイル問題を改善するために自動運転シャトルバスを導入し、駅周辺の企業や大学などへの通勤・通学を支援している。一方、ラスベガスでは観光需要に対応した地区内のモビリティサービスとして運行。時には、結婚式やパーティーなど、変わった使われ方もされている。それぞれの都市で、既に年間3万５０００人以上の輸送実績を誇っているとのことである。

また、18年1月には、新たなモビリティサービスをラスベガスで開催されたＣＥＳ２０１８で公開した。都市内の移動ニーズのギャップを解決するべく、乗り合い型の６人乗り小型バンをオンデ

ケオリスが全世界で展開するモビリティサービス

出典：Keolisホームページより

ケオリスの新型の自動運転サービスカー。車体はフランスのスタートアップ、NAVYAが手掛ける。ITS世界会議2018の会場でデモ走行を披露

マンドでサービスする位置付けで開発。ちょうどバスとタクシーの中間に当たる存在として、ルートを固定せず、複数のユーザーの移動ニーズをリアルタイムに処理しながら、それぞれの目的地へ届けるサービスである。

オンデマンドの乗り合いバスをユーザーが呼び出すアプリはケオリスが開発。サービスするエリアは、まず2～3㎞範囲を想定。新しい車両は電気自動車で、フル充電で9～10時間の走行が可能、最大速度は30㎞程度という。19年にはリヨンでの運行を予定し、その後は欧州の都市に拡大、北米やアジアへの展開も計画している世界戦略車である。

ケオリスは長年、世界各地で交通オペレーターとして、公共交通の運営を担っている。住民のニーズ、行政のニーズ、そして各地域の法制度や課題に精通している点が最大の強みだ。ケオリスは100万人を超える大都市で複数の交通手段を統合した、トータルでの運営を担い、MaaSに取り組んでいる。リヨンの自動運転シャトルバスの場合には、5000を超えるKPI（重要業績評価指標）を設定し、日々改善に努めているそうだ。車両の技術面に加えて、車両の清掃や路面の維持管理といったメンテナンス面も担えるのが、交通オペレーターの大きな強みだろう。

また、地域ごとの交通事情や法制度にも精通しており、自動運転の普及促進に対して、政府や行政機関へのアドバイスも行っている。さらには、自動運転シャトルバスの車両メーカーであるナビヤはフランス企業であり、同社と連携した取り組みも世界戦略上、重要だ。フランス国家として一丸となって、自動運転社会を先取り、車両とサービスを一体に都市交通問題の解決、新しいモビリティ社会の創造を目指している。

ケオリスでは、現在取り組んでいる自動運転を活用したオンデマンド型交通サービスや、自動運転シャトルバスは、いずれ既存の公共交通の延長線、公共交通の一部になっていくと考えている。彼らはタクシーの無人化ではなく、従来のバスの無人化を狙う。大型バスも自動運転化され、幹線交通と支線交通が一体となったマルチモーダルなモビリティ社会が当たり前になる世界をケオリスは描いている。

前述の通り、欧米の先進都市では、都市交通全体の計画は行政が担い、個別交通の運営は民間企業が担っている場合が一般的だ。そのなかでもケオリスは世界の各都市で都市交通の運営のノウハウを有し、特定の手段に限定することなく、都市交通システム全体の高度化や効率化の延長線上に自動運転やＭａａＳを位置付け、活動している。ケオリスの存在感は、サイバー空間とフィジカル空間を高度に融合させることにより、経済的発展と社会的課題の解決を両立した「Ｓｏｃｉｅｔｙ５・０」の世界を目指すうえでは、ますます大きくなっており、注目に値するＭａａＳオペレーターである。

東日本旅客鉄道（日本）

シームレスなモビリティサービスの実現目指す

国内の鉄道会社で、ＭａａＳに対する取り組みで先行していたのは東日本旅客鉄道（ＪＲ東日本）だ。２０１６年11月に発表した「技術革新中長期ビジョン」では、「ＩｏＴ、ビッグデータ、ＡＩ等により『モビリティ革命』の実現をめざします」と宣言したうえで、データ連携を通じたドア・ツー・ドアのモビリティサービスの実現を通じて、利用者にとっての「〝Ｎｏｗ（今だけ）、Ｈｅｒｅ（ここだけ）、Ｍｅ（私だけ）〟の価値の提供」を目指すとしている。ＭａａＳという言葉こそ使わないが、マルチモーダル型の統合サービスの提供を構想していることをうかがわせる。

その後、17年には「モビリティ変革コンソーシアム」を立ち上げて１００を超える企業・団体が参加しており、中長期ビジョンの実現に向けたプラットフォームづくりに着手。18年7月に発表したＪＲ東日本のグループ経営ビジョン「変革２０２７」の中で、スマホアプリ上でシームレスに検索・手配・決済ができる「モビリティ・リンケージ・プラットフォーム」を構築していくことをうたった。いよいよ本格的にＭａａＳの導入に取り組む構えである。（図４－３）

変革２０２７で紹介されているＪＲ東日本のビジネスプラットフォームは、Ｓｕｉｃａを共通基盤とした決済プラットフォームと、モビリティ・リンケージ・プラットフォームでシームレスなモ

図4-3　JR東日本のモビリティ・リンケージ・プラットフォーム

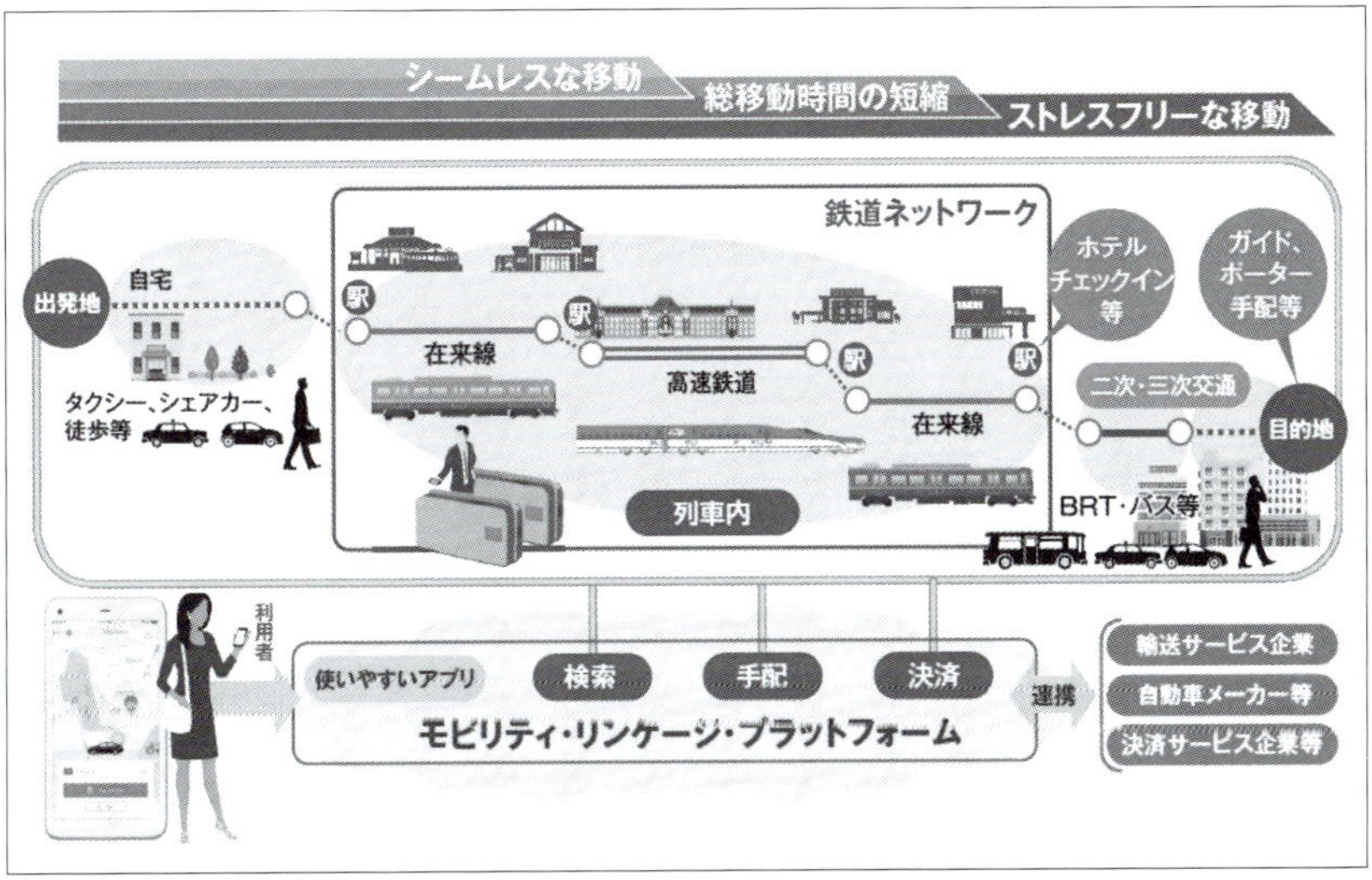

出典：JR東日本資料より

図4-4　JR東日本のビジネスプラットフォーム

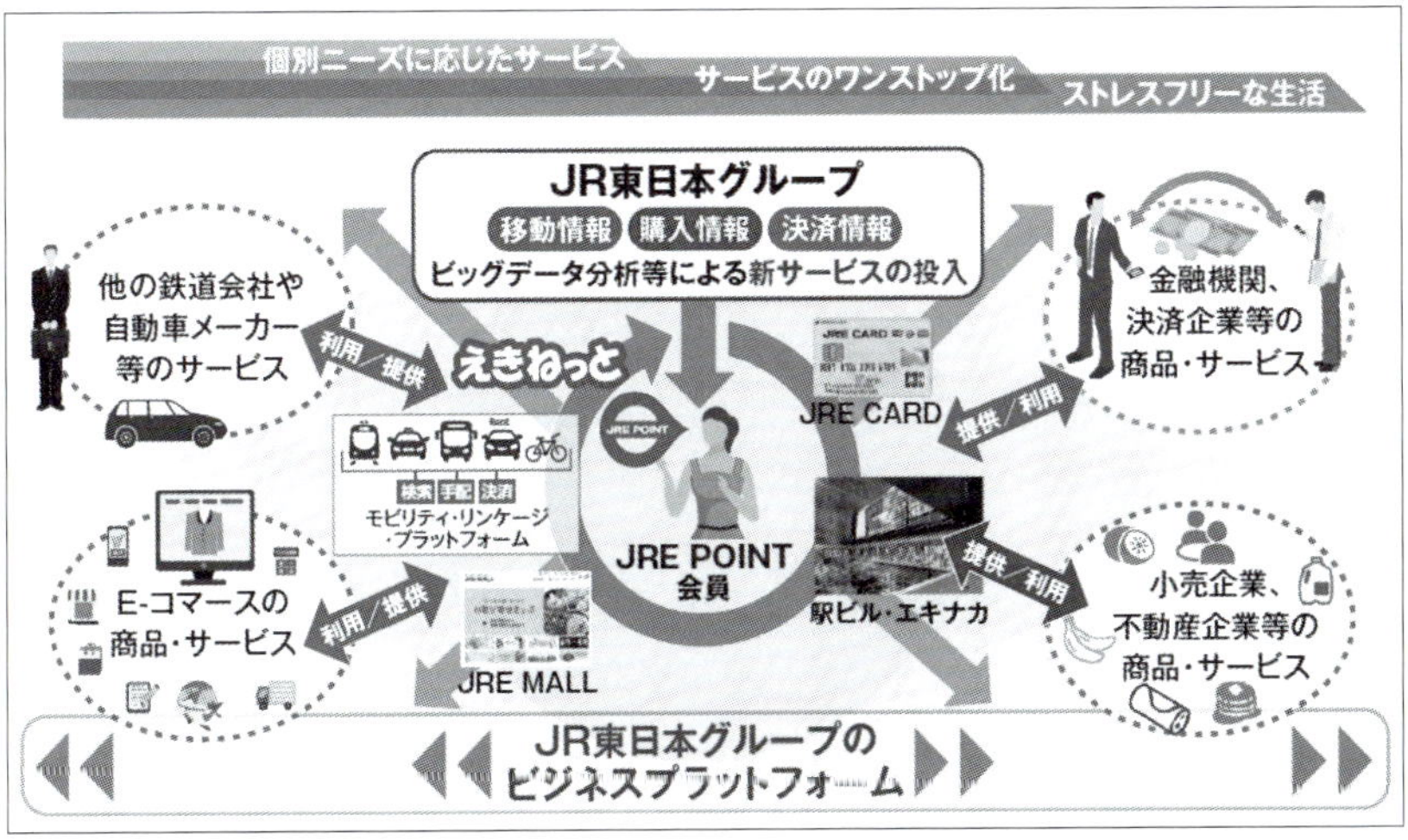

出典：JR東日本資料より

ビリティサービスを提供し、その経済圏の拡大を図るもの。移動・購入・決済サービスを統合して提供することで、さまざまな生活シーンでの利用を見込んでいる。当然、これらの情報はビッグデータとして収集し、分析することで新たなサービスの提供も検討する。また、2次交通との連携によって、より広域に移動サービスを提供でき、目的地の商業施設や宿泊施設にとっては、送客の効果が期待できる。

これまで導入が進まなかった交通事業者には、手軽にSuicaの導入を行えるようにJR東日本とソニー、JR東日本メカトロニクスが「地域連携ICカード」というSuicaと各地域の交通ICカードを1枚にまとめられるシステムの開発を進め、21年の春にはサービスを開始する。これにより、地域の交通事業者は交通と電子マネー機能導入の負担が軽減されるメリットがある。(図4-4)

こういった効果を検証するため、モビリティ変革コンソーシアムの「Door to Door推進WG」では、3つの実証実験を行う。1つ目は、首都圏で「Ringo pass(リンゴパス)」というスマホアプリを一部に公開。Suica IDとクレジットカードを登録することで、自転車シェアとタクシーが利用できる。それらが同一の地図上でサービス提供されているというシンプルなものだ。

また、横浜市内で行う実証実験では、駅に設置された専用端末にSuica IDを登録することでオンデマンド型の交通サービスであるAI運行バスの利用ができる。さらに、AI運行バスの利用者は提携の商業施設や飲食店などでSuicaをタッチすることでクーポンなどを取得でき、それによる誘客効果を検証する。

3つ目は、JR大船渡線の竹駒駅周辺でBRT❹(バス高速輸送システム)専用道による自動運転

❹ バス高速輸送システムのこと。バス専用道路を整備し、専用道路を走行することで定時性を上げ、車両も大型バスや連接バスなどを使用するもの。バスによる大量輸送を実現する

バスの運行を予定している。

さらに19年春からは、ＪＲ東日本とジェイアール東日本企画、東京急行電鉄の3社で、静岡県の伊豆エリアで「観光型ＭａａＳ」の実証実験を始めることを発表した。ＪＲ東日本にとって伊豆エリアは、特急「踊り子」「スーパービュー踊り子」や、リゾート列車の「ＩＺＵ ＣＲＡＩＬＥ（伊豆クレイル）」を運行する重要な観光地だ。２０２０年には東京・新宿～伊豆急下田間で新型特急も投入する。

予定されている実証実験は、ＪＲの「静岡ディスティネーションキャンペーン」に合わせて行われる。国内外の観光客が、鉄道からバス、タクシー、カーシェア、自転車シェアといった2次交通へとシームレスに乗り継げるようスマホアプリを活用。アプリ上でそれらの交通手段の検索、予約、決済を可能にし、マイカーで訪れる以上の快適な旅行体験を提供する構想だ。これにより、日帰りや1泊2日の短期滞在が多い伊豆エリアの周遊を促進し、宿泊日数を延ばす可能性がある。また、タクシーを混雑エリアに優先配車するなど、地域交通の効率運用にも役立てるという。

こうした観光型ＭａａＳの取り組みも含めて、ＪＲ東日本は今後、自動車メーカーや他の鉄道会社、シェアリングなどの新しい交通サービス、決済サービスなどとさらに連携を図り、出発地から目的地までのすべてを検索・手配・決済できるモビリティ・リンケージ・プラットフォームの構築へ向けて事業を展開していく構えだ。

小田急電鉄
（日本）

グループの強み生かす「私鉄版MaaS」

2018年4月、小田急電鉄は、修正した「長期ビジョン2020」とそれに基づく新たな「中期経営計画（以下、中計）」を発表した。小田急グループの「ありたい姿」を示す5つの「未来フィールド」を設定。その第一に掲げられたのが、「モビリティ×安心・快適〜新しい〝モビリティ・ライフ〟をまちに」である。「テクノロジーを活かして、『会いたいときに、会いたい人に、会いに行ける』、次世代の〝モビリティ・ライフ〟をまちに生み出します」との宣言が付されている。

この「未来フィールド」の実現に向けた取り組みの具体例は中計で説明されるが、そこには、「自動運転技術等の次世代のテクノロジーを活かし、多様な交通モードのシームレスな連携による移動サービスを享受できる生活の実現（MaaS）を目指してまいります」とうたわれている。鉄道会社が中計でMaaSに言及したのは、恐らく国内では初めてのことだ。

小田急グループは小田急電鉄をはじめ、江ノ島電鉄、箱根登山鉄道、バスでは神奈川中央交通、立川バス、小田急バス、箱根登山バスなど、さらにタクシーでは小田急交通、相模中央交通、神奈中ハイヤーといった交通サービスを横断的に有している。従来、各交通サービスにユーザーが個別にアクセスしていたものを、例えば「小田急アプリ」などに集約し、一括して運行情報の取得、経

図4-5 小田急版MaaSの将来像

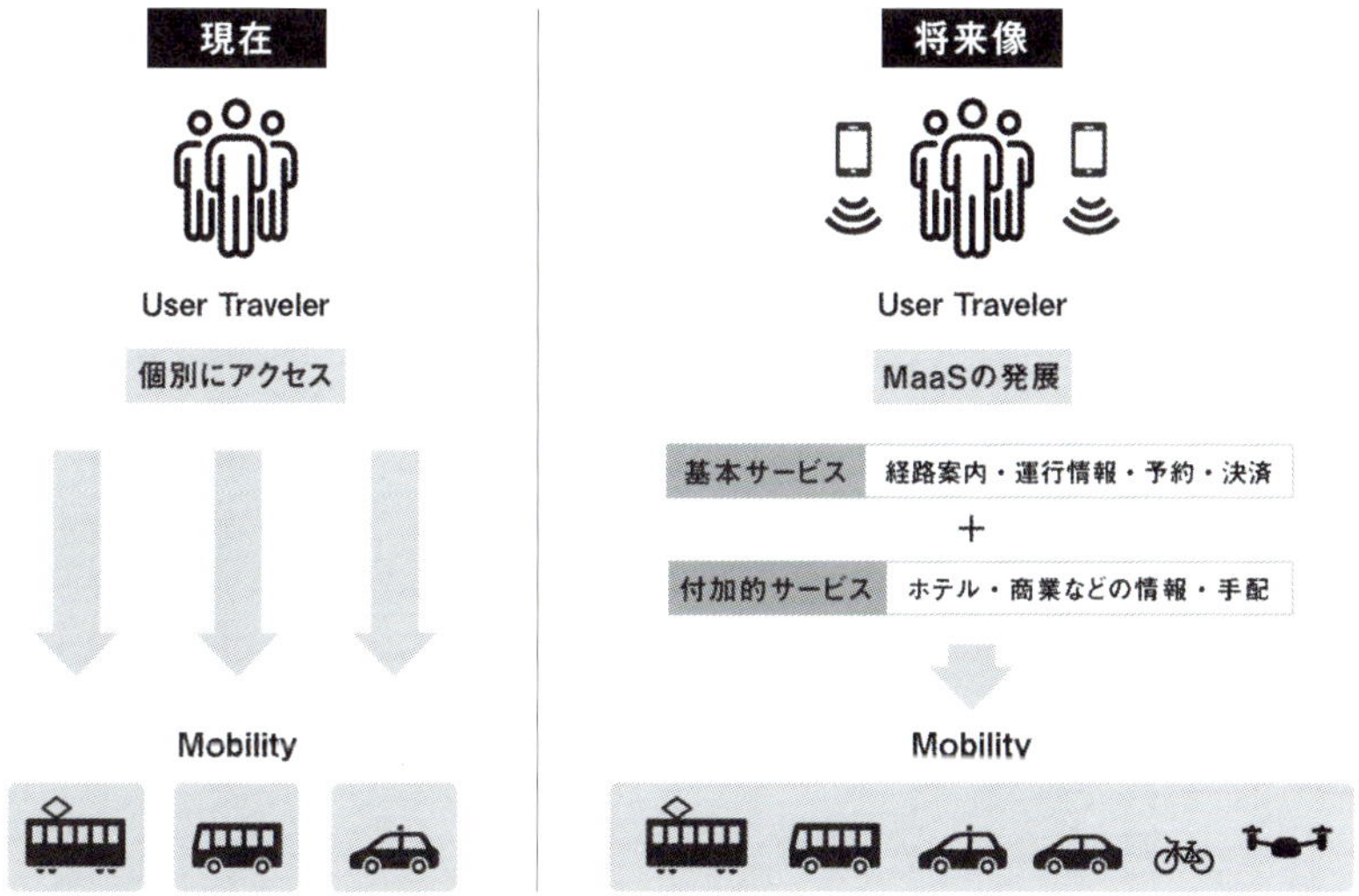

出典：小田急電鉄の資料を基に日経クロストレンド編集部で作成

路案内、予約・決済までできる世界を目指す。沿線の交通サービスをグループ企業でほぼカバーできる、私鉄ならではの強みを生かした戦略だ。（図4－5）

小田急グループがMaaSへの取り組みで狙うのは、新たな移動需要の創出だ。そのための秘策は、グループ外を含む沿線の有力な商業施設や商店街、ホテルなどと小田急版MaaSとの連携。小田急グループとしては、小田急百貨店やスーパーマーケットの「Odakyu OX」などを展開する小田急商事、「小田急 箱根ハイランドホテル」などを運営する小田急リゾーツといった企業がそろう。

例えば、小田急百貨店との連携を想像してみると分かりやすい。町田店は現在、124台分の駐車場を確保し、買い物金額2160円以上で駐車料金を2時間無料にするサービスを行っている。通常の駐車料金は2時間で1200円なので、現状はそのぶんを「クルマで来た人にだけ」割引していると考えることもできる。小田急版MaaSが発展していくなかで、この駐車場の割引分を原資にし、公共交通を使って訪れる人に還元する施策も打てるだろう。

こうして目的地での消費行動を割引施策などによってひも付け、公共交通による移動ニーズを喚起できれば、街の中心部などでの渋滞緩和にも役立つ。究極的には駐車場スペースをなくして維持コストを削減し、かつテナントの数を増やすなど、貴重な駅前空間の有効活用にもつながる。また、魅力的な移動の目的という面では、小田急グループは首都圏の一大観光地である箱根を擁するのも強みだ。ロマンスカーで到着した箱根湯本駅からの2次交通をシームレスにつなぐだけではなく、例えば観光需要が落ち着く平日に、ホテルや交通サービスが一体となって割引施策を打ち出すなど、多くの連携が生み出せる。

小田急グループはMaaSに取り組むことで沿線価値の向上も狙う。その際、主役はターミナル駅周辺の好立地エリアだけではない。小田急電鉄の沿線には主要駅からバスで20分かかるような離れた場所に巨大団地や住宅街があるケースも少なくない。従来の発想なら、こうしたエリアは高齢化が進むとともに衰退し、不動産の価値も下がる一方だ。しかし、このエリアと主要駅を高頻度、もしくは需要に応じてタイムリーに結ぶ自動運転バスなどを導入し、マイカーがなくとも誰でも快適に移動できるようにすれば、そのエリアの価値は上がるだろう。こうした狙いもあって、同社は自動運転バスの実証実験を進める。

例えば18年9月、小田急は、神奈川県とグループの江ノ島電鉄、SBドライブの協力で、神奈川・江の島を舞台に、公道を走行する自動運転バスの実証実験を行った。小田急の片瀬江ノ島駅近くの江ノ島海岸バス停から小田急ヨットクラブを結ぶ約1㎞を、最高時速約30㎞で自動運転バスが走行した。

また、この実証実験で小田急は経路検索サービスを提供するヴァル研究所と共に、ヤフーのスマホアプリ「Yahoo!乗換案内」を活用したMaaSトライアルを実施。期間中、Yahoo!乗換案内で目的地に「小田急ヨットクラブ」を入力すると、自動運転バスを含めたルート検索、バス乗車予約サイトへのリンクなどを案内した。その他、小田急の藤沢駅や片瀬江ノ島駅の駅構内図を追加したり、ルート検索の結果画面に江の島周辺のカフェ情報を掲載したりと、ユーザーの移動に合わせた情報提供に工夫を凝らした。

この自動運転バスを用いたMaaSトライアルは、当初の予想を大きく超える反響があった。実証実験を発表後、たった1日で一般ユーザー向けの予約は満席になり、期間中の自動運転バスの乗車人数は約500人に上ったという。小田急は、今回のヴァル研究所とのトライアルで得た知見を基に、19年度内を目標に「小田急版MaaS」の具体的なサービスを発表したいとしている。

3 配車サービス＆MaaS（Uber、Lyft、滴滴出行《ディディチューシン》）

Uber（米国）

公共交通連携も狙う配車サービスのパイオニア

配車サービスの代名詞であるウーバーテクノロジーズは２００９年に設立され、10年にサンフランシスコでマイカーを使った配車サービス「Ｕｂｅｒ Ｃａｂ（ウーバー キャブ）」を始めた。現在では、世界70カ国６００以上の都市で、サービスを展開するまでに達している。

日本では13年11月に六本木周辺でテスト運用を始め、14年３月に都内でのサービススタートを米国大使館で発表した。当初はハイヤーでのサービス提供を行っていた。その後、16年５月には、公共交通の空白地での自家用有償運送として、京都府京丹後市でＮＰＯ法人の気張る！ふるさと丹後町が運営する「ささえ合い交通」にオンデマンド型乗り合いサービスのシステムを提供した。一方、富山県南砺市で予定していたマイカーを利用した無償シェアリング交通の実証実験は中止に至った。タクシー業界から強い反対もあるなか、日本市場でのサービス提供の拡大には苦戦を強いられてきた。18年になり、タクシーの配車システムとして兵庫県淡路島での実証実験を経て、名古屋市のフジタクシーグループと協業し、日本でのサービスが本格稼働している。

ウーバーがこれまでに提供してきた主なサービスを振り返ると、スマホ1つで行きたい場所に顧客を届ける配車サービスが原点だ。日本では「白タク」の象徴として紹介される場合が散見されるが、そのような理解は日本だけではないだろうか。第2章でも紹介した通り、海外では交通ネットワーク企業（TNC：Transportation Network Company）として認識されている。日々世界中で収集されるドライバー、顧客のビッグデータを駆使し、AIを活用、リアルタイムの需要予測、ダイナミックプライシングなどを実現している。マイカーを所有することから解放し、いつでもどこにでも移動できるサービスを目指している。

ウーバーは利用者がスマホから目的地を指定するだけで、運賃が事前に分かり、ドライバーや車両を選択でき、配車予約をすれば後はドライバーと会話する必要は全くなく、目的地まで連れていってくれる。手が届きにくかった自分専用の〝ハイヤー〟を利用する感覚だ。米国の場合、利用者の中心は20～30代であり、高学歴で高収入、大都市圏に居住している人たちだ。ミレニアム世代の心をわしづかみにした新しい交通サービス、その象徴がウーバーである。

その後、米国で14年には、複数人で乗り合う配車サービス「Uber Pool（ウーバー プール）」、15年には飲食店の料理を配送する「Uber Eats（ウーバー イーツ）」をスタート。16年には自動運転車両を使用した実証をペンシルベニア州ピッツバーグで始め、17年には物流業界の輸送業者と配送担当ドライバーをマッチングする「Uber Freight（ウーバー フリート）」を提供するなど、テクノロジーの導入とサービスの進化のスピードはすさまじい。

自動運転については、米国での実証実験の開始後、僅か100日間で100万マイルを走行させた。しかし、18年3月に死亡事故を起こし、中断に追い込まれる。米運輸安全委員会（NTSB）が5月に発表した事故に関する暫定報告では、自動ブレーキシステムなどについて問題点を指摘した。その後、トヨタ自動車と18年8月に提携し、同社から自動運転を行うための車両制御インターフェースの開示を受け、自動運転を活用した配車サービスへと再び歩み始めた。

また、ウーバーも、後述するLyft（リフト）や滴滴出行（ディディチューシン）のように、これまで蓄積した交通データを都市計画などに活用するため一般公開している。それが、「Uber Movement（ウーバー ムーブメント）」だ。世界中の都市計画を支援するために、20億以上の移動情報に基づく匿名化されたデータを提供している。17年1月からスタートし、12都市（アムステルダム、バンガロール、ブリスベン、カイロ、ハイデラバード、メルボルン、ムンバイ、ナイロビ、ニューデリー、パース、ピッツバーグ、トロント）まで拡大させている。このサービスの移動に関するデータは、ソフトバンクが投資しているmapbox（マップボックス）の地図上に表示される。

また、転機という意味では、CEOの交代がある。17年8月、トラビス・カラニック氏から旅行予約サイト大手のExpedia（エクスペディア）のCEOだったダラ・コスロシャヒ氏へ代わり、18年1月にはソフトバンクグループが計93億ドル（約1兆416億円、1ドル＝112円換算）を投じて持ち株比率が約15％の筆頭株主になっている。コスロシャヒ氏に交代してから、これまでタクシー産業との軋轢を解消する融和へとかじを切った印象が強い。

その後、モビリティサービス面では、個人間カーシェアのGetaround（ゲットアラウンド）と提携し、18年4月末からサンフランシスコで個人間カーシェアの「Ｕｂｅｒ Ｒｅｎｔ（ウーバー レント）」をスタートさせた。また、自転車シェアのＪＵＭＰ Ｂｉｋｅｓ（ジャンプ バイクス）を18年4月に傘下に入れ、「Ｕｂｅｒ Ｂｉｋｅ（ウーバー バイク）」としてサービスを始めた。北米10都市でサービスを提供しており、サンタモニカでのみ電動スクーターも提供している。

Ｍａａｓプレーヤーとして興味深い動向が、公共交通の電子チケットを提供しているＭａｓａｂｉ（マサビ）とのパートナーシップだ。マサビは世界40以上の公共交通機関でチケットを発行する決済プラットフォームを提供しており、スマホを使用した電子チケットや利用状況のデータを収集し、運用管理も行うサービスプラットフォームを提供している。このパートナーシップにより、ユーザーはウーバーのアプリ内で公共交通を含めた移動手段を検索でき、将来的には予約や決済ができるようになるという。

ウーバーはスマホを指先で操作するだけで、多様なモビリティサービスを受けられるようにし、マイカーなしでの生活の実現を目指している。そのために、第三者との提携と買収の組み合わせでサービスを拡大させている。マサビとのパートナーシップでは、今後ウーバーのアプリでも公共交通などの乗車券を予約、購入できるようにするという。また、ウーバーのアプリから電動スクーターの利用を可能にするため、米Ｌｉｍｅ（ライム）とも提携している。提携関係の強化と拡大を進めていくようだ。

このようにウーバーは、単一のモビリティサービスを提供するだけにとどまることなく、ルート検索や予約・決済などのＭａａＳプラットフォームも押さえつつある。ウーバー ムーブメントから得られる交通データ、さらには自社の配車サービスを進化させるとともに、電動スクーターのよ

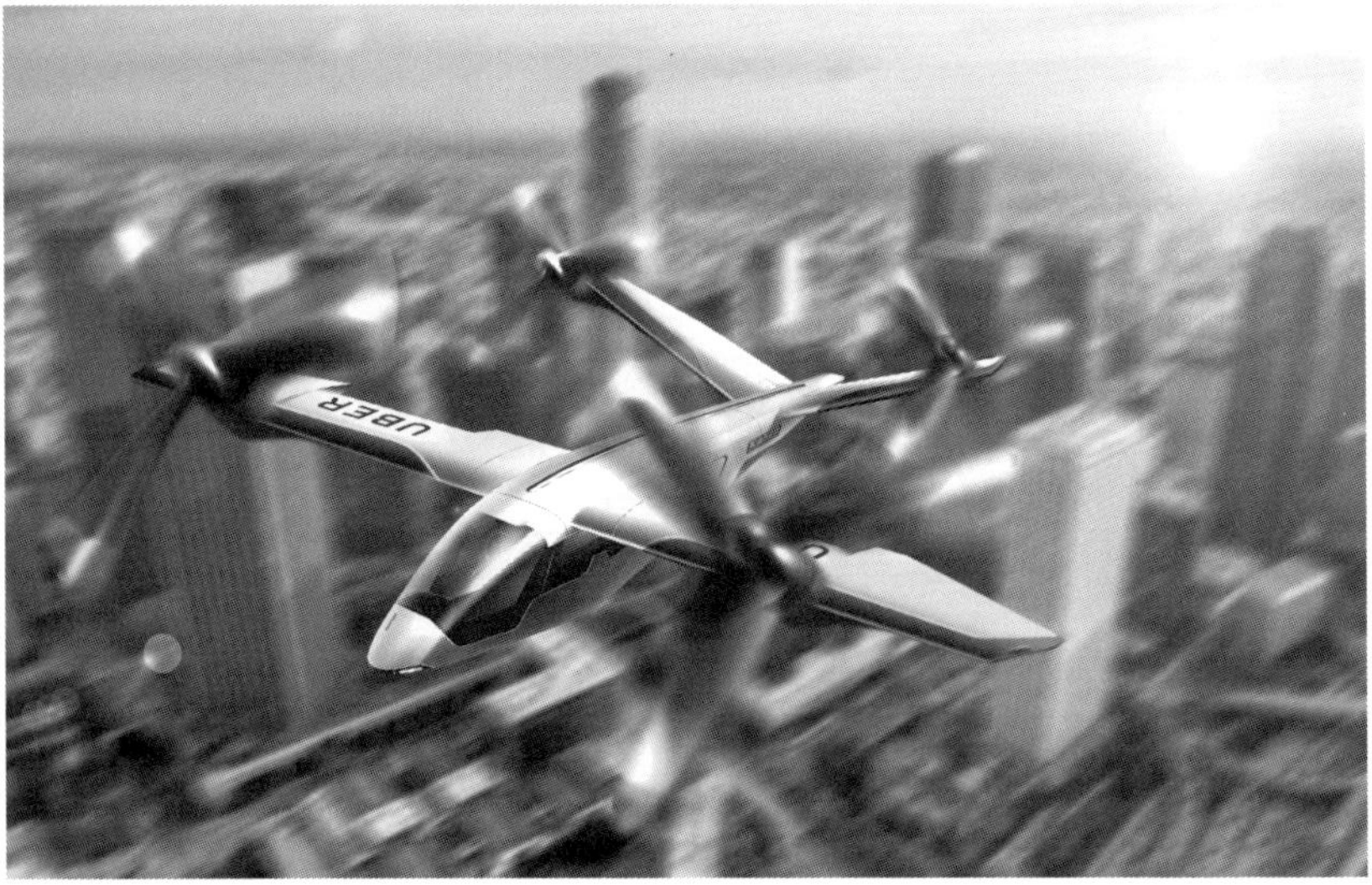

uber AIRのイメージ
出典：ウーバーテクノロジーズ

うな新たなモビリティサービスにも参入している。上流から下流までの垂直統合を目指し、日々進化を遂げており、今後も目が離せないMaaSプレーヤーだ。

最後に、〝空飛ぶタクシー〟と呼ばれる「uber AIR（ウーバー エア）」にも触れよう。これは17年11月から始まり、NASAとの提携も行い、「eVTOL」（電動垂直離着陸車両）と呼ばれる小型航空機を使って、2023年をめどにダラスとロサンゼルスで商用運行を開始することを目指している。その前段階としてウーバーエアを実現するための構想として、「Uber Elevate（ウーバー エレベート）」を立ち上げ、日本でも18年8月に第1回 のUber Elevate Asia Pacific Expoを開催。日本、インド、オーストラリア、ブラジル、フランスを候補国とし、ボタン1つで空のモビリティサービスを提供する実証事業への参加を呼びかけている。

既にサンディエゴでウーバーは連邦航空局（ＦＡＡ）、米交通省（ＤＯＴ）、サンディエゴ市当局と連携し、ウーバー エアのテスト飛行を成功させている。ウーバーの発表では１㎢当たり７７０人以上の人口密度がある２００万人以上の都市では、オンデマンド型乗り合いサービスとして、拠点間の移動をウーバー エアで提供することにより、移動時間を大幅に短縮できるという。将来的に実現できたあかつきには、ウーバーが描くＭａａＳの一翼を担う重要なモビリティサービスになるかもしれない。

Lyft（米国）

Uber最大のライバル、MaaSを強力に推進

米Ｌｙｆｔ（リフト）は２０１２年、サンフランシスコでの創業以来、事業を拡大し、今や米国の約３００都市でサービスを展開している。最大手のウーバーに対抗するべく、リフトは積極的に他社との協調策を進めている。海外展開の際には、中国の滴滴出行（ディディチューシン）、インドのＯｌａ（オラ）、東南アジアのＧｒａｂ（グラブ）と提携した。18年9月には、乗り換え情報

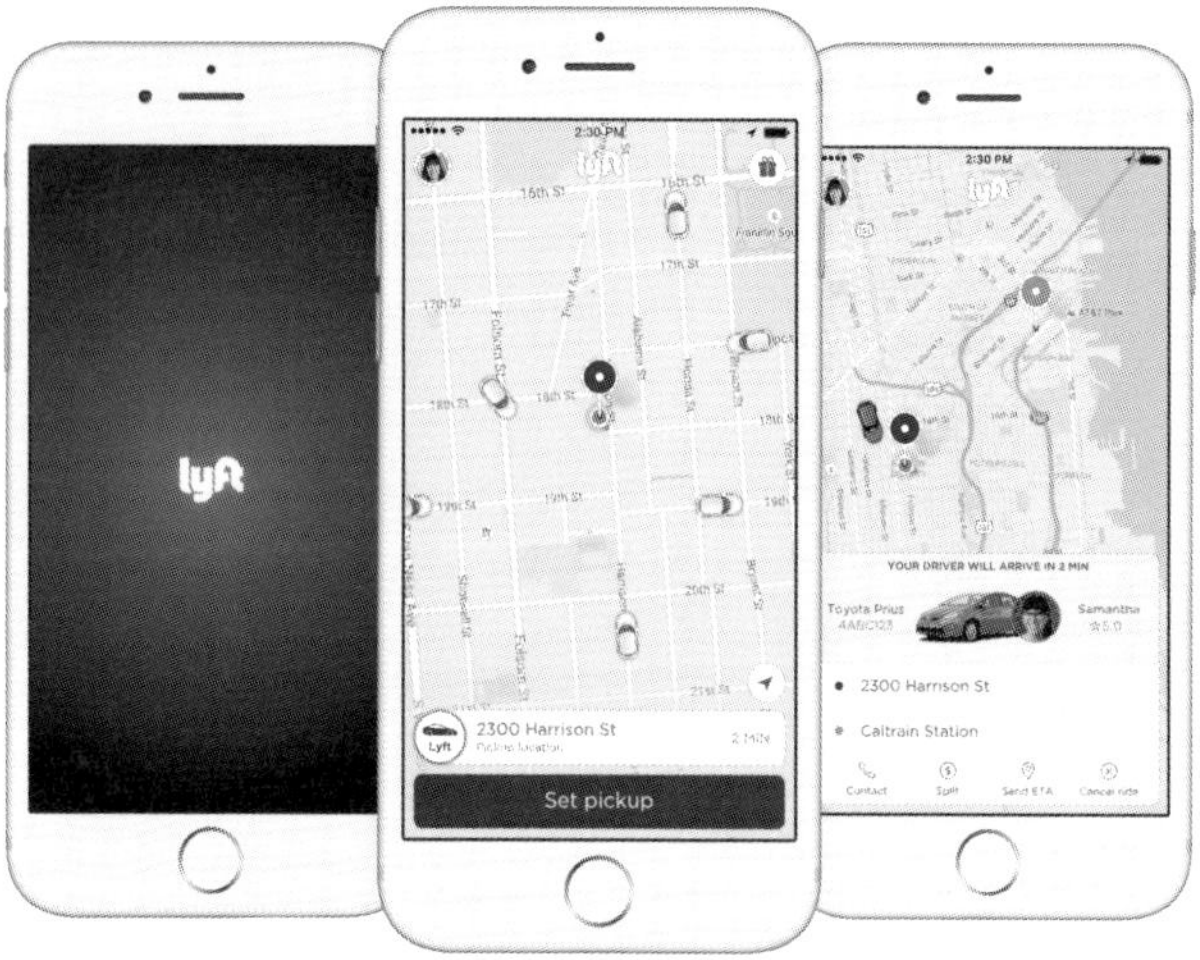

Lyftの配車サービスアプリ
出典：Lyft

プラットフォームである「Trafi（トラフィ）」と連携し、リフトのアプリ内で自分の現在地から最寄りの公共交通機関を利用したルート検索ができるサービス「Neaby Transit（ニアビー トランジット）」を立ち上げ、カリフォルニアで提供を開始。配車サービスだけにとどまらない都市全体の交通ネットワークに参入した。既に楽天やアリババから2000億円以上の出資を獲得し、規模はさらに拡大している。結果、18年第4四半期の売上高は前年同期比168％と、ライバルのウーバーの2・75倍の成長率を記録している。

リフトの特徴の1つが、ドライバー・乗客両者にとっての高い安全性である。サービス利用者と自社との信頼関係の構築を理念に掲げている。ドライバーは経歴をチェックされ、直接の面談で選考を通過する必要がある。選考を通過した新人は、先輩ドライバーから指導を受け、ノウハウの共有がなされている。また、ウーバーと同様にドライバー・乗客の相互評価システムがあり、平均評価の低いドライバーはサービスから除外されるという徹底ぶりだ。乗客に対しては、ドライバーとの会話促進のために、お互いのプロフィールを編集できるようにするなどユニークな方法を取り入れ、サービスの質の向上を図っている。ホテル業の経験がある共同創業者ジョン・ジマー氏ならではのもてなしの精神が感じられる。

また、リフトは、モビリティの変革を通した都市の大きなビジョンを掲げている。米国を、クルマ中心社会から人間中心社会の都市デザインへと変革することを目指しているのだ。ジマー氏は、これを「第三次トランスポーテーション革命」と命名した。配車サービスなどの普及によってクルマ所有の時代が終わり、交通量が少なくなり、大気汚染は改善される。車線や駐車場は減少し、代わりに緑地や公園を生み出すことができる。都市デザインを通して、個人の健康や生活の質の向上だけでなく、経済や環境問題、社会問題などにも良い影響を与えるとジマー氏は考える。リフトは、2025年をめどに、クルマ所有時代の終焉を予測している。

そうした大きな展望に共感したのか、自動車メーカー大手のゼネラルモーターズがリフトに出資し、自動運転車の共同開発が現在進められている。また、リフトは自動車部品メーカーで自動運転ベンチャーのＮｕＴｏｎｏｍｙ（ヌートノミー）を買収したＡｐｔｉｖ（アプティブ）と、ラスベガスで自動運転による配車サービスの提供を行っている。18年に開催されたＣＥＳでプレ実証を行い、その後、5月に30台でサービスを開始した。8月には、通算５０００回の搭乗実績があると発表。乗客の評価も公開しており、五つ星中4・96と高評価だ。また、乗客の96%が「再度、搭乗したい」と回答しており、乗客の20%が既に2~3回搭乗している。さらに、グーグルの自動運転車子会社のウェイモとも提携を結んでおり、配車サービスを起点とした自動運転市場の拡大が見込まれる。

リフトもウーバー同様にＭａａＳの上流から下流までの垂直統合を目指したプレーヤーとして躍進している。当初から行政機関や公共交通事業者と協調路線を取り、新しい都市計画へのビジョンにも積極的に提案、関与している。18年9月には、全米35都市で「1カ月間クルマをやめませんか（"Ditch Your Car"）」というキャンペーンを行い、世界中で注目された。リフトから550ドル（6万1600円）が提供され、1カ月間マイカーを使わない体験をするというものだ。自社の配車サービスだけではなく、地域の公共交通なども乗り放題とし、モニターの意識や行動の変化も把握するチャレンジングな取り組みだ。また、10月には、米国の元運輸長官であるアンソニー・フォックス氏を採用したニュースに驚いた人も多くいただろう。リフトが目指す理念、ＭａａＳを実現するうえでは、政府や行政機関との協力、連携は欠かせない。配車サービスとしてウーバーがとかく注目されがちだが、ＭａａＳプレーヤーとしてリフトの動向も今後注目である。

滴滴出行《ディディチューシン》（中国）

「交通大脳」への発展で、都市交通を握る

中国の配車サービス最大手である滴滴出行（ディディチューシン）は、２０１２年6月にサービスを開始。中国のアリババやテンセントからの出資を受け、配車サービスをはじめとする新しい交通サービスを提供し、拡大し続けてきた。ディディが提供している配車サービスとは、ユーザーがアプリ上で乗車場所と目的地を入力すれば、付近を走る登録ドライバーがすぐに迎えにきて目的地まで運んでくれるというもの。先に紹介したウーバーやリフトと同様の仕組みだ。決済はアプリ上で、中国で普及している2大決済アプリ「ＡＬＩＰＡＹ（アリペイ）」か「ＷｅＣｈａｔＰａｙ（ウィーチャットペイ）」の機能を使って済ますので、ドライバーと現金やクレジットカードなどをやり取りすることはない。16年8月には熾烈な競争の末、ウーバーの中国市場を取得している。

ディディは、配車サービス、自転車シェア、タクシー、シャトルバス、レンタカーなどのさまざまなモビリティサービスを提供するだけでなく、特に自動車のバリューチェーンにも参入している。18年1月にはＣＥＳでトヨタ自動車が発表したイーパレットの提携先として発表されている。また、ディディは自動車のメンテナンス、中古車販売、保険などにも中国で進出している。

そして18年4月、自社アプリ上で乗用車の配車サービスと公共交通機関の乗り継ぎを一体で提案

する新サービスを開始。MaaSオペレーターの役割も担う方向へかじを切った動きに見える。

この新サービスでは、アプリ上にある乗り継ぎサービスボタンをタップすると、出発地（自分の居場所）から目的地までのルートを、配車サービスに地下鉄やバスといった公共交通機関、自転車シェア、徒歩などを組み合わせて複数、表示してくれる。ユーザーは、ルートごとに示される「かかる時間」「必要な料金の目安」「歩行距離」を参考に、好みのルートを選ぶ。選択したルートに配車サービスが含まれている場合は、同じアプリ上から、指定の場所と時間に迎えにきてもらえるように予約できる。ただ、乗り継ぎの案内はしてくれるものの、そこで利用する地下鉄など公共交通機関の運賃は、4月の時点ではアプリ上で決済できず、あくまでも乗り換え案内＋配車サービスであった。他にも、ディディは中国本土では小型のバスを利用したコミュニティーシャトルの運営を、予約などのプラットフォームから需要予測、ルート作成、実際の運行を一手に担ったサービス形態で提供している。

また、18年9月27日には、日本市場にタクシー配車だけをサービスインさせている。出資も受けているソフトバンクと合弁でDiDiモビリティジャパンを設立し、大阪府内で12社1000台以上のタクシーの配車が可能になった。決済システムについては、日本人ユーザーはクレジットカードだけだが、中国人ユーザーはアリペイやウィーチャットペイが利用でき、ソフトバンクとヤフーの合弁会社PayPayのQRコードを使ったスマホ決済サービスも対応できるよう準備を進めている。

日本でもディディの交通需要予測を「ヒートマップ」としてドライバーに表示し、実車率の向上

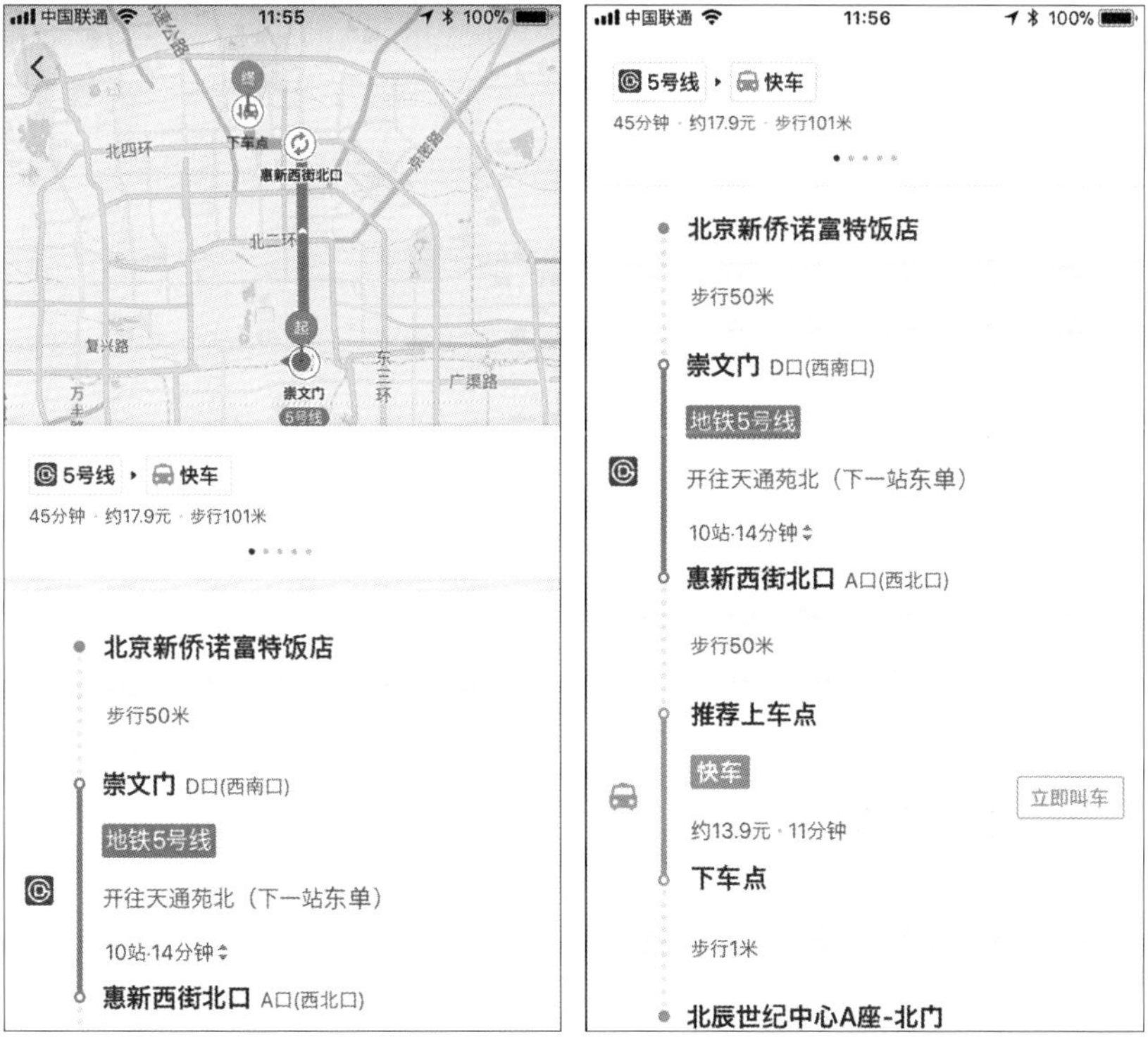

滴滴出行が始めたMaaSアプリ。公共交通機関と自社の配車サービスが統合され最適経路が案内される

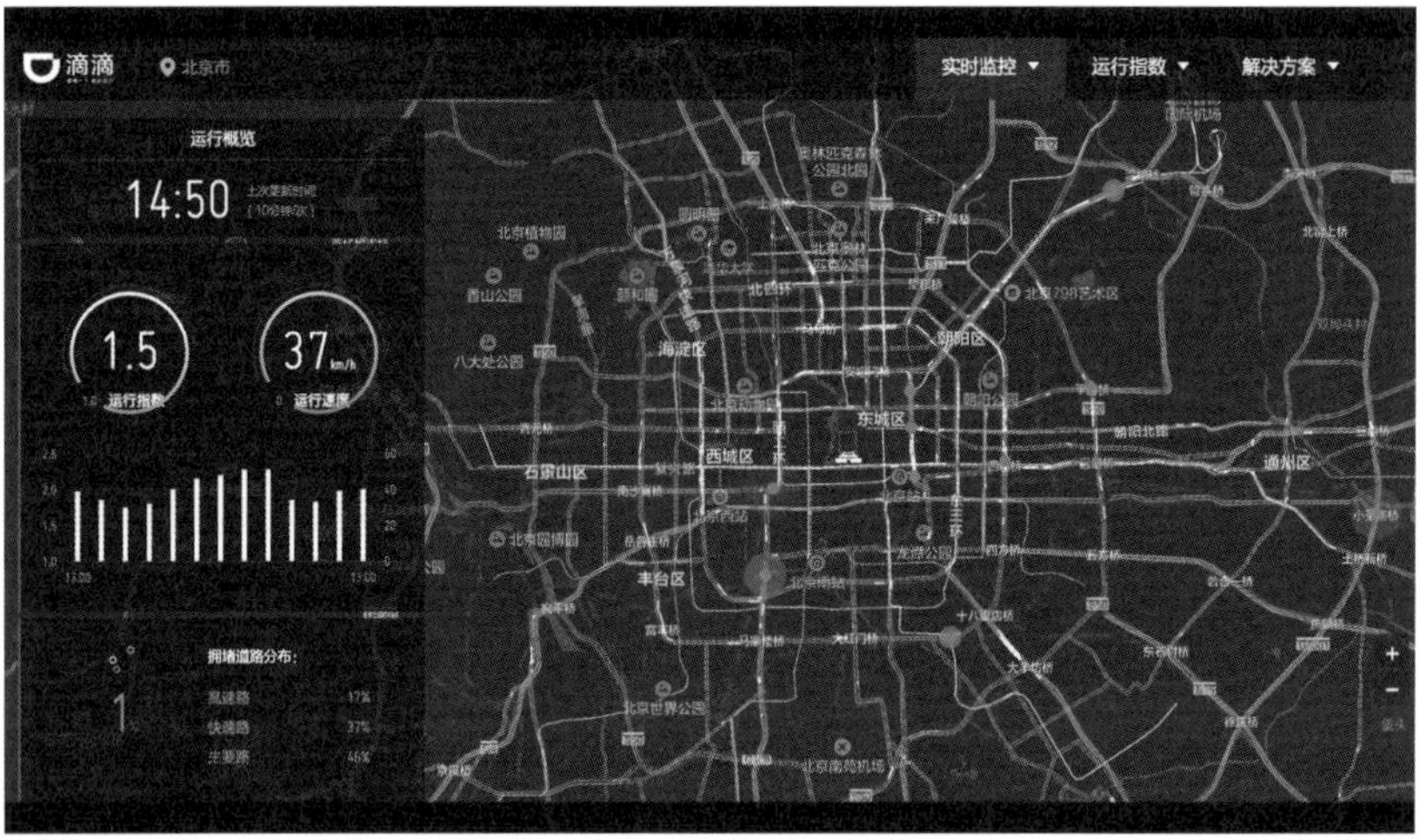

滴滴出行は、蓄積したデータを活用し、中国国内の都市の交通状況を可視化
出典：滴滴出行

を目指している。今後、日本での交通需要データやリアルタイムな交通データが集まれば、中国本土で提供しているダイナミックプライシングなども提供可能となる。ただし、日本では法規制があるため、すぐの導入には課題が多い。

　これまで述べたように、ディディはＭａａＳプレーヤーとしてのサービス提供だけでなく、集めたビッグデータを解析し、需要予測や交通インフラとの連携、さらには、既存のクルマのバリューチェーンへも参入している。ディディのプラットフォームの影響が起こる先、すべてに対して既に実証やサービスインを行っている点、グラブ、オラ、リフト、Ｔａｘｉｆｙ（タクシィファイ）などともパートナーとなっている点など、ディディの圧倒的なスピードと包囲網が投資を呼び込んでいる。

　それだけではない。日々集まる膨大なデータを活用し、都市の交通をリアルタイムに把握し、それを交通システムにフィードバックしたり、経路検索に活用したり、需要予測や移動ニーズの最適化に活用したりするＡＩの活用も盛んに行っている。

ディディでは、1日に2億㎞の走行データを取得し、それが４８００ＴＢのデータに変わり、その中から１００ＴＢの車両の移動データ、４００億回のルート生成を行っている。これらを解析するのはＤｉＤｉ ＡＩ Ｌａｂｓで、全従業員の約半数に当たる５０００人がエンジニアやデータサイエンティストである。ＡＩと機械学習により需要予測を行い、その正確さは80％を誇る。

当然これらのデータを交通インフラと連携させようとしている。18年1月に発表した「交通大脳」プロジェクトは、中国の交通管理当局と共同で行う。自治体が持つ交通情報とディディが収集している交通データ、スマート信号機を導入し、インフラからのリアルタイム情報などを統合して都市の交通を分析するソリューションである。これまで20都市に１３００台のスマート信号機を導入し、交通渋滞を11％削減しているなど、都市のＭａａＳプラットフォームへと成長を進めている。

4 自治体＆MaaS（ロサンゼルス市）

ロサンゼルス市（米国）

都市課題を解消する行政主導MaaSの見本市

世界では行政機関がMaaSオペレーターとして名乗りを上げている例もある。世界に先駆けて始めたのが、かつての自動車大国、米国のロサンゼルス市役所である。市役所がゼロックスと共同開発した「GoLA（ゴーエルエー）」は、ロスで最も注目されているルート検索のアプリだ。これは、ロス市内の公共交通だけではなく、自転車シェアやカーシェア、配車サービスなどを包含したマルチモーダルなルート検索サービスであり、一部の手段はこのアプリを通して予約や決済までできる。まさにMaaSの1つと位置付けられる。

アプリを立ち上げると、自分が利用したい交通サービスを最初に指定する画面が現れる。公共交通は26社から取捨選択でき、タクシーや空港シャトルバスのFlitWays（フリットウェイズ）、配車サービスのLyft（リフト）、カーシェアリングのZipCar（ジップカー）、バイクや自

図4-6　ロサンゼルス市役所が開発したMaaSアプリ「GoLA」

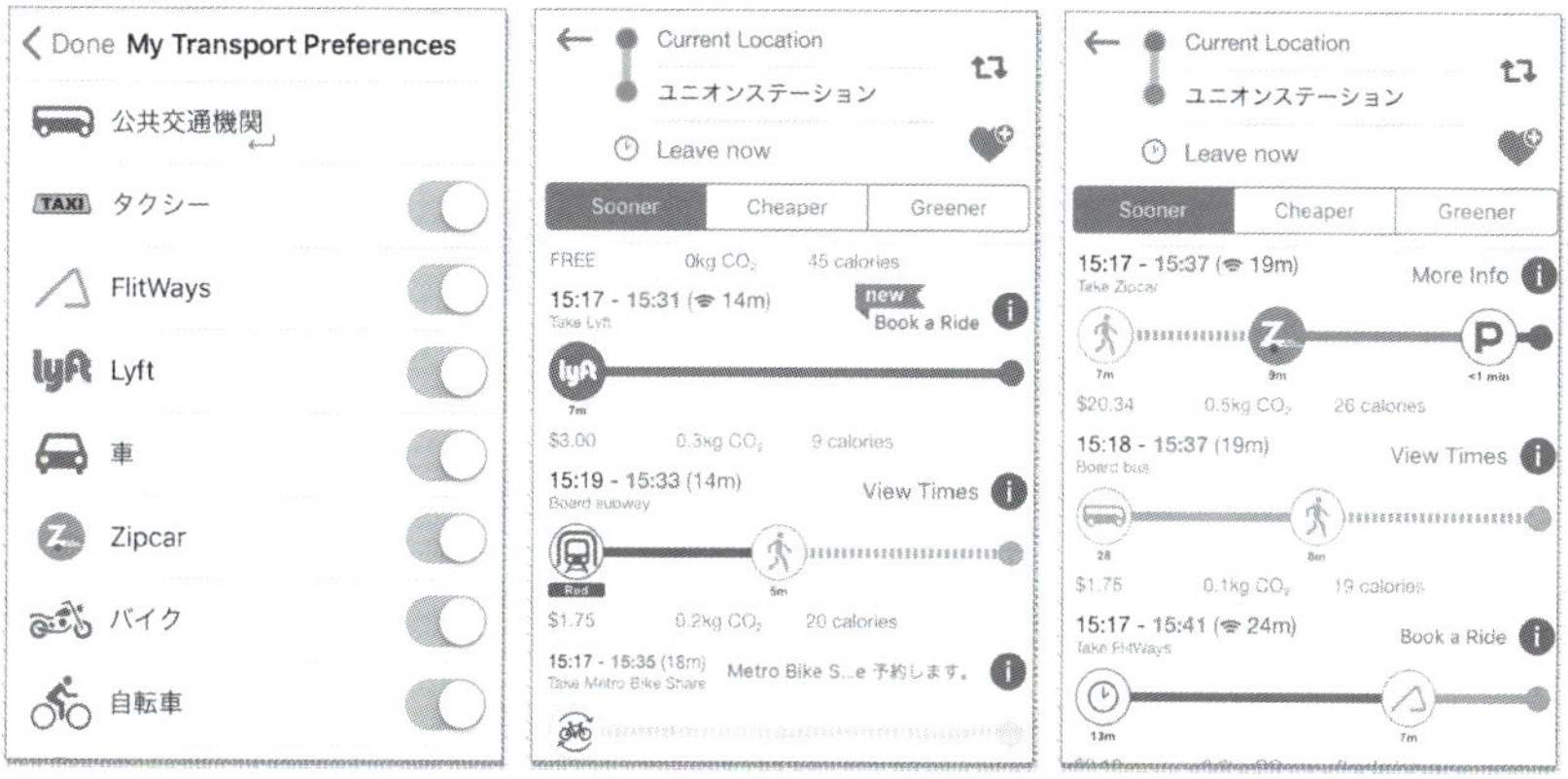

ロサンゼルス市のデジタル世代のための交通戦略に位置付けられたMaaS

出典：LADOT（2018）：STRATEGIC IMPLEMENTATION PLAN, June 2018

転車シェアなど、さまざまな交通手段が指定できる。また、個人の車両の好み（EVからSUVまで）、徒歩や乗り継ぎの限界と感じる時間も細かく指定できる。アプリ自体も、ユーザーフレンドリーな使い勝手のよいUIに仕上がっている。

自分の場所から目的地までを指定すると、時間順（Sooner）、費用順（Cheaper）、エコ順（Greener）から複数のルートが案内される。図4-6のアプリ画面は現地でのダウンタウンからユニオンステーションまでのルート検索結果であり、日本人には見慣れないロゴマークが多い。筆者が現地で試した際は配車サービスのリフトが最上位に表示され、このアプリから予約や決済ができる。今予約すれば7分後には配車され、一番早く目的地に到着し、料金は3ドル（約340円）である旨が、案内表示された。2番目は地下鉄レッドライン、3番目は自転車シェアで、このアプリを通して予約ができる。4番目はカーシェアのジップカーで目的地付近の駐車場まで案内されるきめ細かさである。

ゴーエルエーのアプリがあれば、広大なロス市内でのビジネスや観光、日常の生活で、いつでもどこへでも不安なく移動できる。現地で利用してみると、マイカーの魅力であるドア・ツー・ドアの利便性に負けないサービスであったし、何よりもその日のTPOに合わせて自分好みの交通手段が自由自在に選べるのは、「すべてのモビリティサービスが自分のポケットの中にある」という異次元の感覚であった。2018年秋からは、交通系ICカードである「Tap」1枚で、公共交通に加えて、カーシェアや自転車シェアなども決済できる予定とのことだ。

ロサンゼルス市が自らこのような取り組みにチャレンジしている背景には、将来を担っていく若者、特にデジタルネイティブと言われるスマホ世代への対応がある。18年5月には、デジタル世代に対応した交通戦略を市が発表。この中で、イノベーションのプラットフォームをロサンゼルス市が自ら構築していくことがうたわれており、そのための手段として、MaaSとDaaS（Data as a Service）、IaaS（Infrastructure as a Service）が3つの柱に位置付けられた。MaaSを重要な施策として交通戦略に取り込み、行政がMaaSオペレーターとして地域のモビリティサービスを先導している点は、注目に値する。

また、同時期には市の交通サービスを担っているMETRO（メトロ）から、将来の交通戦略「We see a better LA for everyone.」が提案された。交通戦略では、世界水準のモビリティサービスの実現を掲げ、さらにビジョンとして、既存の公共交通機関と配車サービスやカープーリング、徒歩や自転車の利用者を10年後には2倍にする目標が打ち出された。その実現の手段としてMaaSが重要施策として位置付けられている点も見逃せない。

ロサンゼルス市はMaaSオペレーターとして都市全体の最適化を達成すべく、来るべき自動運転社会の事前準備を行っている。シェアリングに代表される新しい交通サービスとの連携を進め、収集されるビッグデータを用いて都市交通の改善を重ねていく姿勢は、今後の「自治体MaaS」のお手本となる可能性を十分に秘めている。

5 通信サービス＆MaaS（ソフトバンク、NTTドコモ）

ソフトバンク（日本）

「群戦略」でモビリティ革命の果実を手にする

2018年10月、トヨタ自動車との提携、合弁会社の設立が話題となったソフトバンク。トヨタとの合弁会社MONET Technologies（モネ テクノロジーズ）は、ソフトバンクが50・25%の株を持ち、発表の記者会見でもソフトバンクが取り仕切ったため、主導権はソフトバンクがとることが印象付けられた。

ソフトバンクは、16年4月に自動運転ベンチャーのSBドライブを設立している。同社は、現在のところ自動運転運行管理システムの開発・販売というポジションでのビジネス展開を表明しており、広くいえばモビリティ分野だが、サービスそのものを手掛ける企業ではない。モビリティサービスの提供は、あくまでもバス会社なりタクシー会社なりの仕事で、それを裏方で支えるのがSBドライブという位置付けだ。車両もフランスのNAVYA（ナビヤ）や中国の百度（バイドゥ）、

トヨタ自動車との会見でプレゼンを行う孫正義氏

日本では先進モビリティなどと提携し、自動運転バスの車両とそれらを運行するモビリティサービスを一体で供給している。

それに対し、モネ テクノロジーズは、「需要と供給を最適化し、移動における社会課題の解決や新たな価値創造を可能にする未来のMaaS事業」を行うための会社で、地域連携型オンデマンド交通や企業向けシャトルサービスを提供する他、2020年代には、トヨタの次世代自動運転車イーパレットによる「Autono-MaaS事業」も展開していくという。どうやらモネ テクノロジーズは、トヨタの考えるMaaSを実装するための企業のようだ。

これまでソフトバンクグループ（SB）は、モビリティ分野の企業に積極的に投資してきたが、18年になってからは交通サービスの提供自体を手掛け始めている。モネ テクノロジーズの設立に先立ち、6月にはタクシー配車の滴滴出行（ディディチューシン）と合弁でＤｉＤｉモビリティジャパンを設立し、国内でタクシー配車事業に参入している。

そんなＳＢのモビリティ分野への投資の皮切りとなったのはインドだ。14年10月、投資専門の米子会社Softbank Internet and Media Inc.（ＳＩＭＩ）を通じて、インドのＡＮＩテクノロジーズ（サービス名：「Ｏｌａ（オラ）」）に、総額２億１０００万ドル（約２２７億円、１ドル＝１０８円換算）の出資を行って筆頭株主になっている。11年にタクシー配車プラットフォーム事業者として創業し、19都市で３万３０００台以上を配備するまでに急成長していたオラ。ＳＢにとっては、これがモビリティ分野への最初の投資となったが、当時のプレスリリースや報道を見る限り、ＳＩＭＩのＣＥＯでＳＢのバイスプレジデントだったニケシュ・アローラ氏にも、ＳＢ代表の孫正義氏にも、モビリティ分野への強い思い入れや意気込みは感じられない。当時、10年間で１兆円以上をインドに投資することを宣言していたＳＢにとっては、モビリティ分野はあくまでも有望な投資先の１つにすぎなかった。

13年７月に米スプリントを買収して米国での通信事業に参入したＳＢは、さらなる海外進出を加速するため、インド出身でグーグルのビジネス部門の最高責任者だったアローラ氏を14年10月、孫氏の後継者含みで副会長として迎え入れ、海外Ｍ＆Ａ戦略を担当させた。アローラ氏は、就任と同時にアジアで７件、合計１６９０億円以上の出資案件を成立させるが、オラへの出資はその１つだった。

当時、アローラ氏と孫氏の投資案件探索の合言葉は、「第２のジャック・マーを探せ」だったという。❺ アリババのような巨大なプラットフォームになれるビジネスを探し出せという意味だ。グー

❺（「グーグルを辞めて孫正義と旅に出る真相を明かそう」、ダイヤモンドオンライン、2015/1/17）

グルにいたアローラ氏には、プラットフォームを握ることのうまみは身に染みて分かっている。その目で見渡したとき、09年創業のウーバーが作り出した配車サービスというビジネスモデルは、十分にプラットフォームビジネスの要件を兼ね備えていた。既にウーバーは巨大なプラットフォームとなっていたが、それに刺激され、世界各地によく似た配車サービスが育っている。ウーバーのライバルとも言えるこれらの企業を押さえてしまえば、配車サービスのプラットフォームを握ることができる。

そこに狙いを定めてからの動きは早かった。オラに続き、14年12月には、シンガポールのMyTeksi（マイタクシー）に2億5000万ドル（約298億円、1ドル＝116円換算）を出資し、筆頭株主になっている。12年6月に設立されたマイタクシーは、「MyTeksi」や「Grab（グラブ）」のブランド名で、マレーシア、フィリピン、シンガポール、タイ、ベトナム、インドネシアの6カ国17都市でタクシー配車事業を中心に展開していた。SBからの出資受け入れを機に事業拡大を積極化し、16年1月には社名をグラブに変更した。SBは、16年9月にも7億5000万ドル（約830億円）を追加出資し、10月には投資部門にいたMing Maa（ミン・マー）が社長に就任。さらに、17年7月にはディディらと共に20億ドルの追加出資を行っている。グラブは、18年3月、ウーバーの東南アジア事業を買い取り、東南アジア最大の配車サービス事業者として、不動の地位を確立した。

東南アジアの次は中国だ。中国には、2000年に20億円を出資し、SBが株式の32・59％を握っていたアリババがいる。アリババが14年9月にニューヨーク証券取引所へ上場したことで8兆円の含み益を手に入れたSBは、15年1月、アリババが出資していたタクシー配車アプリの快的打車

（Ｋｕａｉｄｉ Ｄａｃｈｅ、12年創業）にアリババらと共同で6億ドル（約６６０億円）を出資した。その1カ月後に快的打車は、滴滴打車（ＤｉＤｉ Ｄａｃｈｅ、12年創業）と合併し、中国で95%のシェアを占める世界最大のタクシー配車サービス事業者となった。15年9月に現在の社名に改称したディディは、16年8月、ウーバーの中国事業を買収して、中国市場を制覇した。ＤｉＤｉ Ｄａｃｈｅにはテンセントが、ウーバーにはバイドゥが出資していたため、ディディは中国の3大ＩＴジャイアンツであるＢＡＴすべてから出資されている唯一の企業となった。

ＳＢは、17年5月、後述するビジョン・ファンドを通じて約50億ドル（約５６５０億円）という巨額の追加出資をディディに行っている。これはディディが資金調達ラウンドを通じて調達した55億ドルの9割に当たる。また、この投資と同じタイミングで、ディディが17年1月に提携していたブラジルの配車サービス大手「９９」にも1億ドル（約１１０億円）を出資。９９は、翌18年1月にディディに買収された。このようにＳＢは、インド、東南アジア、中国、中南米でウーバーの競合に資金を提供し、包囲網を固めていった。

そしてＳＢは、いよいよ〝本丸〟に詰め寄る。17年12月、ウーバーの発行済み株式の15%を77億ドル（約８５００億円）で買い取ることに合意。18年1月に株式取得を完了して、筆頭株主となったのである。これによりＳＢは、欧州とアフリカ以外の配車サービス市場を制覇した。孫氏は、18年2月、「自動車自体はもはやひとつの部品に過ぎない。むしろ（配車サービスという）プラットフォームのほうがより大きな価値を持つ」❻と語っている。

アリババへの投資成功体験から、ＳＢはプラットフォームがいかに大化けするかを知っている。だからこそ、創業間もない配車サービス企業たちに数百億円、数千億円の資金をつぎ込めるのであ

❻（「トヨタ、手探りの配車サービス投資 ソフトバンクが『陰の主役』か」、ダイヤモンドオンライン、2018/6/26）

る。16年9月の英Ａｒｍ（アーム）の約２４０億ポンド（約３兆３０００億円）での買収も、17年5月に９３０億ドル超（約10兆４０００億円）で発足したソフトバンク・ビジョン・ファンドによる投資も、ＩｏＴ時代のプラットフォームへの投資という観点から見ると一貫している。

ＳＢを３００年続く会社にするために孫正義氏が則っている戦略が「群戦略」だ。孫子の兵法から着想したという群戦略は、各分野のナンバーワンを集めて20～30％出資し、筆頭株主として影響力を保持しながらも、子会社化はせず、各社が独立した形でシナジーを出してゆくというものだ。各国の配車サービス会社への投資は、まさにこの群戦略に従っている。

ＳＢが支配下に収めた配車サービス各社は、日々、サービス内容を進化させている。もはや配車サービスと呼べないほど内容も多様化しており、移動・交通関連サービスのプラットフォーマーに育ちつつある。この中からＭａａＳオペレーターのポジションを握る企業が出てきている。前述した通り、ディディやウーバーは公共交通との連携など、ＭａａＳのビジネスを志向している。ＭａａＳ事業を展開するためにトヨタとモネ テクノロジーズを設立したＳＢだが、ＭａａＳを自ら手掛けることより、プラットフォーマーたちの筆頭株主として隠然たる力を及ぼしつつ、ＭａａＳの時代の果実を得ることのほうに、より関心がありそうだ。

ただ、ヤフーがそうであったように、日本国内に限っては、海外のプラットフォーマーと合弁企業をつくる形で、サービスビジネスを自ら手掛けることはあるのだろう。実際、ＤｉＤｉモビリティジャパンをつくり、国内での実業を開始している。実業＝現場を持つがゆえの強みはある。株主として世界の最先端の情報とノウハウを得ながら、国内で合弁事業を立ち上げ、実社会でも無視できない影響力を持つ存在となり、実業＝現場を持つ立場から政官財に働きかけて旧来の慣習や規制を打破し、市場を創造する。「情報革命で人々を幸せにする」ことをモットーとし、SBの本業は「情報革命業」だと公言する孫正義氏の野望は、そのような形で実現していくのかもしれない。

NTTドコモ（日本）

モビリティサービスを統合、AIシステム提供も狙う

NTTドコモは、モビリティサービスとしては自転車シェア事業の「ドコモ・バイクシェア」からスタートさせ、新たに他社のカーシェア、レンタカーと連携し、ドコモ自体は個人間カーシェアを提供する「dカーシェア」というサービスを開始している。それだけではなく、AI運行バスやAIタクシーなど、17年度の中期戦略「beyond宣言」の中でモビリティやシェアリングを重要項目としていることもあり、モビリティサービスへの参入を加速させている。そこで一番の強みになってくるのは、ドコモのdポイントクラブの会員約6500万人と、dポイント提携先の約3万4100店舗だ（18年度決算発表資料より）。

まず、dカーシェアは、「カーシェア」「マイカーシェア」「レンタカー」の3つのサービスが、1つのアプリ上で利用できるビジネスモデルである。これにより、希望する場所や利用日時に合わ

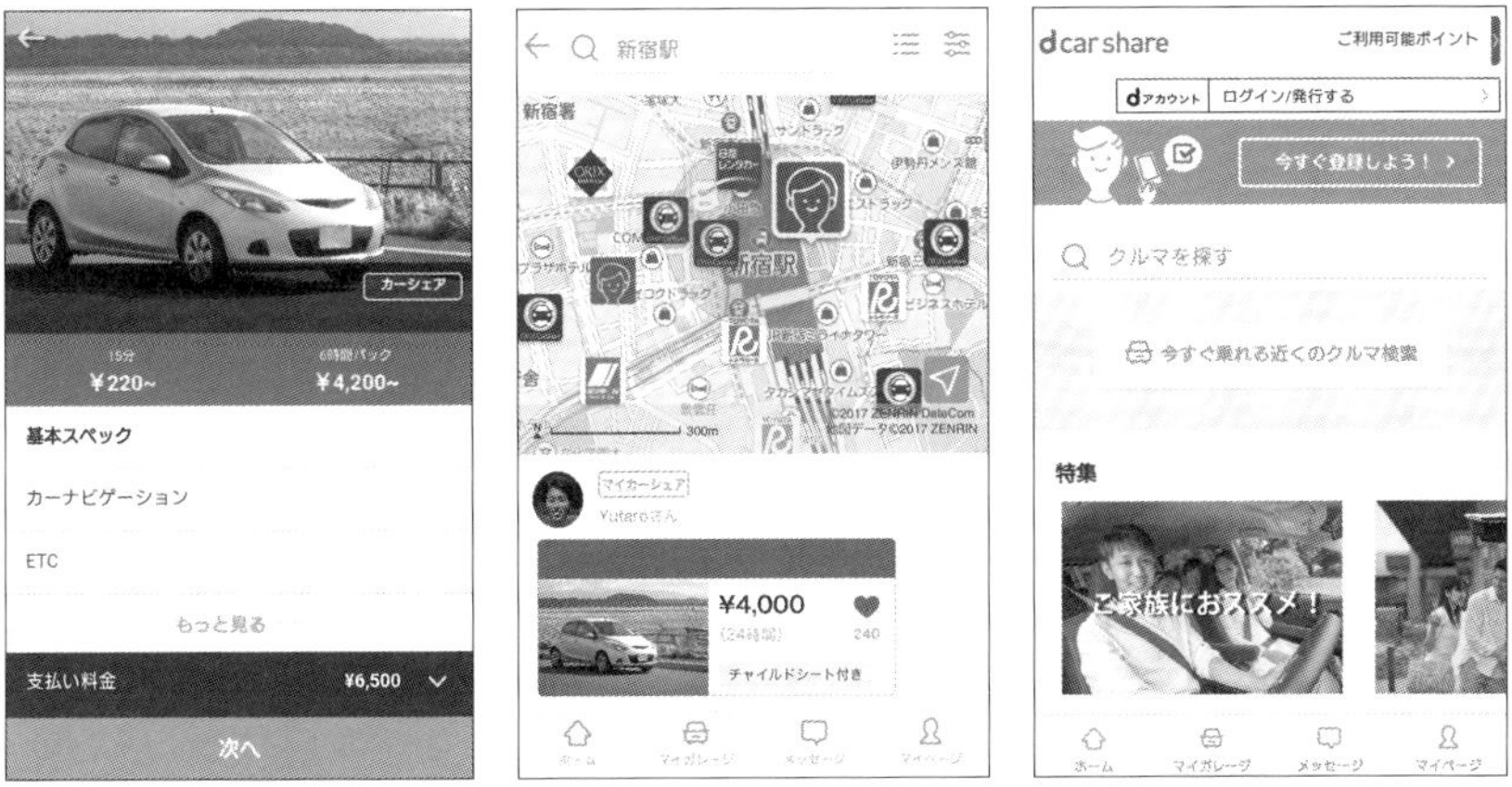

dカーシェアのアプリ画面

せて3サービスの全車両を対象に、検索から予約、決済（レンタカーは除く）までが可能であり、ドコモユーザー以外も利用することができる。

主な特徴は、初期費用や月額料金は無料、利用の際に使用した分だけ費用がかかる。dカーシェアの利用1回につき、100円ごとに1ポイントのdポイントがたまり、そのポイントを支払いに利用することや、ドコモが提供している「dマーケット」での利用も可能である。商業施設などの目的地との連携も取りやすいので、MaaSのサービス連携の土壌がプラットフォームとして既に形成されているところが、他社のカーシェアリング事業と異なるポイントだ。

「カーシェア」では、オリックスカーシェアが提供するサービスを独自の料金体系で利用することができる。首都圏・中部・関西を中心に全国14都府県をカバーし、料金は15分220円から、6時間ごと、12時間ごとのパック料金も設定されている。また、「マイカーシェア」は、クルマを所有するオーナーが自分でクルマを利用しない時間帯に、他のドライバーに貸すことができる個人間のサービス。クルマの登録情報を基にドコモが設定した上限額の範囲内で、オーナーは使用料を任意で決められる。dカーシェアのアプリに搭載されているチャット機能によって、貸し出しの待ち合わせや車両の情報などを事前にやりとりすることも可能である。「レンタカー」のサービスでは、国内の主要事業者7社のレンタカーが利用でき、日本全国でサービスを展開している。利用料金や決済の方法はレンタカー事業者の規定に準ずるものとなる。

ＭａａＳへの展開について、ＮＴＴドコモのライフサポートビジネス推進部モビリティ事業担当部長の小笠原史氏は、「移動手段はさまざまあって、すべての乗り物を便利に乗れる世界は楽しいと思うので、ＭａａＳのようなサービスにしていきたい。弊社はバイクシェアやドコモスマートパーキング❼なども持っているので連携を進めていく」と意気込みを語る。現在、マイカーシェアの登録者は２００〜３００台程度だが、19年には５０００台ほどに増やす計画。また、dカーシェア全体では19年までに会員50万人を獲得目標にしている。

一方、ドコモ・バイクシェアは11年の横浜市「ｂａｙｂｉｋｅ」のサービス開始を皮切りに、首都圏などでのサービス展開を着実に広げ、18年3月末時点で25都市、７２００台、７００カ所のポートを提供しており、会員数は34万人に達する。17年度の利用回数は４７０万回に及ぶ。利用時は交通ＩＣカードを登録することで開錠できる仕組みだ。使用中は自転車に搭載したＧＰＳで走行データを収集し、移動の需要などを自治体などに提供している。法人契約もあり、都内ではウーバーと契約し、ウーバーイーツの配達スタッフが利用している。

また、ＭａａＳへの対応としては、ヴァル研究所と連携し、18年7月から自転車シェアと公共交通の複合経路検索サービス「ｍｉｘｗａｙ（ミクスウェイ）」において、都内を対象にした実証実

❼ドコモスマートパーキングは、ドライバーと空き駐車場をマッチングするサービス。17年7月からスタートし、２０２０年3月までに５０００カ所の導入を目指す

験も開始。18年9月末からは、ナビタイムジャパンの「NAVITIME」に、近くの自転車シェアのポートや経路検索ができるデータ提供を開始している。

さらに、ドコモはモバイル空間統計という携帯電話ネットワークから収集した人の動きを分析し、近未来の一定エリアにおける人口を予測。この技術を使い、人の移動のニーズから交通需要を予測している。移動ニーズが高い場所にタクシーを配車するサービスがAIタクシーで、オンデマンドの乗り合い交通を提供するのがAI運行バスになる。前者は、モバイル空間統計を活用してリアルタイムにタクシーの需要数を予測し、専用端末を通じてタクシードライバーに通知する。さらに、気象データやこれまでの乗車実績などを収集し、500mのメッシュ上で10分ごとに予測を行う。東京での実証実験では、平均1人1日当たり2・7%も実車率がアップしている。そのAIタクシーは、18年8月にデンソーテンが販売するクラウド型タクシー配車システムでも提供を開始し、東京無線協同組合などで導入されている。

また、AI運行バスは、公立はこだて未来大学のベンチャー企業でAIを活用したオンデマンド型乗り合いサービスのシステム「SAVS（Smart Access Vehicle Service）」を提供する未来シェアが開発した最適な乗合ルートと車両をリアルタイムに算出する技術を使い、ドコモが持つモバイル空間統計による移動需要予測と組み合わせて実現。自動運転を見据えたモビリティサービスである。17年11～12月には、日本総合研究所と共に神戸市北区の筑紫が丘ニュータウンで自動運転の移動サービスとAI運行バスの実証実験を行った。このニュータウンは65歳以上が40%を占める高齢化の進んだ地域。実証実験結果では、オンデマンド型のAI運行バスで一定ルートに比べて利用回数も増加した。また、18年3月に会津若松で行った実証では、JTBと連携。観光客を対象とし、

25カ所の観光地を乗降場所に設定し、スマホアプリで配車を依頼、観光地の回遊性を向上させる取り組みだ。結果として、マイナーな観光地への訪問が通常より2・3倍増加するなど、観光地でのサービス実証も進んでいる。

ドコモは、dポイントクラブの6500万人の会員と、移動先の目的地ともなる提携先3万4100店舗を生かし、モバイル空間統計による人の移動の需要予測やドコモバイクシェア、AI運行バス、AIタクシー、dカーシェアなどを提供する。目的地・サービス・決済を統合したモビリティサービスを実現するポテンシャルを持っている。今後、MaaSプレーヤーとしてどのような成長を見せるか、注目だ。

6 ナビゲーション・地図&MaaS（Google、SkedGo、HERE、日本のナビゲーション）

Google（米国）

公共交通の情報強化でMaaSに近接

グーグルが提供するグーグルマップでは、ルートを検索すると、自動車、公共交通、徒歩、自転車、配車サービスなど、マルチモーダルな移動手段が提供される。公共交通だけの比較が提供されるサービスが多いなか、サービス当初から自動車と他の交通手段の情報が提供されている。指標は、所要時間だけではなく、乗り換え回数、料金などから比較できる。

また、18年10月から海外ではさらにサービスが進化し、ルート案内中にバスや鉄道などの公共交通機関が接近する様子がマップ上に表示され、シドニーなどでは次に到着するバスの混雑状況まで提供されるという充実ぶりだ。まだ決済サービスまでは踏み込んでいないが、さまざまな交通サービスの情報を統合し、エンドユーザーに届けている点では、MaaSオペレーターに近い立ち位置だ。世界中で展開し、盤石なユーザー基盤を持つグーグルは、MaaSの重要なプレーヤーに躍り出そうだ。

SkedGO（オーストラリア）

世界500都市で展開する統合交通アプリ

SkedGO（スケッドゴー）は、オーストラリアのスタートアップ企業だ。「TripGO（トリップゴー）」というアプリ名でサービスインしており、既に世界500都市以上でマルチモーダルなルート案内のサービスを展開している。バスが接近する様子のマップ表示はグーグルよりもいち早く採用。個人の好み（金銭、時間、利便性、環境など）や、利用したい交通手段をきめ細かく自分で設定できる点も特徴的だ。多言語対応も充実しており、前ページの画面のように検索結果も日本語で表記される。検索結果は時間、料金、環境など、さまざまな指標から選択でき、行き方が10パターン近く表示されるきめの細かさである。

また、地域ごとに提供されているモビリティサービスやオープンデータのレベルが、このアプリを通して知ることができる点も、グーグルにはない大きな魅力だ。グーグル同様、まだ決済サービ

世界500都市でサービスしている経路検索アプリ「TripGO」

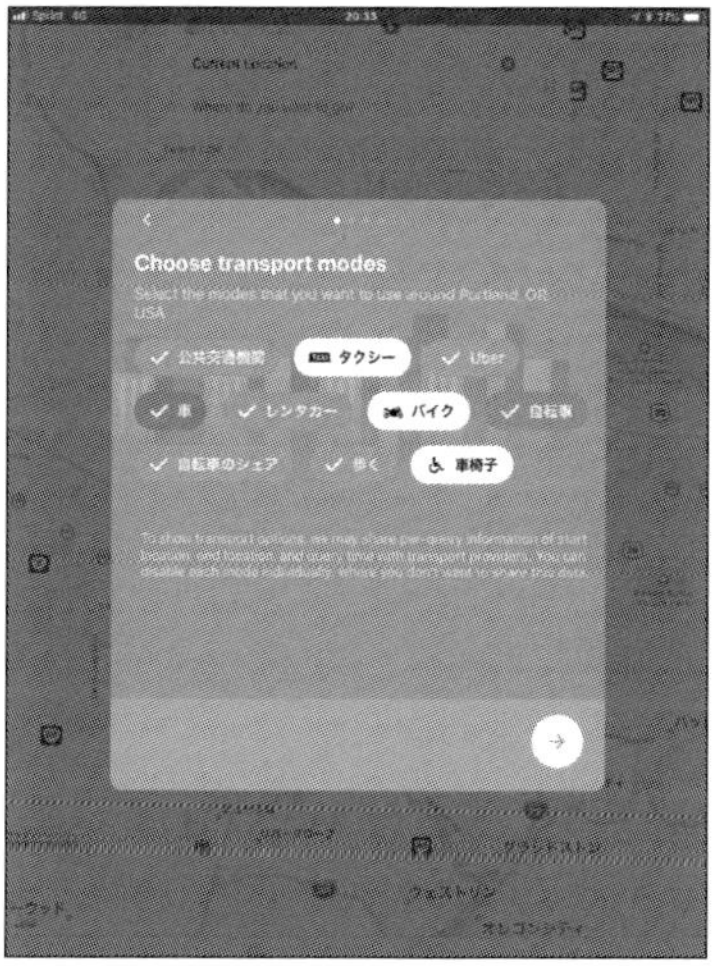

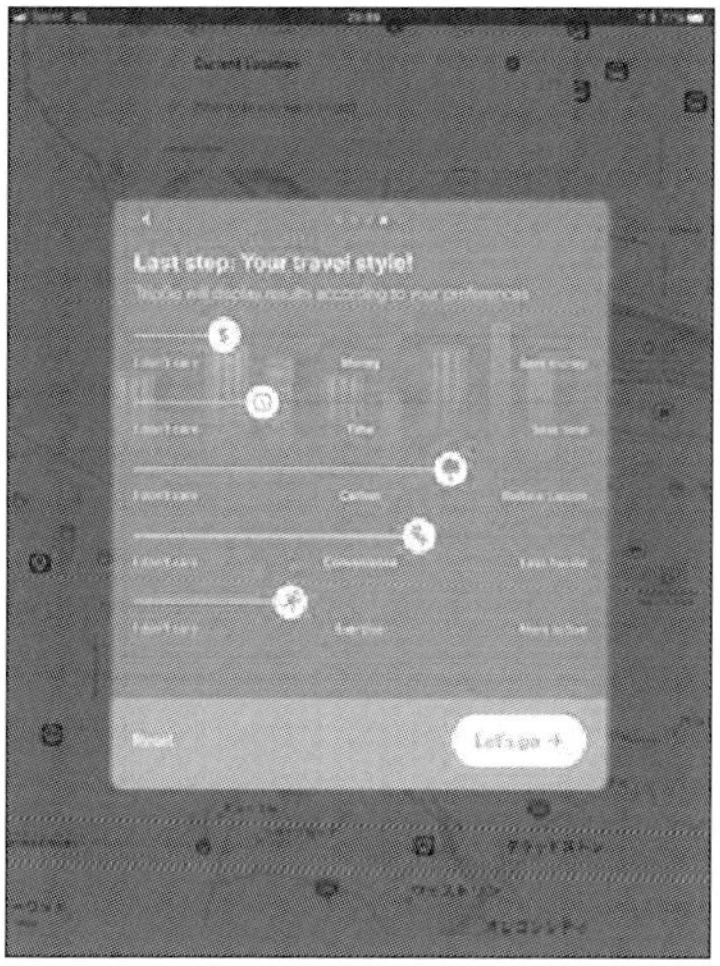

スは提供していないが、将来のMaaSオペレーターとして、基本のマルチモーダルなルート案内に関しては品質の高いサービスを供給している注目のプレーヤーである。

他にも同様のサービスとして、イスラエル発の「Moovit（ムービット）」や、カナダ発の「Transit App（トランジットアップ）」、英国発の「Citymapper（シティマッパー）」などがある。

HERE WeGoのアプリ画面

HERE（ドイツ）

自動運転の地図基盤からルート検索まで展開

ダイムラー、BMW、アウディの子会社であるHERE（ヒア）は、15年にこの3社がNokia（ノキア）の子会社であったヒアを買収したことで、一躍モビリティ革命の主役に躍り出た。移動の基盤となる地図をベースとし、自動運転用の地図基盤では世界のトップを走っている。また、これら自動車メーカーから日々アップリンクされるコネクテッドデータから、リアルタイムな道路交通情報を生成し、B2BやB2C、B2Gビジネスを展開。この分野でも世界をリードしている。

既に「HereWeGo（ヒアウィーゴー）」

というアプリを世界220以上の都市でサービス展開。自動車だけではなく、公共交通や配車サービス、自転車シェアなど、地域ごとの交通サービスを対象に、マルチモーダルなルート検索ができるサイトも運営、提供している。18年9月には開発者向けにMaaS用のソフトウエア開発キットの提供も発表している。ヒアでは最先端の技術を駆使して、すべてのモビリティサービスのため、オープンで競争力のある市場を創出していく事業を進めており、ルート検索や予約などを支援する技術提供を推進している。

日本のナビゲーション

大手3社がMaaSオペレーターへの進化に意欲

日本の経路検索大手3社である、ナビタイムジャパン、ジョルダン、ヴァル研究所は、18年になってMaaSへの参入の動きが活発化している。日本国内でグーグルにナビゲーション情報を提供しているジョルダンは、7月12日にMaaS事業へ本格参入するための新会社J MaaS（ジェイマース）を新たに設立し、交通事業者との間に立ってMaaSの実現を目指している。佐藤俊和社長は「乗換案内も大きく姿勢を変える必要があると考え、MaaS分野への参入を計画した。複雑な公共交通網がある日本で、フィンランドのＭａａＳグローバルのようなサブスクリプションモデルが成り立つまで広げていく必要がある」と話しており、鉄道事業者などと連携した統合サービスの構築に動き出している。

ヴァル研究所は7月からドコモ・バイクシェアと連携し、東京都内10区の自転車シェアに対応した公共交通との複合経路検索サービス「ｍｉｘｗａｙ（ミクスウェイ）」の実証をスタートさせ、9月には小田急電鉄と神奈川県などで実施した自動運転バスの実証実験に合わせて、ＭａａＳのトライアルを実施した。10月には、未来シェアとＭａａＳ分野における業務提携を発表し、ナビゲーションサービスの共同開発を行う。太田信夫社長は「今までの『駅すぱあと』は、移動の案内を主眼としていたが、現在は『人が目的を達成することの支援』をするべく取り組んでいく」とサービスの方向性を紹介した。

他の2社と異なり、ナビタイムジャパンはカーナビ、サイクルナビ、物流事業者向けなどナビゲーションサービスが豊富で、業務ソフトとの連携も行うなど、サービス事業者側に入り込んでいる特長がある。また、ナビの検索結果に対する広告運用などで、実際に人の移動や交通量の調整に取り組んできた知見もある。18年9月から、ドコモ・バイクシェアと協力し、ＮＡＶＩＴＩＭＥの検索結果に徒歩と自転車シェアと組み合わせたルートを表示できるようにした。すでにナビタイムジャパンは旅行業の免許を取得しており、インバウンドや私鉄向けに交通サービスの予約と決済を提供する準備を進めている。今後、この3社はＭａａＳへ本格参入していくだろう。

Interview

バス、タクシーは「MaaSの要」
第一人者が語る
公共交通としての自動運転

東京大学 生産技術研究所 教授

須田 義大

東京大学モビリティ・イノベーション連携研究機構長、生産技術研究所次世代モビリティ研究センター教授。ITS Japan理事、自動車技術会副会長・フェロー、鉄道総合技術研究所理事、日本鉄道技術協会理事、日本機械学会フェロー、自動車安全運転センター評議員を務めるなど、自動車・交通業界全般に関わるキーマン

──須田教授が考えるＭａａＳの姿は？

須田義大氏（以下、須田氏） モビリティ・アズ・ア・サービスという名の通り、要するに移動サービスを提供しましょうということ。ドア・ツー・ドアの移動を考えたとき、マイカーの利用のみならず、鉄道・バスなどの公共交通、タクシーやカーシェアリングなど、多種多様なモビリティサービスが存在します。それらを一元的に扱って、情報提供からチケッティング、乗り継ぎなどをシームレスに行い、最適な移動体験を提供することが理想です。これまでマイカーと公共交通という風に大きく2つに分断されていた移動手段が、ある意味1つになっていくイメージです。

ここ数年、次世代交通システムを検討するＩＴＳ世界会議などでは、既にＭａａＳが大きなテーマになっています。クルマの側面では、従来は情報通信技術を取り入れた「つながるクルマ（コネクテッドカー）」を使って、安全・安心や渋滞防止・環境負荷低減といった負の側面をなくす視点でした。それが、より良いモビリティサービスを提供するために収集したデータを活用するというポジティブな面が強調され始めています。

また、ＩＴＳというと、日本では高度道路交通システムと訳されていて、鉄道会社はあまり表に出てこない話でしたが、海外では自動車業界も公共交通も一緒に取り組んでいます。日本で潮目が変わった出来事が、２０１３年に東京で開催されたＩＴＳ世界会議に合わせて、我々東京大学と千葉県柏市、ＪＲ東日本、東武鉄道などで行った産官学連携プロジェクト。〝柏モデル〟と呼んでいますが、異なる事業者間で鉄道とバスのリアルタイム位置情報データを連携し、スマホアプリで提供した国内初の事例になりました。ここから鉄道会社もＩＴＳに取り組むようになり、今のＭａａ

S、モビリティサービスの融合に向けた議論が進展するようになったのです。正直、私が一生かかってもできないと思っていたことが今、急展開しているので非常に期待しています。

――自動車メーカーがMaaSに着目し始めた背景は？

須田氏 これまで自動車産業は、いかに安く、魅力あるクルマを製造するか、それを効率よく販売できるかがビジネスの主眼でした。しかし、例えばダイムラーがコネクテッド（Connected）、自動運転（Autonomous）、シェアリングサービス（Shared & Services）、電動化（Electric）をテーマにした「CASE戦略」を掲げたように、クルマの所有からシェアへ、手動運転から自動運転へと、従来のモデルを全く覆す流れが鮮明になっています。要するにモノづくりで日本の強みだったところが、必ずしも有利とはいえない世界が到来するかもしれないということで、非常に危機感があります。また、ティア1と呼ばれる部品メーカーも、EVが本格普及する時代にはエンジンなどの商売がなくなるのでは、と危惧しているわけです。そこで、クルマをつくって売る従来型モデルだけではなく、モビリティサービスで収益を生み出すという必然性が出てきました。

一方、鉄道やバスなどの公共交通は、もともと交通サービスを提供していて、シェアリングモデルです。その意味では、MaaSという観点からクルマを含めた交通をサービスとして捉え直し、すべてのモビリティを融合していくには絶好のポジションにいます。しかし、現状は鉄道もバスも複数の事業者が混在していて、必ずしも統一サービスになってはいません。それらを全部連携させて、サービスを進化させようというわけです。

――将来の自動運転車とＭａａＳはどう関係するか？

須田氏　自動運転はリアルタイムで情報通信を行うコネクテッドの技術をベースに成り立つもの。現在、レベル１～５で定義されていて、レベル２の部分運転自動化までは既に実用化されています。レベル３（条件付き運転自動化）以降は法制度が整備できないと実現できませんし、そもそも完全運転自動化のレベル５まで段階的に上がっていくという従来の想定ステップが正しいのかどうかは難しい面があります。というのも、レベル３は基本的に自動運転をシステム側の責任で行いますが、システムが対応困難な場合は人間が運転する必要があります。これを実現するには、事故時の責任の所在といった法的な側面に加え、機械と人間の役割を切り替える際のヒューマン・マシン・インターフェースをつくり込むのが非常に難しい。であれば、いっそのこと人間が自動運転に関わらないレベル４（高度運転自動化）を目指して、ルート限定、低速走行といった条件の下、自動運転バスなどを実現するほうが、さまざまな面でハードルは低いのが実情です。まさに今、そういう進化のストーリーが出てきています。

　ここで重要なのは、限定地域で実用化しようというレベル４以降の自動運転車は、少なくとも個人が所有して走るものではなく、サービスカーとして想定されること。オンデマンドバスなのか、複数乗車の乗り合いタクシーなのか、想定される事業モデルはさまざまですが、いわば公共交通としての位置付けです。これには鉄道の末端駅からの移動サービスを担う役割を期待されており、当然ＭａａＳとして鉄道との連携や一体運営が望まれます。この自動運転の将来像は、所有を前提とした自動車メーカーの従来型モデルとは異なるもの。それを自動車メーカーは意識していますし、鉄道やバスなどの公共交通も認識していますから、今ＭａａＳの実現に向けた議論が盛り上がっているのです。

——自動運転車の未来とは、ほとんど公共交通に近い姿であると。それを誰が手掛けて、統合サービスであるＭａａＳとユーザーとの接点を作るのか。ここがポイントになる？

須田氏　その通りです。ＭａａＳとして一体サービスを目指すときに、誰が交通プラットフォーマーとしてユーザーと各事業者をつなぐのか。そこはＩＴ関連業界が狙っているポジションですが、この先どうなるかはまだ分かりません。自動車メーカーも交通プラットフォーマーになり得るわけですし、鉄道やバス、タクシー会社などは、交通サービスとしてのビジネスモデルが既にできていますから、ある意味、一番近い存在と言えます。

複数の交通サービスをシームレスにつないだとき、ユーザー側の理想として私が昔から目安にしているのは、「５分５００円の原則」です。要するに、あるエリアでは1日５００円で乗り放題、5分以上待たせない、歩かせない、立たせないということ。今は物価も違うから５００円かどうかは別として、定額フラットで割安な料金プランが生まれてくると、ユーザーにとっては利便性がすごく高いはずです。もちろん、みんなが一律のサービスをする必要はなく、例えば料金は割高だけど、ものすごく快適で早く目的地に着くサービスがあってもいいと思います。

——日本でＭａａＳはどのように実現されていくべきか？

須田氏 そこはまさに今、議論が始まっているところ。おそらく最初に実現するのは、公共交通がなくなりつつある過疎地域などです。移動が困難になっている人たちを動かすことで地域経済が活性化するでしょうし、高齢者の〝足代わり〟になれれば認知症対策にも役立つかもしれない。このように社会的ニーズが非常に高く、エリアが限られているので都市部より技術的なハードルも低いことが想定されます。

一方で、そうした過疎地域でＭａａＳを実現しても、事業として成り立つのかどうかは心もとない面があります。ですから、私は早い段階である程度の中核都市でもビジネスを展開するべきだと思っています。日本の都市部は公共交通が充実していますし、地方の過疎地より強い必然性はないかもしれません。ですが、マイカーを手放しても、それ以上に良い移動サービスが構築できれば、都市部の人にとってもメリットになります。何より、ＭａａＳの恩恵を受ける人が増えないことには、事業性の評価も難しいでしょう。

例えば、我々は18年7月に「東京大学 モビリティ・イノベーション連携研究機構」を立ち上げました。柏キャンパスを主なフィールドとして、自動運転を中心とした革新的なモビリティ研究を進めるなかで、ＭａａＳに資する知見も得ていこうと考えています。

――ＭａａＳ実現に向けて、誰が音頭を取るのかという問題もある？

須田氏 ＭａａＳによって交通を最適化するということは、地方では移動困難者の救いの一手になりますし、都市部では渋滞解消や、駐車場を減らすことで都市空間を有効活用できるようになるなど社会的な意味も大きい。ですので、本来は国や地方自治体がリーダーシップを発揮するのが望ましいと思います。18年10月には、国土交通省が「都市と地方の新たなモビリティサービス懇談会」を立ち上げ、私もメンバーに加わりました。今後MaaSの在り方、バス・タクシー分野でのAI・自動運転の活用に当たっての課題抽出、今後の取り組みの方向性などを検討していきます。同様に経済産業省でも、6月に立ち上がった「IoTやAIが可能とする新しいモビリティサービスに関する研究会」に関連して、MaaSと自動運転の融合（レベル4以上の無人移動サービスカー）に向けた検討部会を設置する動きがあります。

こうして政府が本格的な検討を始めたなかで、民間企業でもJR東日本や小田急電鉄などがMaaS実現に向けたトライアルをスタートしています。私自身もソフトバンクグループのSBドライブと一緒に、「安全・安心な自動運転バス実現会議」を組織していて、自治体やバス会社の人たちを集めていろいろな事業提案を検討しています。また、大学の立場でも、学学連携ということで他大学とも協調した「モビリティ・イノベーション推進連絡協議会」を設立していますので、積極的に活動していきます。

――MaaSに関わる事業者連携を進めていくうえで、課題はあるか？

須田氏　現在、自動車メーカーはクルマの走行データ、公共交通はICカードや運行情報などをそれぞれの都合で独自に収集していて、国土交通省もETC2.0のデータを大量に持っています。このなかで、MaaSを構築していくうえで必要なデータについては、どこかが抱え込むのではなく、何らかの仕組みで共有化することが重要だと思います。

それには、交通事業者、地方自治体、そして自動車メーカーなど、モビリティビジネスに関わるプレーヤーが協調し、エコシステムを構築していく必要があります。公共交通とパーソナル移動の融合という、技術のみならずサービスをも含めた新たなビッグプロジェクトのために、各社がデータを持ち寄って、より効率的な交通網を実現していく。複雑な利害関係をまとめあげるためにも、我々大学のような中立的な立場のプレーヤーが旗振り役になる必要があると感じています。

――最後に、自動車メーカーや鉄道会社など、ＭａａＳの主軸を担うプレーヤーに一言。

須田氏　自動車業界は当面、今のビジネスモデルが成り立つうちはよいのですが、本当にＭａａＳというサービスで稼ぐモデルへの転換を迫られたときに対応できるよう、内に閉じるのではなく、さまざまな交通サービスとの連携を模索する時期に来ています。また、鉄道会社は、自動車業界がこれだけ危機感をもってモビリティサービスへの脱皮を検討していることを、もっと知るべきです。

そして、バス会社やタクシー会社は、自動運転の世界を考えれば、ある意味最もＭａａＳビジネスの中心にいるということを自覚してほしい。これらのプレーヤーが三つ巴の争いを演じるのか、それともうまく協調してエコシステムをつくれるのか、まさにこれからが正念場です。

（日経クロストレンド2018年4月23日のインタビュー記事を再構成）

Chapter

5

プラットフォーム戦略としてのMaaS

この章で分かること

◉MaaS参入の前に知るべきプラットフォーム発想

◉MaaSのレベル別プラットフォーム戦略

◉「日本版MaaS」に向けたプラットフォームの在り方

1 「交通版ネットフリックス」の出現

ＭａａＳとは、機能として簡単に説明すると、複数の交通手段を統合する概念である。その実現方法がＩＣＴ（情報通信技術）によるＡＰＩ（Application Programming Interface）連携であることを考えると、交通系デジタルプラットフォームの構築とも位置付けられる。プラットフォームの定義としては、さまざまな技術領域やビジネス観点で述べることが可能であるが、本章においてはフィンランドのＭａａＳグローバルが、ＭａａＳを「交通におけるネットフリックスである」と言っていることからも、ＭａａＳプラットフォームはモビリティサービスを統合し、それらの最適化によって利用者にベネフィットを提供するものとする。本章では、プラットフォームをどう構築すればよいかについては、システムの効率化やユーザー獲得方法などを説明していく。

一般にプラットフォームビジネスとしては、「網羅性」「拡張性」「ユーザー獲得性」「ネットワーク効果」など、さまざまな要素があるが、特に従来の交通の世界と違いが出る部分は費用対効果を算出する考え方の違いであろう。

交通は旧来、自動車を製造するときも、道路や鉄道を敷設するときも、交通サービスを開始するときも、コストに対するベネフィットである「Ｂ／Ｃ（費用便益）」を評価してきた。それは「ハード」の検討では正しいプロセスであるが、ＭａａＳプラットフォームはソフト側の概念で、そのやり方はふさわしくない。ソフト側においては拡張するコストがハードに比べて低いので、小さく始めて改良しながら網羅性のあるサービスにしていく方式が採用される。小さく始めたときには、収益ももちろん小さく、利益が出ないことのほうが多い。そのことが、これまでハード系の事業評価をしてきたプレーヤーからは理解しづらい。しかし、アマゾンやネットフリックスもサービス開始時にはここまで大きくなるとは想像しにくかったが、実際にデジタルプラットフォームのサービスは小さく始めて途中から急激にユーザーを獲得し、ユニコーン企業と呼ばれるような急成長を遂げる傾向がある。MaaSプラットフォームもその考え方に沿う必要がある。

そのなかで、MaaSプラットフォーム構築においては、コスト面の工夫、拡張性、柔軟性を重視する必要がある。さらに、「個別機能ごとに自由に改善できる」「新しい技術や機能を導入しやすい」「多くのステークホルダーと連携しやすい」ということも必要である。また、MaaSの具体的なサービス像はスマートフォンのアプリだけが想像されるであろうが、今後はそれだけにとどまらず、利用者やモビリティをパーソナルかつ都市全体として制御するような「MaaSコントローラー」の出現も予想される（詳細は第6章で解説）。そもそもMaaSアプリ自体、既存の交通サービスの上に存在するOTT[1]（Over The Top）の位置付けであるが、さらにその上にもコントロール機能や、それらを統べるものが混在する可能性がある。そうなるとMaaSプラットフォームはかなり多機能かつ巨大なシステム群となり得る。

また、コンテンツ、IoTでいえば「T」（Things）側である交通サービスの在り方も重要なポイントだ。これまで業界ごとに分割してシステムやサービスを開発してきた鉄道やバス、タ

[1] OTTは、Over The Topの略。一般的には通信事業者以外がインターネットサービスを行うことを示すが、本書では交通サービスをインフラとして、その上に統合したサービスを構築する概念で用いている

クシーなどは一体となって協調領域を構築し、全体としてのシステムやサービスの効率性や価値を生み出していくことが必要となる。そのことは、これまで競争関係であった各事業者の方針を大きく転換する必要が出てくるため、世界的にもその方策については議論されている。これは、その必要性および連携が実現したときの効果が見えているからであろう。ＭａａＳは「広く」「深く」プラットフォームの全体像をイメージして構築する必要がある。

ＭａａＳプラットフォーマーの基本戦略

日本では、さまざまな概念を個別の要素として捉えるケースが多いが、近年広がるスマホ向けサービスやＩＣＴ関連産業は、統合プラットフォームビジネスとしての側面を強く持つ。ＭａａＳグローバルのＣＥＯであるサンポ・ヒータネン氏も語っている通り、ほぼすべての海外のＭａａＳプレーヤーはプラットフォーム戦略を意識し、それに必要なバリューを提供できるようにしている。

プラットフォームビジネスの要素としては、『プラットフォーム革命』（アレックス・モザド他著、英治出版刊）、『プラットフォームの教科書』（根来龍之著、日経ＢＰ刊）など、さまざまな解説書がある。基本的には以下の３つを備えることで、他プラットフォーマーよりも価値を出すことができるとされる。専門用語なので、少し分かりやすく、ＭａａＳに置き換えて説明する。

①コストバリュー（各事業者で交通サービスを行うよりも、統合プラットフォームを使ったほうが交通事業者も利用者もコスト面でのベネフィットがある状態）

②UXバリュー（交通サービスを統合することで、シームレスな移動が実現されたり、1つのスマホアプリで完結したり、体験価値が高い状態）
③プラットフォームバリュー（鉄道でも自動車でも汎用的に使えることや、世界中のどこでも使える状態）

プラットフォームについて別の側面で語られるのが、ジェレミー・リフキン著の『限界費用ゼロ社会』（NHK出版刊）だ。これは、従来のような規模の経済による大量生産のコスト効果とは異なり、そのスキームやエコシステム構築、開発や運用プロセスを最適化することによって、ユーザーやコンテンツの連携先、システムの増加に対してそのコストが変わらないという概念である。

その状況の何がよいかといえば、今後のあらゆるシステムやサービスは融合していくことが期待され、その際により多くのサービスやシステム連携などを行う必要がある。そのプロセス設計は既にアマゾンをはじめとして多くのプラットフォーマーによって実現されている。

また、『起業の科学』（田所雅之著、日経BP刊）でも紹介される通り、1つの新しいコンセプトを世に出すまでには、POC❷（Proof of Concept・概念実証）やアジャイル開発❸をするに当たっての「収益のマイナスの谷」があるが、それがユーザーに受け入れられてからは指数関数的にユーザーを拡大させていく。そのときに、ユーザーが多くなりすぎてある一定数以上となると増加曲線が停滞しないような設計も必要となる。

以上により、MaaS実現に向けても、交通やモビリティの観点のみならず、プラットフォームビジネスとしての最適化を行う必要がある。

❷ PoC（Proof of Concept）は、新しいアイデアなどの実証を目的とした試作開発前の検証やデモンストレーション

❸ アジャイルとは「素早い」「俊敏な」という意味で、短い反復開発を採用することでリスクを最小化しようとする開発手法

2 MaaSレベル別のプラットフォーム戦略

それでは、どのような要素がMaaSのプラットフォームビジネスに必要なのであろうか。第1章でも紹介した図5－1に示したMaaSのレベル分けに合わせて解説していく。大きく分けてレベル1、2はMaaSの基盤となることから、そのコスト面での最適化を図り、レベル3、4ではそれらをどうビジネスにつなげるかが重要となる。

【MaaSレベル1、レベル2：コスト戦略】

MaaSレベル1は「情報の統合」、レベル2は「予約・支払いの統合」である。このレベルでは大きなコストが発生するMaaSの基盤構築プロセスとなることからコスト面を中心に解説する。このなかでは運行情報や経路案内といった各種の案内情報の統合が必要となるが、コスト面、特に連携時及びその運用を含めたコストを下げることに注力すべきである。そのために最適なシステムアーキテクチャーの設計が求められる。コストの要素としては、大別して次の4点がある。

図5-1 MaaSのレベル定義（統合や機能面）

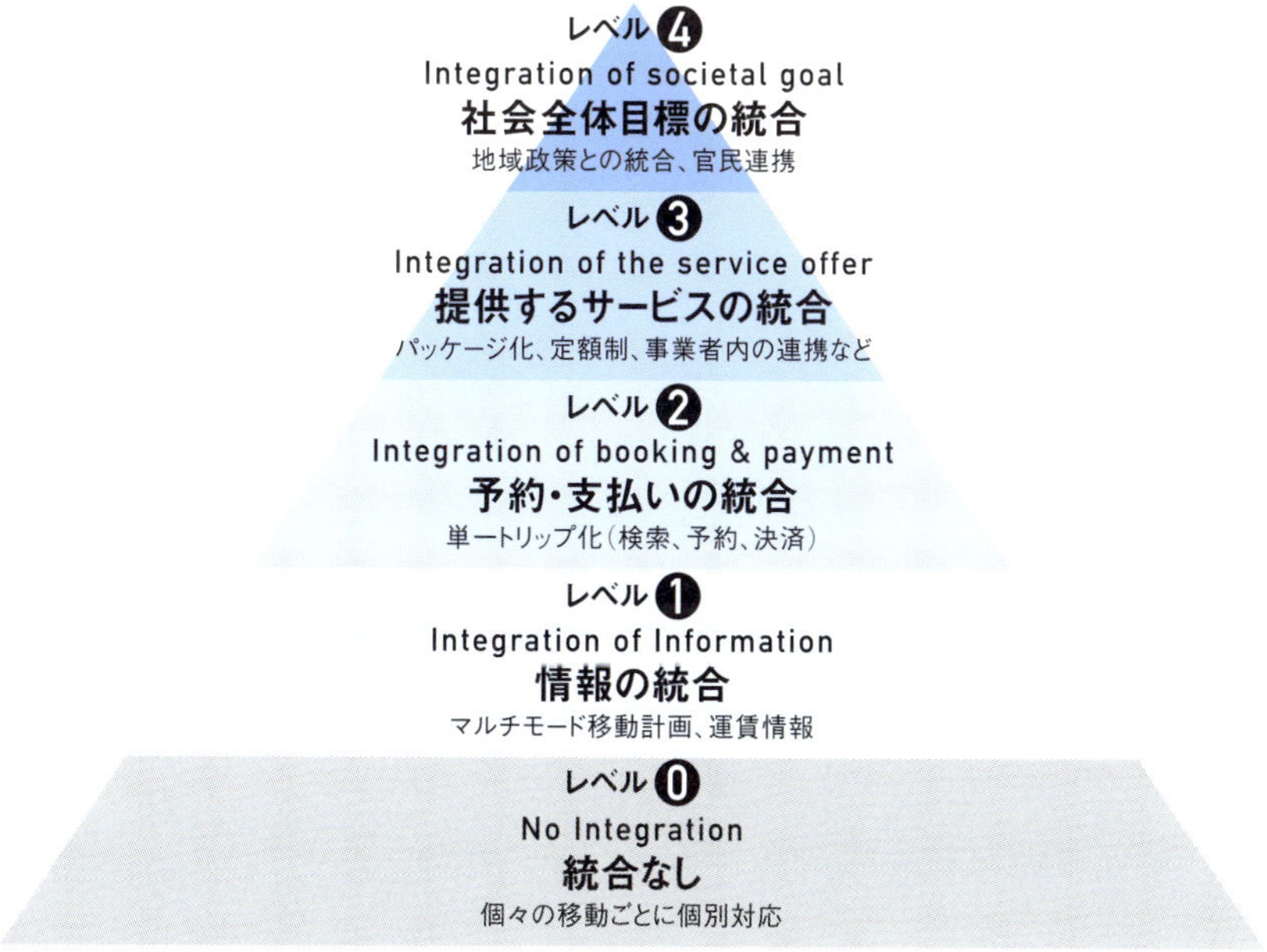

出典：Jana Sochor et al(2017):A topological approach to MaaS, November 2017

①同一の交通業態間の連携時コスト
②異なる交通業態間の連携時コスト
③交通と非交通分野など他系統システムの連携時コスト
④システム連携数に対するコスト

そして、これらの連携を最適化するためには、「標準化による統合」と「分散型アーキテクチャーによる統合」、またその組み合わせがある。

前者については、データの外部配信API部分を標準化することで実現する。標準化が進みやすい業界的、国家的な協調体制であれば効果的であるが、逆にステークホルダーが多過ぎると、調整コストが増大し、また提供側のシステムやサービス改善を阻害する可能性もある。

一方、後者の分散型の考え方は、

従来のシステム開発の考え方とは異なり、「システムは変化し続ける」という前提の下に変化に対応しやすいように設計するものである。しかし、交通分野では事例がそれほどないことから、今後さまざまな技術革新が期待される。例えば、関連するものとして分散型台帳管理技術やブロックチェーン技術も研究されている。

ユーザーの獲得面においては、「獲得ユーザー数の想定」「価格設定、利益率とユーザー満足度」などをバランスして、サービスを設計する必要がある。そのなかで、交通については利用者層や地域の交通特性によってそれらが変化することから、より精度の高いシミュレーションや実績データの分析、ダイナミックプライシングなどの価格コントロール機能などが重要となる。この領域はMaaSの基盤となることから、「研究開発」「技術開発」が最も求められる部分である。

【MaaSレベル3：ビジネス戦略】

MaaSレベル3は「提供するサービスの統合」状態である。MaaSレベル1、2でほぼ基盤は出来上っているので、ビジネス面の解説を行う。その1つとして定額サブスクリプションモデルを組むとなると、そのパッケージの設計によって、大きくサービスの価値や意味が変わってくる。あらゆる交通手段を統合したうえで、どのエリア、どの交通手段、どの時間帯を定額対象および割引対象にするかによって、利用者および都市・交通事業者に与える影響を変化させることが可能となるのだ。

プラットフォームビジネスとしては、マネタイズの可能性は多数考えられるが、例えばMaaS

グローバルのサービスのKPI（重要業績評価指標）としては「マイカーの所有比率を減らし、自動車を賢く使っていく」ということに設定されている。日本国内においても高齢ドライバーの事故率減少のために高齢者自身が運転する機会を少なくすることは社会的大義があり、そのためのKPIを設定したMaaSパッケージとすることも可能となる。

例として、退職後の高齢者であればピーク時間帯の移動を控えてもらったうえで、オフピーク時間帯の移動を安価な定額制にすることや、乗り合いバスなど、少し時間はかかるが家計に負担のないような料金設定とすることが考えられる。これにより、「マイカー＝自分での運転」から「MaaS利用＝プロドライバーの運転」へ転換することで、その都市の交通事故を減らすことのインセンティブを行政機関や保険会社とのファイナンスによってつくり上げる。こうしたエコシステムが考えられる。他にも、ピーク時間帯や輸送障害時の公共交通機関の混雑の緩和や、地方の公共交通機関の再構築など、さまざまなMaaS活用の可能性がある。

一方、定額制によるKPIだけではなく、乗り放題だからこそ生まれる価値もある。インターネットのデータ利用が定額制および無料になったときに、SNSや動画のやり取り、ECサイトの利用など、その上に乗るサービスの隆盛があった。それと同様にユーザーにとって移動の金銭的コストが気にならなくなったときに、新しいビジネスチャンスが生まれる可能性がある。その点は、第8章のBeyond MaaSの項で詳述する。

【MaaSレベル4：ネットワーク戦略】

行政機関との協働により都市全体の最適化を目指すMaaSのレベル4については、レベル1～3よりも高次に位置付けられており、その効果検証については海外でも始まったばかりである。そのため、世界でどのような施策が取られるかについては今後の動向を注視する必要がある。

2018年9月に行われたITS世界会議においては、MaaSの社会施策的な目的として「マイカー比率の低減」「交通事故の減少（主に信号制御技術）」「渋滞解消」「公共交通の利用促進」などが挙げられた。これらは、MaaSによらずとも交通施策として行われてきた経緯もあるが、より重要度が増している。そして新たなテーマとして注目すべきなのが「他産業との連携効果」であった。一部のMaaSプレーヤーからは「次のフォーカスは、Housing（住宅産業）である」という指摘があった。つまり、MaaSパッケージを賃貸住宅とセットにすることで、その住宅や地域に付加価値を付け、収益化するということである。仮にマイカーを保有していないユーザーは、自動車購入を強いられるような地域や住宅には引っ越しにくい。今後、クルマが所有からサービスへと転換するなかで、その地域や住宅がモビリティサービスのパッケージを持っているかどうかは、特にライフステージの変化や転勤などによるスイッチングコストを低減することができるので、不動産価値に直結する。また、購買データやレストラン、ホテルの予約とのひも付けによる効果を指摘するプレーヤーも多かった。さらに、エネルギーマネジメントとの連携は、ドイツを中心に既に具体的な実証実験も行われている。

以上により、MaaSレベル4としての社会的な政策のためもあろうが、産業的な連関効果についても期待される。そのため、連関が広がりやすいようにデータやスキームを交通以外のシステムとつなぐ必要性が多く生まれるものと想定される。MaaSプラットフォームというより「都市プラットフォーム」としての価値を生み出すことが可能となる。

3 日本におけるMaaSプラットフォームの在り方

ここまで説明してきたMaaSプラットフォームは、誰が担い手となるべきなのだろうか。それを考える一端として、MaaSグローバルの資料にエコシステムの分類が記載されている。彼らは、「**①一人勝ちモデル**」「**②交通連合モデル**」「**③自由市場モデル**」の3つがあるとし、最後の複数のプレーヤーが自由に参入できる自由市場モデルを推奨している。（図5－2）

利用者との接点となるMaaSアプリを展開するMaaSオペレーターが自由に参入できるような仕組みとすることによって、多くの人に受け入れられるMaaSサービスや、その特定地域の事情に特化したＭａａＳサービスなどが生み出される。かつ利用者目線に立ってサービスを構築したプレーヤーが、利用者の選択を得てサービス改善していくフローを実現する。そこに交通サービスとして不足があれば、そのなかで交通事業者にアプローチして新たな交通サービスを生み出すことも想定している。

逆にＭａａＳオペレーターを交通事業者が担うと、その特定の交通手段のみを多く使ってもらうように事業者側の力学が働いてしまうことで、結果としてよいサービスにならないおそれがある。また、あるプレーヤーの「一人勝ち」となると、交通事業者に対して支配的な手数料ビジネスを仕掛けることや、特定の交通機関に有利になるようなビジネスのほうがメリットが大きい場合に、利用者や都市の視点を無視して収益性を追求するような危惧がある。

そのため、ＭａａＳエコシステムについては、関係者間での議論やアライアンス、その統制ルールの在り方が重要となり、ＥＵにおいてはＭａａＳアライアンスという組織で理想的なエコシステム構築に向けた議論がなされている。

今後モビリティサービスのプラットフォーム獲得の競争は、そのまま別のプラットフォーム競争に統合されていくことが考えられる。強大な外部プレーヤーとしては、メッセージアプリや、ＥＣ系、検索サイト系のプラットフォーマーであろう。分かりやすい例が、ＧＡＦＡ（Google, Apple, Facebook, Amazon）と呼ばれる4つのプラットフォーマーであり、既に多くのユーザーが使い、生活に浸透している。今後の交通サービスの統合も、このより大きな枠組みの中でどのように実現されるのかによって、ＭａａＳサービスの可能性も変化していく。

図5-2 MaaSプラットフォーマーの出現パターン

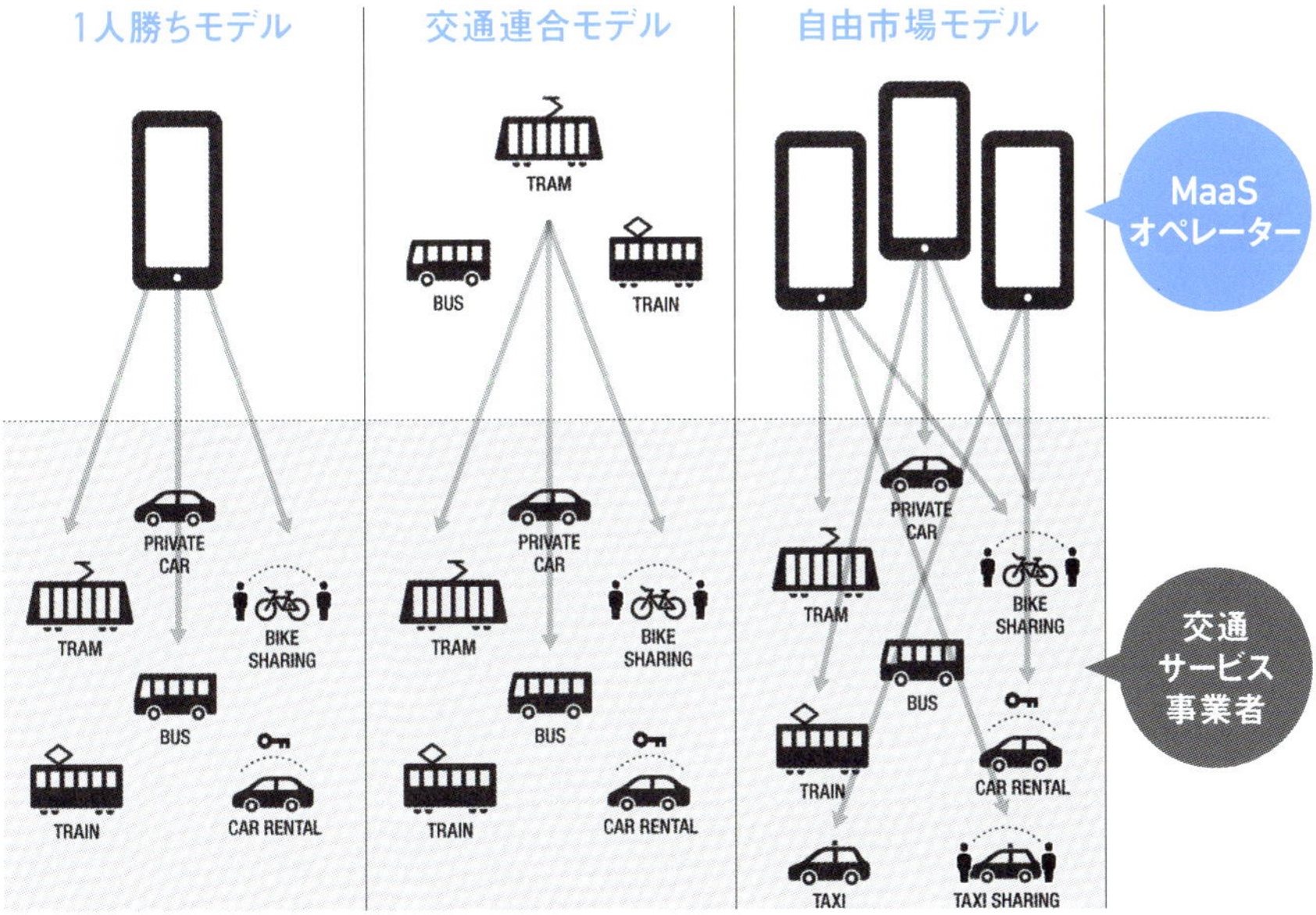

MaaSオペレーターの出現ケースは図の3形態が考えられるという。フィンランドは右側の複数のMaaSオペレーターが存在する「自由市場モデル」

出典：MaaS Global 資料より

なかでも、ただの交通サービスの情報統合では既存の巨大プラットフォームに飲み込まれてしまうリスクが高いことから、ＭａａＳプラットフォームでもさまざまな特色を持つ他にはない価値を生み出すことに力を注ぐ必要がある。ウーバーテクノロジーズやＬｙｆｔ（リフト）をはじめとした配車サービス事業者は、ビジネス、政策面の他にも特に技術開発に力を入れており、配車や乗り合いの効率化問題、オペレーション精度において他社に優位な技術やエコシステムを構築することに注力している。今後、モビリティサービスのプラットフォームを語るうえで、その移動自体を生み出す公共交通事業者やクルマの機能がどのように進化するかを想定しなくてはならない。

ＩＣＴビジネスのプラットフォームのみであれば、購買・予約決済・情報などソフト面のコンテンツの統合で済むが、ＭａａＳにおいてのコンテンツ自体は自動車や鉄道・バスなどハード面のコンテンツが基本となる。そのため、現状想定されているＭａａＳも、そのハード面での革新によって大きく変わっていく可能性がある。例として、クルマの自動運転化があり、また鉄道の需要予測に応じた動的ダイヤの採用などである。そのなかでも、今後はクルマと鉄道といった異なる業態間でシステムの共用や技術開発の連携など、交通サービスとしての特長を融合させ、またそれぞれの利点を生かした進化が可能である。利用者や都市、各事業者にとってより理想的な移動社会の実現に向けたその融合を、ＭａａＳプラットフォームが行うようなエコシステムが組まれると理想的である。

それでは日本国内においては、どのようなＭａａＳエコシステムおよびプラットフォームが必要だろうか。海外に比べて日本が特殊であることとして、交通事業者の多くが民営および株式会社化

図5-3　MaaSプラットフォームの競争と協調領域

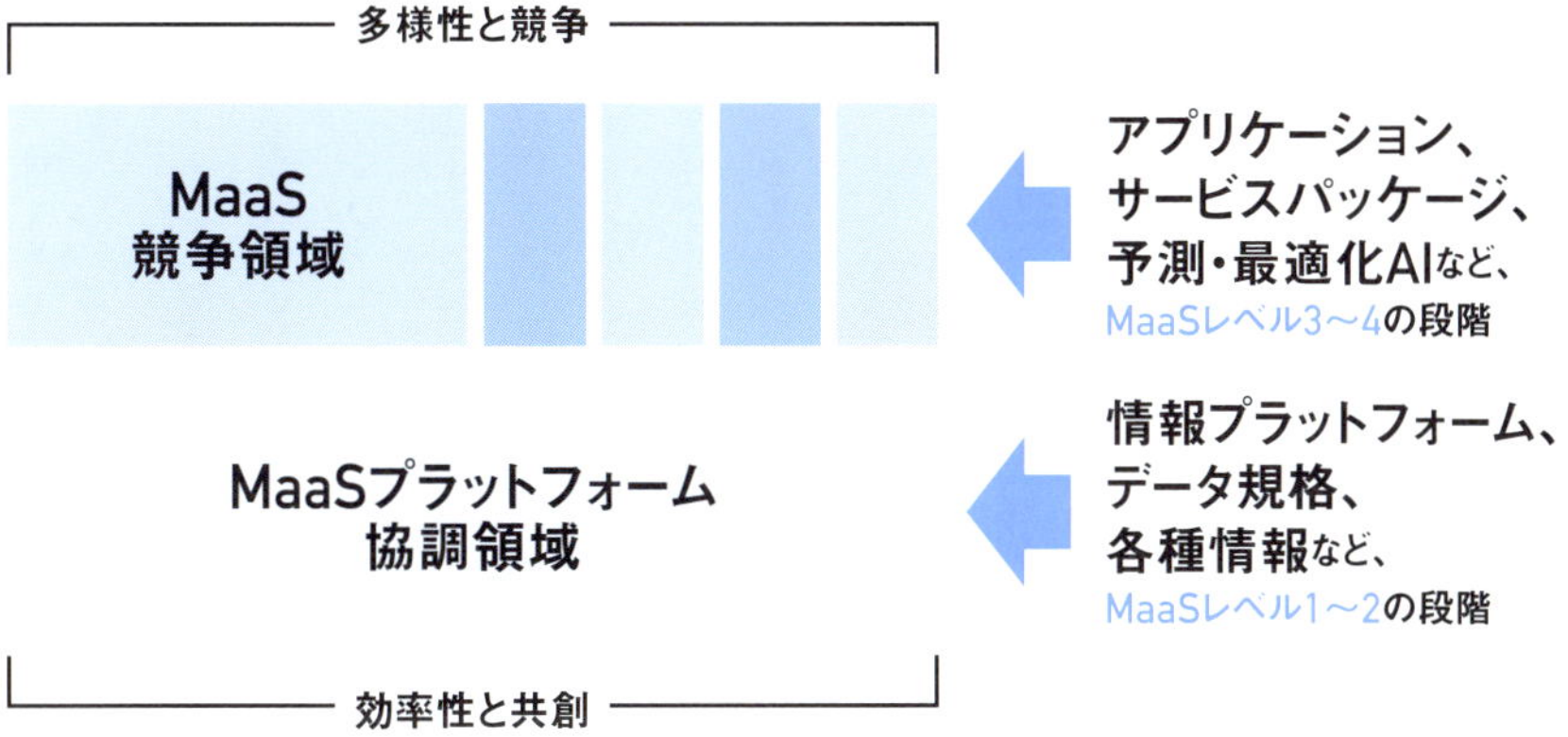

されていることである。それに関連して交通事業者の分離度も大きく、鉄道もバスも数百社存在しており、これは世界的に見ても珍しい形態となる。海外でも民間事業者が交通事業を行うケースは多いが、大半は行政からの委託を受けて行っている。

システム面においても、同一産業に複数の民間事業者を競合させるという産業政策や独占禁止法などの影響もあり、交通事業者のシステムも複数の事業者がそれぞれで構築している傾向が強い。一部標準化されていることもあるが、その内部ロジックなどは非公開である場合があり、システムの連携や統合では開発に困難を伴う。また、地域ごと、事業者ごとに最適化された交通サービスもあり、その使われる用語レベルで統一が図られていない。例として、各駅に停車するものを普通列車と呼んだり、各駅停車としたりとバラバラで、通過駅のある速達性重視の列車運用も急行、快速と別々の呼び名がある。これは鉄道だけでなく、バスやタクシー、エアラインでも起こり得る問題だ。用語だけでなく、料金体系やサービス面でもその違いは多数存在している。

上記の違いを統一することは難しいながら、MaaSにおける恩恵を享受するためにベースのプラットフォーム「協調領域：データや決済システムなど」をつくり、その上でのカスタマイズが可能な「競争領域：UXや効率性など」と、レイヤーを分けて検討することが有効である。（図5－3）

ベースのプラットフォームの意義としては、その上のカスタマイズ機能や、基本的なMaaSアプリを安価に実装するためであるので、コスト負担スキームを構築し、どの事業者でも活用しやすい環境を構築する。しかしながら、海外のようなオープンデータ化のみであると、そもそも事業者ごとの交通コストの負担スキームが異なることから、そのコストを誰が負担し、どのように運用するかをステークホルダー間で調整することが必要になる。単純なオープンデータの話ではなく、全体のMaaSおよび産業としてどのように立て付けるのか、「日本での」実現方法を議論すべきだろう。

また、そのなかで第8章のBeyond MaaSの項で紹介するような、他産業からのMaaSエコシステムへの資金や収益の流入を図ることも検討価値がある。交通分野ではこれ以上の利用者の増加も図りにくく、既に高度にシステムやサービスが成熟している。交通サービスだけを統合したところで今以上の利益が国内市場で生まれることは望みにくい。極論すれば、既存の交通プレーヤーからの利潤の置き換えだけを目的にMaaSを構築することは、事業的・社会的な価値を生まない。他産業とも連携して付加価値をつくることで新しい市場を創出し、そこで生まれる利益の一部でMaaSプラットフォームを構築できるならば、その費用負担スキームも合意形成が図られやすいだろう。日本版MaaSの社会実装のスキームは、交通のみならず他産業と一緒に検討することでMaaSプラットフォームの実現性が増し、理想的な移動社会が実現される可能性が高まる。

Interview

最優先すべきはユーザーの利便性 MaaSエコシステムの「最適解」が世界の関心事に

MaaS Alliance

Piia Karjalainen

フィンランドの交通運輸省でMaaSなどに関する政策づくりを手掛けた後、
MaaSアライアンスのシニアマネジャーに。MaaSアライアンスは、
MaaS市場をより円滑に活性化するために官民がパートナーシップを組み、
課題と地域の導入を支援するコミュニティー

――MaaSアライアンスの活動内容は？

ピア・カルジャライネン氏（以下、カルジャライネン氏）　MaaSアライアンスは、欧州のMaaSの新規構想、計画、戦略などを検討する組織として設立されましたが、今では欧州のみならず国際的なコミュニティーになりました。ITSヨーロッパ（ERTICO）のCEO、Jacob Bangsgaard氏が理事長を務め、フィンランドのMaaSグローバルCEOであるSampo Hietanen氏、米ウーバーテクノロジーズで公共政策と政府関係の調整を担当する副代表Marius Macku氏なども理事に名を連ねています。

また、会員企業としては、自動運転シャトルバスメーカーの仏EasyMile（イージーマイル）や、独ダイムラーの子会社moovel（ムーベル）、鉄道などの車両開発や統合モビリティソリューションを提供する独Siemens（シーメンス）などが参加。行政サイドからはフィンランド交通・通信省、ヘルシンキ市、コペンハーゲン市、ウィーン市などが加入しており、約60の民間企業、省庁、自治体が加わっています。

主な活動はMaaSを推進することで、各地域でのMaaS実装に対する支援をしています。我々が考えるMaaSの定義は、個々のユーザーの要求に応じて、異なるモードの交通サービスをオンデマンドで1つのモビリティサービス（MaaSアプリなど）にまとめることです。

――MaaSの本質とは？

カルジャライネン氏　マルチモーダルであることです。AからBへの移動をするとき、さまざまな交通手段をシームレスに組み合わせるという考え方が根底にある。徒歩、公共交通やオンデマンドサービス、タクシー、レンタカー、カーシェア、自転車シェア、配車サービスなど、すべてのモビリティサービスの組み合わせなのです。都市部においては、クルマに依存しない生活の実現に寄与することでしょう。

ＭａａＳには、これまでのモビリティサービスと大きく違う点があります。これまでマイカー依存が強く、公共交通を利用しなかった人が自発的に公共交通を使ってくれるようになるサービスだということを強調したい。既存の鉄道の考え方では鉄道だけで最適化しようとし、それはタクシーでも同じです。さらに、各業界の個々のプレーヤーは自社だけで最適化しようとします。しかし、これではそれぞれの移動手段の特徴を生かしながら、全体を最適化することはできません。私たちが新しくしようとしていることは、まずユーザーニーズをよく理解し、単体のモードでは足りないところを補いながら異なる交通サービスを組み合わせることです。

マルチモーダルがＭａａＳの本質と考えると、その周辺には移動の計画、予約、情報などさまざまな要素が必要です。ＭａａＳにおいては、これらのエンドユーザーに対する情報が最も重要だと考えています。鉄道の遅延情報を提供するなど、目的地まで検索結果の時間通りに到達できるのかを示す。ＭａａＳサービスをアプリとして提供し、エンドユーザーとの接点になる「ＭａａＳオペレーター」は、ユーザーに対してリアルタイムのアクセス情報を提供する必要があるでしょう。

――ＭａａＳ実現に当たって行政に求められることは？

カルジャライネン氏　MaaSに関係するテクノロジーをうまく活用しようと考える行政に必要なことは、MaaSが基本的に何であるかを理解し、テクノロジー、ガバナンス、政策、規制などを「ユーザーの視点からすべてデザインすること」。

MaaSは、民間の交通サービスや公共交通を利用するユーザー行動を変容させるツールとしても見ることができます。これまで交通政策は、規制や利用制限をかけたり、税金をかけたりと、強制的なものが多かったと思います。一方、MaaSはユーザーに行動変容を強要するわけではありません。ユーザーに従来よりも自由な移動のスタイルや選択肢を提供することで公共交通の利用が増えるなど、政策を立案する関係者にとって、たいへん魅力的で〝ソフト〟なツールだと表現できると思います。ユーザーの視点に立ち、魅力的で心底使いたいと愛されるサービスを創造すること。その仕組みを検討することが重要になります。

――MaaSの社会的なインパクトは？

カルジャライネン氏　私は、MaaSアライアンスのシニアマネジャーを務める以前は、フィンランド交通運輸省でMaaSなどに関する政策づくりを何年か担当していました。その経験を参考に話しましょう。MaaSとは何かを議論し始めた際に3つの課題と向き合いました。

1つ目は、交通政策の中で住民（またはユーザー）への役割をどう強化するかという議論でした。交通において公的な機関は、かなり重要な役割を担ってきました。しかし、そのエリアの住民の本当の移動ニーズは何なのか。それを考えたり聞いたりして、十分に把握してきたとはいえません。

個々の住民のニーズを聞かず、平均的なユーザーの要望をベースとした仮説や予測に基づいて政策が計画されてきたといってもいいでしょう。

しかし、現在はデジタル化が進み、個々のユーザーの期待や異なるセグメントのユーザーの情報もかなり収集できるようになりました。どのように住民を巻き込みながらモビリティサービスをつくるかが、かなり重要になってきています。

2つ目は、交通の持続可能性です。先ほど説明したように、これまでの交通政策は交通事業者やユーザーに変化を強いるものでした。それに対してMaaSは、道路や公共交通の利用者の行動変容に対して、非常にソフトに関与できる初めてのツールだと考えています。

そして3つ目は、公共交通への補助金の支出を減らすことです。MaaSによって、公共交通ももっと異なる方法で利益を生むことができるのではないか。混雑時間をユーザーに通知したり、料金調整を行ったりすることも可能になるので、公共交通の利便性をもっと高められるはずですから。オーストリアの首都ウィーンやフィンランドの首都ヘルシンキなど、既にMaaSのサービスを始めている都市では、公共交通の利用者が増えています。従ってMaaSは、公共交通の補助金の支出を抑える効果があると考えています。

――MaaSの導入に二の足を踏む公共交通の事業者もいる。

カルジャライネン氏　交通事業者の心情も理解しています。欧州でもいくつかの交通事業者はMaaSのコンセプトが理解できず、また移動需要がどのように変化するのか見えず、困惑しています。

これまで自社のブランド化や券売機の設置などに多額の投資を行ってきた交通事業者が最も心配しているのは、MaaSアプリという1つのチャネルに束ねられることで利用者との直接的な接点がなくなることです。

ITS世界会議2018の会期中に世界の交通事業者などを集めた「MaaSサミット」を開催しましたが、同様の課題が出ました。そこで議論したのは、モビリティエコシステム、Win-Winとなるビジネスモデル、利益とリスクをシェアできるモデルなどの構築が必要ではないかということです。

他の心配としては、MaaSサービスのプラットフォームについて。エンドユーザーとの間に入るMaaSオペレーターが、ユーザーや事業者にとって本当に公平で透明性のある情報の出し方ができるのかという問題です。それは、MaaSオペレーターがどのようなアルゴリズムをプラットフォームで組むかに関わってきます。問題はいかにせよ、個々のエンドユーザーの視点に立つことが最優先事項。最適で自由な移動の選択肢を提供するように努めることが大切です。

MaaSに必要となるテクノロジーは、既に利用可能な状態にあると言ってもよいでしょう。しかし、MaaSのサービスを展開するためには、地域の交通事業者のエコシステムの中で協力体制を築くことが必要となります。この交渉こそが、最も時間を要する部分です。交渉にかかる時間は、その地域のプレーヤーの意欲やビジネスの有用性によって異なります。

――現在、MaaSアライアンスで行われている議論の中心は？

カルジャライネン氏　我々は、すべての会員が集まるミーティングを年4回開催しています。その他に、一般的なことからローカルな内容まで、異なるテーマのワークショップに分かれて話し合っています。現在、集中的に議論している内容は、ＭａａＳに必要なデータ設定やフローの定義についてです。ＭａａＳにおいてオープンデータ、オープンエコシステム、オープンＡＰＩは必要不可欠です。「Data makes MaaS happened」というテーマで、ＭａａＳについてのデータマネジメントのフレームワークについて出版する予定にしています。

また、ＭａａＳアライアンスのビジョンなどをまとめた「ホワイトペーパー」も出しており、ネットでダウンロードできます。さらに詳細な議論やＭａａＳをユーザー中心で進める方法などについてもまとめる計画があります。19年には、各国のＭａａＳの事例の中からベストプラクティス（ガバナンス、ビジネスモデル、マーケットアクセスなど）をまとめようと考えています。

――日本でＭａａＳを社会実装していくに当たってアドバイスを。

カルジャライネン氏　よく出張などで訪問する機会があり、日本は好きな国の1つです。基本的に欧州は自治体などが資本となって公共交通を運営していますが、日本は民間事業者が中心となっていて、状況は異なります。しかし、日本の交通サービスはとても効果的に機能し、遅延も少ない。スムーズでシームレスな移動のニーズが非常に高いため、日本でＭａａＳオペレーターをやる場合はかなりの正確性を求められると感じました。

例えば、中国と日本におけるＭａａＳは、本質的に異なるアプローチで発展していると感じています。中国は配車サービスの滴滴出行（ディディチューシン）などのシェアリングサービスがベース。それに対して、日本には鉄道やバスなどしっかりとした交通インフラが既に整っています。そのため、日本のＭａａＳは、既存の鉄道やバスなどの公共交通に、オンデマンド、シェアリングサービスなどが加わって、魅力的な支払いスキームが組み込まれたワンストップショップとして発展するのではないかと思っています。

ＭａａＳをうまく社会実装するためには、その地域ごとの課題やユーザーのニーズ、期待をよく理解する必要があります。そして、どのようなモビリティサービスの要素があるのか、その特徴は何なのかを把握して、効果的に組み合わせる必要があるでしょう。

（文／楠田悦子＝モビリティジャーナリスト　※日経クロストレンド2018年10月19日掲載のインタビュー記事を再構成）

Chapter

6

テクノロジー戦略としてのMaaS

この章で分かること

◉MaaSで求められるシステムの全体像

◉経路検索、位置情報など交通系APIの進化ポイント

◉MaaS実現に必要な決済、個人認証APIの考え方

◉都市交通を統べる「MaaSコントローラー」でできること

1 オープンAPIによるMaaSシステムの全体像

これまで、さまざまなMaaSに関する社会的、事業的な考察をしてきたが、MaaSはテクノロジーによる競争とも位置付けられる。特に近年のICT（情報通信技術）サービスの場合、ユーザーのスイッチングコストが低く、サービス普及、ユーザー獲得までのリードタイムが短縮される傾向にある。そのため、競争に勝つにはいかに低いコストで高い品質を提供するかが重要だ。

図6－1に示したように、MaaSはオープンAPI❶による複数の交通サービスを統合するモデルとなる。時刻表示や経路表示、予約、決済までそれぞれのAPIが提供されると、それらの機能を組み合わせてMaaSのアプリケーション開発が可能となる。APIとは、システム間やデータの利活用時に使われるものである。通信方式やデータ方式が定義され、汎用的な仕様も定められることが多い。オープンAPIというと、そのデータや機能が公開された状態を示し、許可された誰もがそれらのデータや機能を用いて新しいアプリケーションを開発することが可能となる。

今後どのようなMaaSプラットフォームが構築されるかは分からないが、現在よく導入されている方式では、すべての機能を1つのシステムとして開発するというより、システム観点でいえば、

❶ オープンAPIとは、外部の事業者が交通系システムと接続できる仕組みを整えること。それにより、さらに高度なシステム、サービスを実現することを目指すもの

図6-1　MaaSのシステム全体イメージ

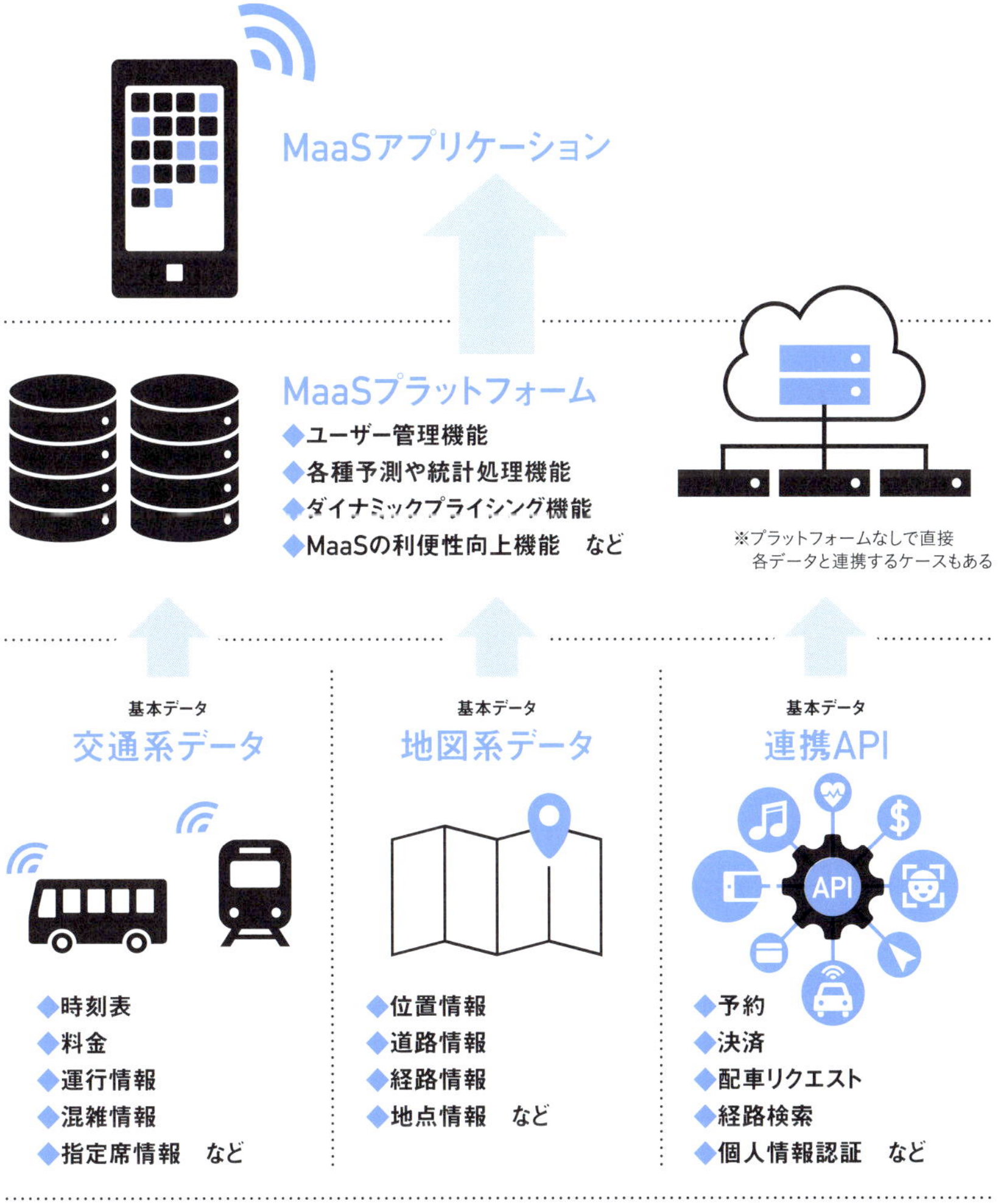
MaaSアプリケーション
MaaSプラットフォーム
◆ユーザー管理機能
◆各種予測や統計処理機能
◆ダイナミックプライシング機能
◆MaaSの利便性向上機能　など
※プラットフォームなしで直接
各データと連携するケースもある
基本データ
交通系データ
◆時刻表
◆料金
◆運行情報
◆混雑情報
◆指定席情報　など
基本データ
地図系データ
◆位置情報
◆道路情報
◆経路情報
◆地点情報　など
基本データ
連携API
API
◆予約
◆決済
◆配車リクエスト
◆経路検索
◆個人情報認証　など

疎密結合の中では「疎」の状態が望ましい。簡単にいえば、切り離しやすく変更しやすいように機能単位で開発し、その機能同士の結合により大きなシステムとする。1つの機能としてのみ開発するのではなく、あえて接続性を担保したうえで分割して機能群を開発することで、その他のアプリケーションへの展開を可能とする構成である。将来的に、個別の機能群内で新しい機能や仕様変更があっても、インターフェースで合っていれば、そのシステム全体の機能を損なうことはない。

すべてを1つのシステムとして開発、試験し、そのまま運用するという開発手法もメリットはあるが、今後の新しい技術への適用や、さまざまなOS、プログラミング言語などへの対応を考えると、MaaSには分散したシステムを統合して形成するようなシステムがマッチしている。

さらにユーザーニーズにマッチしたサービス開発やオープンデータ、オープンイノベーションによるサービス戦略を前提とする場合には、データや機能レイヤーの設計ではAPI化を前提として組まれることが多い。現在でも情報や機能の多くはAPI化、オープン化されていて、グーグルマップや経路検索エンジンなどでも実装されている。他システムの例として、銀行の預金残高や入出金などがAPI化されたことによって、銀行ATMや銀行独自のアプリケーション以外でもそれらの機能が使えるようになった。家計簿アプリとの連携や、多様な決済系アプリから銀行口座へのアクセスが可能となったことで、その利便性は拡充している。

このように、ユーザーに選ばれるMaaSサービスとするためにも、各機能、データレイヤーでのAPI化およびアプリケーション側でも多様なAPI連携が必要となる。

日本国内でも交通系のAPI構築は行われているが、標準データ仕様や標準的なAPI構築に向けた取り組みについては徐々に始まりつつあるという状態である。単一事業者のAPIのみであれば問題とならないが、MaaSにおいて複数事業者および複数の交通モードを統合する際には、その仕様の違いやサービスレベルの違いを解消する必要がある。そのためには、標準化フォーマットを定義して共通化するか、異種データを取り込んで変換していく方式が想定される。公共交通系データとしてはGTFS（General Transit Feed Specification）や、決済系においても標準規格が定められているが、現状日本ではその普及があまり進んでいない実態がある。

ここで、MaaSのシステムを構築していくうえで、重要な考え方を紹介したい。複雑系の事柄を説明するときに用いられている概念で、VUCA（ブーカ）というものがある。Volatility（変動性・不安定さ）、Uncertainty（不確実性・不確定さ）、Complexity（複雑性）、Ambiguity（曖昧性・不明確さ）という4つのキーワードの頭文字から取った用語であり、先行きが見えない未来に対する概念や、複雑系のシステムに対する考え方となる。

既に日本の各交通機関のシステムは、世界的に見ても高度なシステムとなっている。しかし、その高度さ故に異種システムを統合する際、もしくは連携することを前提に各交通機関のシステム体系を見渡すと、VUCAの各概念が日本のMaaS実装に向けて重くのしかかることが見えてくる。

V（変動性・不安定さ）：ダイヤ改正、急な混雑、人口の増減

U（不確実性・不確定さ）：交通事業者間の情報の連携不足

C（複雑性）：多くの事業者の存在、名称の揺れ、輸送モードの多さ（快速、特急、普通など）

A（曖昧性・不明確さ）：個別情報としての確かさはあるが、複数の統合データが一致するのか、関連するのかという曖昧さ

以上の課題に対して、どのようにＶＵＣＡがないような状態をつくるのか。統一したフォーマットや同じアルゴリズムとして完全に1つのシステムを目指すのか、複雑性・分散状態を受け入れて統合システムを構築するのかについては、さまざまなメリット・デメリットと考え方がある。しかしながら、ＭａａＳの考え方でいえば、後者で発展することが望ましい。複雑で、変更されやすいということは、多様性を担保したうえで柔軟にシステムやサービスを変えていくために、ＶＵＣＡに対応できる技術の開発が必要になる。交通全体のシステムで考えた際の安定性を担保しながら、その時代の先進技術や必要とされるサービスに適用しやすい構成としていくことが求められる。

2 MaaS時代の「情報提供系システム」

本項では、各機能の説明とＭａａＳにおいての機能拡充のポイントを解説する。

【時刻表ＡＰＩ】

運行データや発着時間を表示するためのＡＰＩ。主に位置情報、時刻から成り立ち、そこに移動手段の目的地や種別などの情報が付加される。鉄道を例にとれば、特定の列車の「行き先」「種別（快速や特急など）」「停車する駅」「停車する駅の到着と発車時間」などとなる。他にも、指定席の有無やバリアフリー設備の有無などが付加されるケースもあり、鉄道会社などのデータ販売事業としても確立されている。

現在、より付加価値を付けた交通サービスを目指して、公共交通オープンデータ協議会や東京公共交通オープンデータチャレンジといった取り組みも行われている。諸外国においては、行政機関（地域行政）が交通事業者を担うケースも多く、官データの公開による市場の活性化という文脈でオープンデータ（データの開放と無償化）が行われるケースが多い。イギリスでは、ロンドン五輪を契機に、公共交通機関データのオープン化とそれらのデータを用いた便利なアプリケーションや、それを開発するスタートアップ企業が出現した。日本国内においては時刻表の整備コストがとても高いため、うまく民間ビジネスとして「コスト」と「社会的便益」をバランスさせている経緯がある。これを無償公開とするためには、多大な税金を投じるか、コストをかけない代わりに時刻表データが不正確な状態を許容するかなどデメリットもある。とはいえ、公共交通系の最も重要な情報である時刻表データについては、その利活用や、そのコスト負担について、現状の正しい理解とどのような状態が最適なのか、より具体的な議論が必要となる。

【運行情報API】

事故情報や遅延情報などを表示するためのAPI。公共交通各社のホームページに路線ごとの運行情報として表示される他、経路検索会社やデジタルサイネージなどにも配信され、運行情報を広く利用者に提供することに寄与している。鉄道や中・長距離バス、航空やフェリーに関しては利用者への影響が大きく、問い合わせ対応を簡素化するために運行情報の配信が広く行われているが、路線バスや、上記の輸送手段でも影響が軽微（遅れが小さい、1つの駅、1つの編成のみの事象など）と見なされた場合には、それらが配信されないケースが多い。

そもそも運行情報は不特定多数のユーザーに展開することを想定しており、特定のユーザーにとってのみ必要な情報については配信対象とされないケースがある。しかしながら、今後、よりスマートフォンの利用が進み、ユーザーの経路に沿って、また選択した路線や時間帯、移動の文脈に合わせて情報を表示する仕組みや、チャットボットのような問い合わせ対応システムが一般化すれば、より詳細な情報を配信する必要性が生まれてくる。運行情報はリアルタイムの情報だが、ユーザーとしては「自分が乗車するとき」、もしくは「自分が到着するとき」にどうなっているのかが気になるものだ。そうなると、予測データによって将来の状況を知らせる必要もある。

運行情報の予測については、複数の取り組みがされており、有望なものとしては多くの事故や遅延情報をビッグデータ分析し、傾向を見つけて予測アルゴリズムを開発するものである。例えば、事故対応をプロセス化して、それらにひも付くデータを収集し、相関を調べていくような取り組みだ。事故復旧に際して、降雨時と晴天時などの天候データや、対応要員の多い平日の日中と比較的少ない夜間、休日のデータなどを基に分析し、復旧時刻を予測する。また、遅延情報についても、不慣れな利用者の増える新入学・入社期間や夏休み期間、酔った人の多い忘年会シーズンなど、さまざまな背後要因から分析することが可能である。

この傾向は鉄道とバスでも異なるだろうが、等しく言えることは、原因と結果が明確になる部分については、現状を示すデータよりも予測情報のほうが利用者に有益な情報を提供できる可能性があるということだ。近年、機械学習やディープラーニングなど傾向を把握する技術の進展は目覚ましく、今後、交通分野においても、その技術応用による効果が期待される。

【経路検索API】

交通事業者が提供する時刻表データを用いて、その最短経路や最安経路を検索するためのAPI。日本国内では、ナビタイムジャパンやジョルダン、ヴァル研究所、駅探など複数社あり、サービス競争が行われている。時間、料金、乗り換え回数に加え、海外では環境負荷も考慮するものがあるなど、最適な経路の在り方についても進化している。公共交通の経路検索でいえば、以前は鉄道部分の検索だけだったが、現在ではバスやフェリー、航空ルートが追加され、ユーザーの利便性向上に寄与している。さらに長距離バスや鉄道指定席の予約サイトとの接続、前述の運行情報との連携、ホテル予約との連携など、多くのサービスが経路検索APIと接続している。

今後の経路検索の課題としては、検索対象のデータが交通事業者の提供する「計画されたデータ」であり、基本的にそれは遅延や変更があっても反映されない。そのため、経路検索サービスは参考にはなるが、ダイヤの乱れがあるといつ到着するのか、提示された経路が正確ではなくなる。一方で、運行情報や後述する位置情報などはAPIとして展開されるケースも多いため、今後はリアルタイムデータを加味した経路検索サービスの実装が期待される。

ただし、経路検索サービスの特性上、基本的にユーザーは少し先の情報を調べることから、単にリアルタイムデータを組み合わせるだけでは、本当のユーザーニーズを満たせない可能性が高い。そうなると、運行情報や遅れ情報を予測し、そのデータを基に最短経路や最安経路を提示する必要がある。予測データはある程度の誤差の幅を持っていることから、経路検索の画面UI（ユーザーインターフェース）や、提供方法もそれに合わせて検討していく必要がある。

その際の課題として、日本国内では「経路検索で表示されたものはすべて正しく、輸送障害時にはそれが適用されない」ということが当たり前とされている実態がある。輸送障害時にも使える経路検索サービスは、その開発コストを担保するだけのユーザーニーズ、社会的意義を検討する必要がある。このような取り組みは一事業者だけでは困難であるが、実現するデータや技術、状況は整いつつあるので、それらの取り組みが活性化することが期待される。

【車両位置情報取得API】

車両やモビリティの位置情報を提示するAPI。基本的に、位置情報は地図に描画することから緯度経度の座標系で指定される。測地系については世界測地系が一般的であるが、どの測地系に基づくものなのかは差異がないように考慮する必要がある。日本国内における地図では、国土地理院発行のものを基盤として各地図データ作成会社で事業用に情報を付加して販売される。

また、カーナビゲーションシステムでは、GPSの位置情報を地図上に適切に表現するために「マップマッチング」といって、向かっている方向や、道路のあるべき場所に位置情報を補正する機能が備わっている。そのことから、モビリティの位置情報がGPSの一次情報なのか、地図にマップマッチングされた結果から推測される位置情報なのか、また別の処理が含まれていないかなど確認する必要がある。さらに、位置情報は基本的に時間軸を持ち、「いつ、どこにいたか」という情報がキーとなることから、その時間がデータを取得した時間なのか、GPS電波を受信した時間なのか、データが配信された時間なのかについて確認が必要となる。

このように位置情報、特にリアルタイムかつ詳細な位置情報を複数のシステム系をまたいで統合することは、いくつかの検討課題があることが分かる。対策としては、MaaSの実現のためにモビリティベースの位置情報や地図情報の仕様をさまざまなプレーヤーを巻き込んで議論し、作り上げることとである。

【混雑情報API】

混雑情報APIは、鉄道やバス車両のセンサーを用いて乗車人数を測定ないし予測して、データとして提供する機能。車両ごとに重みセンサーや、入り口のステップの人感センサー、乗車時のカウント機能などにより、その車両に何人くらい乗車しているかを把握する。それらのデータは、運行管理など事業用に用いられるとともに、混雑の平準化や顧客サービス視点での情報提供にも使われる。また、混雑情報の推計については、NTTドコモが提供するモバイル空間統計情報など、スマホなどの位置情報からの類推や、その地域の人口動態や交通量調査から得られるデータ類を組み合わせて推計されるケースもある。

今後は、過去の混雑傾向、現在の混雑情報、未来の混雑予測情報が提供され、サービスや状況に合わせて各事業者が活用していくことが想定される。特に、それらの予測アルゴリズムのなかで、単独の交通機関での予測だけではなく、複数の連結する交通機関および他データを活用した予測システムを構築することで、その精度がより向上するだろう。後述する「MaaSコントローラー」の中のKPI（重要業績評価指標）には、公共交通の混雑緩和が組み込まれる可能性が高い。そのため、予測精度の向上は都市の輸送効率の向上に寄与するので、研究開発やシステム開発・実証実験が多く求められる分野である。

【予約情報取得API】

使いたいサービスが予約可能な状況かどうかを提供する機能。鉄道やバスの指定席、カーシェアの空き状況の情報などが、それに当たる。仮に指定席がすべて別の利用者によって占められている場合には、その交通手段は利用不可能な状態のため、ユーザーにとっては1つの指標となる。今後、複数の交通事業者が連携して利用者に円滑なサービスを提供するためには、この情報についても予測情報を持つこと、またそれらが事業者を超えて共有される必要がある。

予約情報の共有については、特にMaaSレベル4（Integration of societal goal／社会全体目標の統合）の実現に当たっては必要な要素であることから、そのスキームを検討する必要がある。利用実績データを蓄積し、その傾向を把握すると共に、それらの傾向に応じて料金や需給量を調整しながら、時間的に近づいた段階で混雑緩和や別の輸送手段との連携などを実現していくことなどが求められる。

3 MaaS時代の「予約・決済・個人認証系システム」

【予約・決済API】

予約・決済APIは、スマホから予約系、決済系システムに連携させる機能。予約決済までワンストップで行える場合もあるが、予約のみで決済は別システムのケースも多い。多くは電子決済で行われるが、一部クレジットカード認証、そのID連携となるケースもある。決済系についてはFinTech文脈でさまざまな発展がなされているが、MaaSにおいてもサブスクリプション（定額制）モデルやダイナミックプライシングが必要とされ、事前決済よりも通算決済ないしは定額制、ポストペイ（後払い）方式となる可能性もある。

現在、日本国内の改札や決済端末では、決済スピードが非常に重視される。それは、同じ駅に多くの利用者が同じ時間に集中したときに、その人流速度を担保するためだ。もちろん機能のサービスとしての処理速度もあるが、交通制御として考えると、改札機の処理速度は混雑緩和やスムーズな輸送業務のためには必要である。それが今後、ＭａａＳで求められる決済機能によっては、より簡便かつ安価な改札機能の出現や、ゲートレス化・スマホのチェックイン機能による新しい決済方法など、別の可能性も想定される。

トータルでコストを負担するスキームができた際に、改札や決済の簡便化によるコストメリットが、ＭａａＳを行うモチベーションになる可能性もある。決済ＡＰＩおよびＦｉｎＴｅｃｈの技術動向は今後より進展していくと想定され、決済システム単体で見るのではなく、インフラ側のコスト構造と合わせて最適なシステムへの組み替えを検討する必要がある。

【個人認証ＡＰＩ】

個人認証ＡＰＩについては、その利用者と他のデータをひも付ける際の機能であり、主にアカウント情報を相互に連携し、いわゆる個人ＩＤを連携するスキームとなる。スケジューラーや決済口座、予約サイト、ＳＮＳのＩＤと連携することで、ＭａａＳと親和性の高い分野でより利便性の高いサービス開発が可能となる。

ただし、個人情報保護法やGDPR（EU一般データ保護規則）に代表されるようなセキュリティーリスクが増大する可能性があることから、その方法や対応方法については留意する必要があろう。また、本来サービスの実装に不必要なデータを取得することは、利用者に気持ち悪さが残る。そのため、MaaSオペレーターが取得すべきデータや、そのデータ活用に対してのルール化、交通事業者やMaaSオペレーター、行政機関の関係についても海外のさまざまなレポートで検討されている。特に蓄積された個人のニーズに沿って、MaaSのパッケージサービスの構成、指定される経路、推奨するモビリティサービス、料金などをダイナミックに変えていくことが可能となる。

4 MaaS時代の「オンデマンド系システム」

【配車リクエスト】

スマホを活用したサービス一般に言われることであるが、MaaSにとっても利便性を向上させることがユーザーを獲得するうえで重要となる。その中心的なシステムである配車リクエストは、スマホの位置測位機能を活用して実装されるケースが多い。GPSで現在地を把握し、そのデータを配車システム側に送信することで、ユーザーの位置に合わせてタクシーや配車サービス事業者が配車する。マッチングの仕組みとしては、ユーザーの位置情報を取得し、その位置情報に対して地図のネットワークデータを基に経路を、そして近くの配車可能な車両を探索する。リクエストに対してドライバー側が許可するとマッチングが成立し、利用者のもとに向かうものだ。

日本国内ではスマホによる配車サービスが海外に比べてまだそれほど一般的ではないが、今後普及した際に課題となる点としては、海外と日本の道路状況や都市構造の違いが想定される。海外の場合には街路が整備され、道路や拠点、ランドマークが見通しやすく分かりやすいが、日本の場合には風景が建物やクルマなどと混在しやすく、ドライバーが目視で特定の利用者を探すことが困難となる。また、GPSも高層ビルの反射などによって精度が低下するケースや、道路間隔が狭いため、位置情報と道路のマッチングがうまくいかないケースもある。

以上はマッチングのケースであるが、日本ではそもそも歩行者道路が狭く、また駐停車するスペースが少ないケースが多く、駅前では渋滞解消のために乗り降りを一部エリアのみしか許可されないケースもある。配車リクエストサービスおよび配車サービス全般では、位置情報の共有の際の精度問題や、日本の都市構造の問題などにより、海外の道路での配車に比べて利便性を損ない、かつ効率性を悪化させる要素がある。それらを解消するためには、インフラ側に固有のIDとなるような案内板を出すこと、準天頂衛星や道路ネットワーク、歩行者道路のネットワークとスマホの加速度センサーによるマップマッチング、自律航法を応用して位置情報精度を向上させる、もしくはドライバーと利用者の端末同士の距離計測を実現させてマッチングするなど、いくつかの工夫が必要となる。

【MaaSコントローラー】

MaaSを実現する際、シミュレーションソフトの活用については、2段階で想定される。1つが中・長期的な都市計画の観点であり、2つ目がシミュレーターを用いたリアルタイムの都市コントロール機能である。17年のITS世界会議（カナダ・トロント）において、ドイツのPTV❷がMaaSモデラーを発表し話題となった。日本国内でも、PTVの製品は交通シミュレーターソフト

❷ PTVはフォルクスワーゲンの筆頭株主の持ち株会社であるポルシェSEの傘下にある、交通シミュレーションのリーディングカンパニー。MaaSの導入を検討する都市や自動車メーカー、交通事業者を支援するソフトウエアを開発している

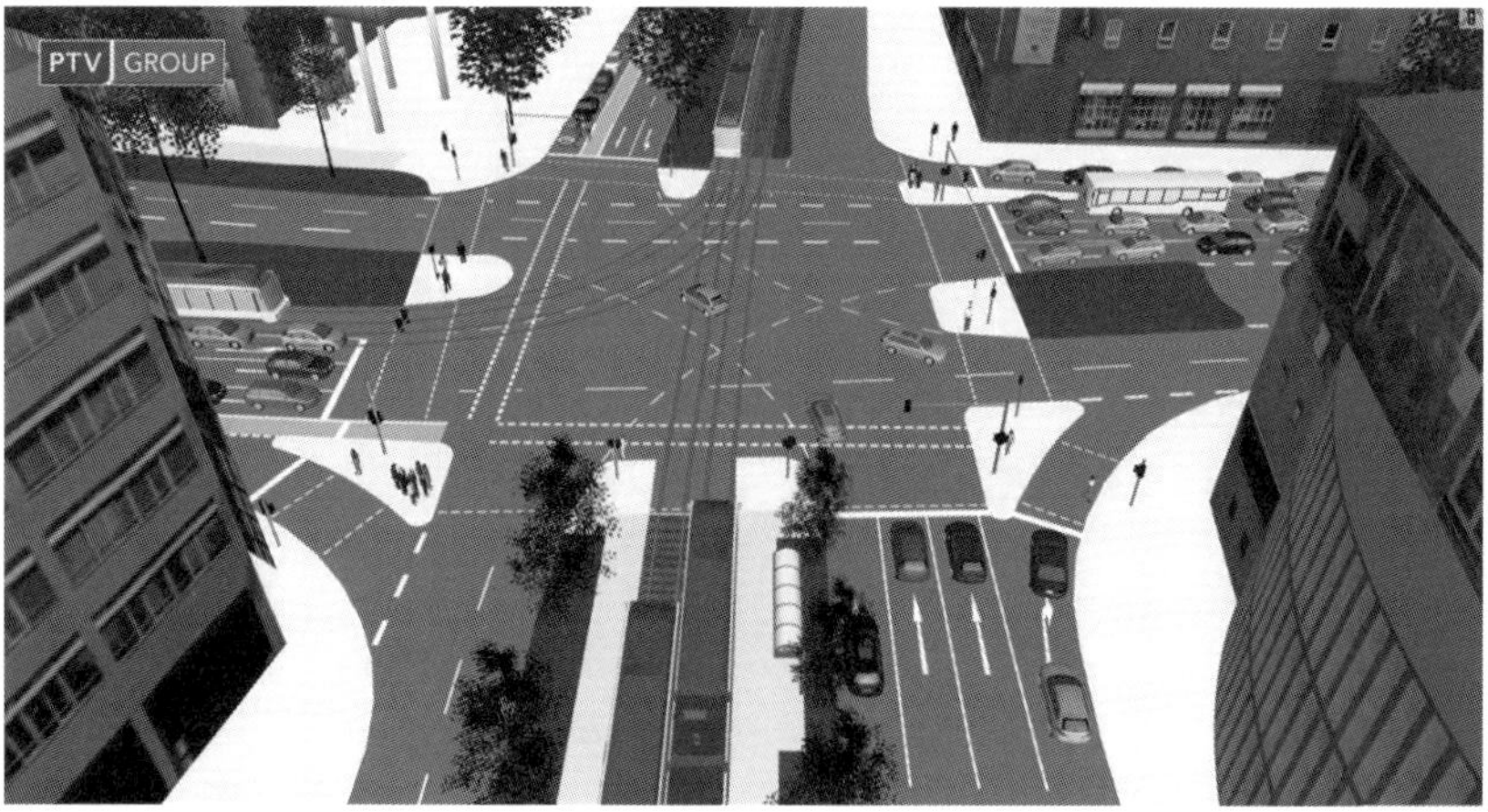

PTVのシミュレーション画面

ウエアとして道路需要予測、公共交通の需要予測に適したシステムとして既に利用されている。また、海外では、これらは都市としてのマクロな視点に加えて、ミクロな視点で人の動きなどのリアルタイム予測が可能なシミュレーターも出現している。そのなかでMaaSモデラーは、それらの機能を融合し、かつ配車サービスの相乗りや許容台数といったパラメーターを設定することによって、その都市での最適な交通分担のバランスや、特に配車サービスなどの柔軟性のある交通サービスの効果を発現するためのシミュレーションを実現している。

そして、今後出現するであろう、あらゆるモビリティをリアルタイムにコントロールして、都市を最適化する「MaaSコントローラー」がある。その機能としては、都市の移動モデルに対して現状のリアルタイムデータやコンテキストを入力として、その結果の人流や利用率、混雑率などを決定する。それらに対して所望の結果となるようなパラメーターの設定を行う。例として、渋滞が予想された場合に車両を分散させることや、列車混雑の際にインセンティブを提供して別ルートを案内し、混雑を平準化することがある。また、タクシー配車へのリクエストや、事前にそのエリアにいるドライバーにインセンティブを出すなどである。これらが実現されると、天災時や輸送障害が発生したときの混乱、混雑緩和が可能となり、さらにエネルギーや交通ビジネスの利益率向上も見込める。特に2020年の東京オリンピック・パラリンピックのような大規模イベントで目覚しい効果を発揮するだろう。

以上のようにMaaSとテクノロジーには密接な関係があり、特に日本国内の実装においては、海外よりも多くの技術課題が発生する。しかしながら、高度に発達した交通や都市でのMaaS実装は従来の個々の高いレベルの機能群をさらなる連携効果によりシナジーを生むことが可能となり、実現困難性を乗り越えた後の構築された技術やシステムは、世界のどの国よりも高機能となる可能性もある。それらを限界費用ゼロ、全体オペレーション最適化、エコシステム構築と組み合わせることが可能であれば、今後MaaSをきっかけとした都市パッケージやスマートシティ文脈でのグローバル展開を実現できる可能性もある。

Chapter

7

MaaSで実現する近未来のスマートシティ

この章で分かること

- ◉MaaSによって都市デザインはどう変わるか、変わるべきか
- ◉米国、シンガポールで進む先進都市構想の中身
- ◉住宅開発、街路空間、駐車場…MaaSが変える街の姿

1 MaaSは都市に何をもたらすか

都市においては渋滞や安全、環境などの交通問題に加えて、自動車およびその使われ方が都市デザインと大きく関わっている。特にマイカーは、2トン近い車両をほぼ1人で占有し、その1日の大半は駐車場で眠っている。また、地方都市の中心部においては、2～4割近くが駐車場スペースで占められ、貴重な都市空間が有効に活用されていない現実は、マイカーという利便性を得た代償としてあまりにも大きなものとなってしまった。1台のマイカーを維持していくためには、自宅の駐車場、勤務先の駐車場、買い物などの出先の駐車場を含め、約3倍のスペースを都市で確保しておく必要がある。

このようなさまざまな都市問題、交通問題の解決に向けて、電動化や自動運転が期待されている。しかし、クルマの電動化や自動運転が普及進展するだけでは、都市が抱えている問題は解決しない。左ページの写真を見れば、それは一目瞭然だ。カナダのバンクーバー市が市民に都市交通問題の理解を促すために、提供している象徴的な写真である。たとえ電動化や自動運転が普及し、人々の生活の利便性が向上したとしても、限られた道路空間を専有するスペースは変わらず、都市が抱える本質的な課題の解決には至らない。

電動化や自動運転だけでは都市の問題は解決しない
出典：バンクーバー市資料より

また、現状の乗車人員のまま車両の無人化が進展した場合でも、市街地の交通渋滞問題は解決しない。車両台数や密度そのものが変わらないか、利便性が高まり逆に増加する恐れもある。そこで、自動運転とシェアリングが融合したSAV（Shared Autonomous Vehicle）という乗り合い型の自動運転車両が期待されている。アルファベット傘下でグーグル本体から分社化して誕生した自動運転の開発企業Waymo（ウェイモ）は、SAVの普及を進めている会社であり、フォルクスワーゲン（VW）のシェアリング企業として登場したMOIA（モイア）は、SAVを想定した乗り合い専用車両をVWと開発している。

ただし、SAVだけでは都市問題は解決しない。街路1車線が1時間当たりで処理できる輸送需要は僅か500～1500人／時間程度であり、乗用車やミニバンのSAVが仮に普及したとしても1時間で2500～5000人／時間ほどの輸送力しか期待できないだろう。都市鉄道はその20倍の輸送力があり、BRT（バス高速輸送システム）やライトレール（次世代路面電車）などの中量輸送機関でも10倍以上の輸送力がある。このように社会課題を解決しつつ、オンデマンドで、しかもドア・ツー・ドアで、いつでもどこへでも移動できる社会を実現するうえでは、ダイムラーが提唱しているようなCASEだけでは残念ながら解決しない。

こうした都市問題の解決に、MaaSが重要な役割を担うと筆者らは考えている。MaaSは、第1章でも述べたように決して便利なアプリを開発することだけが目的ではない。自動運転やカーシェアリング、配車サービスなど個別かつ単一モードの新しいモビリティサービスの概念でもない。MaaSとは、「マイカーという魅力的な移動手段と同等か、それ以上に魅力的な交通サービスを提供し、持続可能な社会を構築していこうという全く新しい価値観やライフスタイルを創出していく概念」である。

MaaSの普及が、将来都市にどのような影響を与え得るかを図7－1に示した。MaaSが普及した社会においては、個人の好みに合ったマルチモーダルな移動手段や移動の組み合わせを提供する。MaaSを通して人々の意識や行動を変え、地球環境や安全に配慮した行動を促していく。移動に障がいがある人、免許返納を考えている人、日常の買い物に困っている人、2～3台目のマイカーの購入を考えている人、転居を考えている人、マイカーの所有よりもシェアに価値を求める人、100mの移動でさえクルマを使ってしまう人、さまざまな人たちの意識や行動に「賢い上手な移動」を促していく。また、安全に価値を求める人、環境に移動の価値を求める人、コストに価値を求める人など、現代の多種多様な価値観を持つ人たちの意識や行動にも変化をもたらすはずだ。

図7-1 MaaSがもたらす都市変革のイメージ

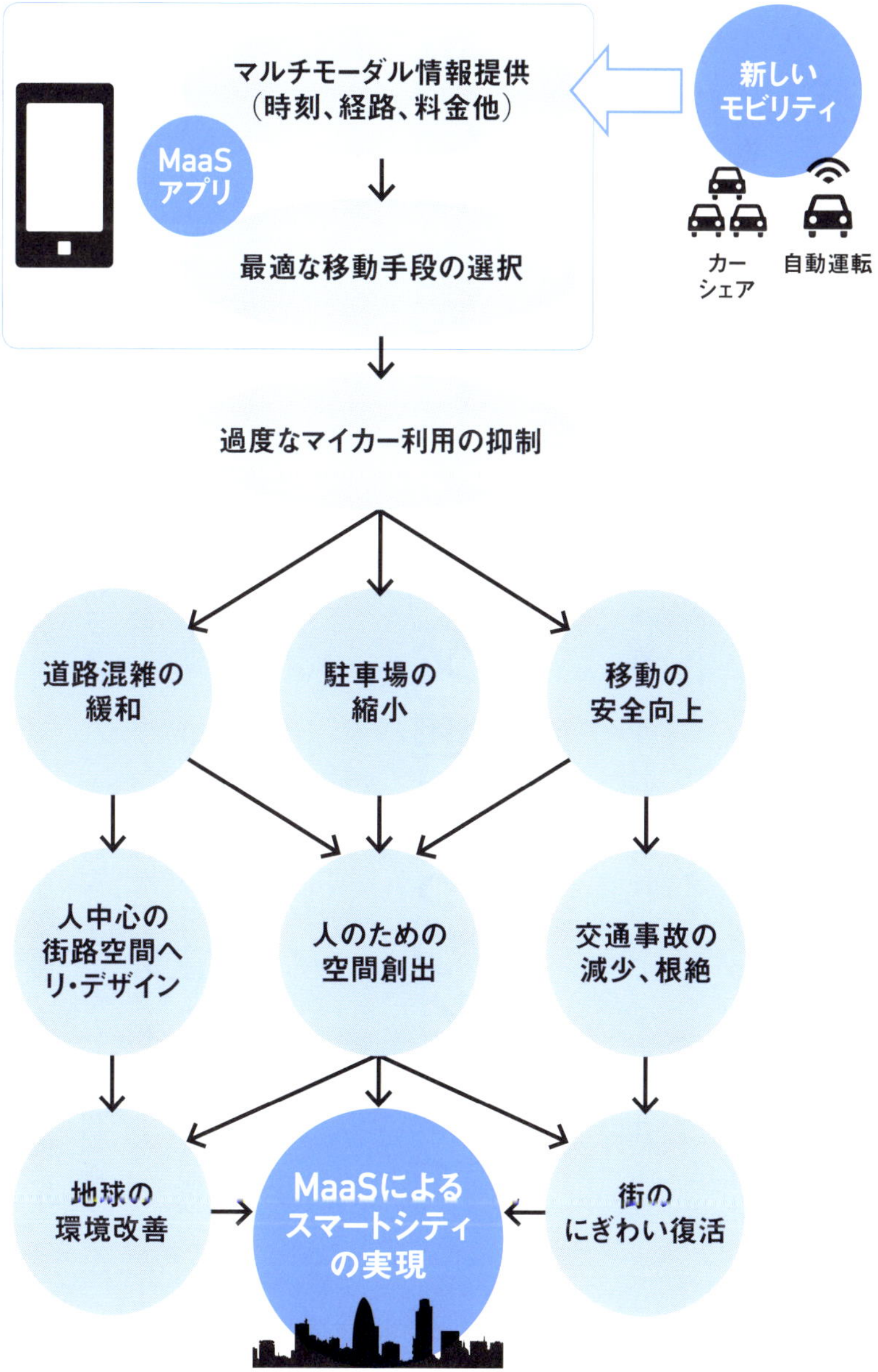

こうして移動の目的や移動する対象、移動する際の気象や地理的条件など、さまざまなＴＰＯに応じたモビリティが提供された社会が実現した際には、多様な選択肢が生まれる。過度なマイカー依存の社会から脱却すれば、クルマで埋め尽くされた空間は、人中心の街路空間、人中心の街に生まれ変わっていくと筆者らは考えている。地球環境は保全され、事故のない安心した移動が保証された、まさにスマートシティが現実のものとなる社会が到来するのではないだろうか。

具体的に、ＭａａＳが進展した社会においては、都市にどのような影響を及ぼし得るか、次節以降で見ていくことにする。

2 米国で先行する「交通まちづくり」

北米では生活の質の改善、通勤の利便性、都市の持続可能性の向上を目指して、ＩＣＴ（情報通信技術）などを活用する都市をスマートシティと位置付けている。コネクテッド、自動運転、シェア＆サービス、電動化、都市ＩｏＴ、ＭａａＳなどの最先端のテクノロジーを都市に結集する取り組みである。

２０１５年12月に米交通省（ＤＯＴ）が行った「スマートシティ・チャレンジ」という都市間

コンペに優勝したオハイオ州コロンバス市（人口約80万人）は、今後、積極的にMaaSを取り入れていく都市として全米で注目されている。2020年までに乳児死亡率を40％低下させ、健康の格差を半減させることを目標に、「交通システムを改善することによる低所得者向け医療・福祉サービスの充実」と、「経済的な格差の改善」を目標に掲げている。これらの実現のために、医療と交通を統合したMaaSや、基幹バス（BRT）とラストワンマイルを担う自動運転バスを組み合わせた新しい交通サービスなどが提案されている。（図7-2）

具体的には、低所得者向け医療・福祉サービスを充実するための政策として、地域の交通情報を統合したセンターを設置し、妊婦の診察日の変更などに対応できるよう病院の予約サービスと交通サービスを一元化する。住民や来訪者に対して、移動手段の計画、予約から支払いまでを一括で行うMaaSを導入する。障害者用のアプリも用意する。

また、経済的な格差を改善する方策として、住宅地と商業施設、従業地を結ぶ基幹的な交通システムであるBRTを導入し、端末交通を自動運転のEVで結ぶ、幹線と支線が一体となった交通サービスが提案されている。これらの地域をスマートコリドーと位置付け、スマートな信号、人感センサーなどを用いたスマートな街灯、来訪者への情報提供や支払いができる路側情報端末、無料Wi-Fiスポットなどを整備する。移動困難な人たちに対して安全安心に外出できる環境を、最先端の交通サービスで実現する提案である。

一方、世界経済フォーラムと米国ボストン市は、近い将来到来するモビリティ社会を想定し、既存の交通サービスと新たな交通サービスを統合。市が一元的に経営する新たなプラットフォームを検討している。ボストン市が策定した将来の交通ビジョンである「Ｇｏ Ｂｏｓｔｏｎ ２０３０」では、２０３０年までに1人乗りのマイカー利用を半減とする目標を掲げており、そのため、あらゆる交通手段のアクセス向上、安全性改善（速達性よりも安全を重視）、信頼性の確保などを柱とした行動目標を明示している。（図7－3）

Ｇｏ Ｂｏｓｔｏｎのビジョンを実現していくため、既存のプレーヤーと新たなプレーヤーが同じ土俵で協議調整し、都市として望ましい融合の形が模索されている。ボストン市が検討している「交通システムプラットフォーム」は、まさにＭａａＳであり、行政主導で都市圏全体のモビリティを連携調整していく意義は大きい。来たるべき自動運転社会を見据え、多くの市民や利害関係者が将来ビジョンの目標実現にまい進している姿は、日本の地方都市でも大いに参考になる取り組みである。

スマートシティに向けた取り組みは米国だけではない。シンガポールでも自動運転などの新たなモビリティとＭａａＳを融合したスマートシティ開発の動きが活発である。シンガポール政府関係者の話では、現在7カ所が計画中であり、22年までには2カ所が開発される。スマートシティ内は基幹的な自動運転バス、支線はオンデマンド型の交通サービスを組み合わせ、それらを既存の交通システムと統合したＭａａＳで、人々の移動を支援する計画だ。

シンガポールでは、政府主導で大規模な都市開発と新たなモビリティのデザインを一体で進めている点に特徴がある。そのため産官学が連携した組織を形成し、15年1月に小規模な地区から自動運転による実証を始め、毎年エリアやサービスを拡充し、利用者ニーズや交通事業者や関係機関の

図7-2 コロンバス市のスマートシティ計画

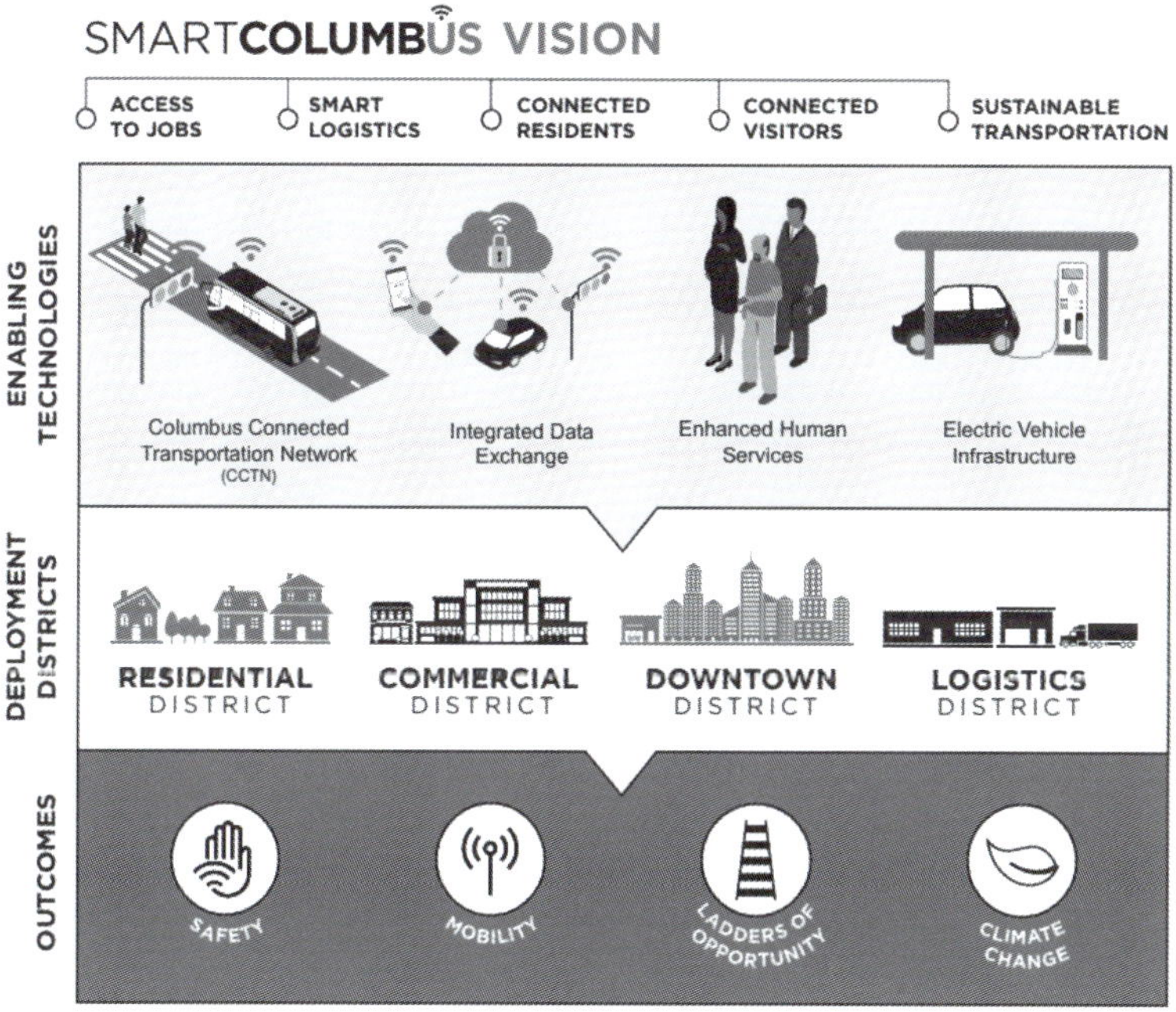

米国オハイオ州のコロンバス市では、まちづくりと交通計画が一体となったスマートシティ化が進められている
出典：米国DOTスマートシティ・チャレンジ

図7-3 ボストン市が描くMaaS像

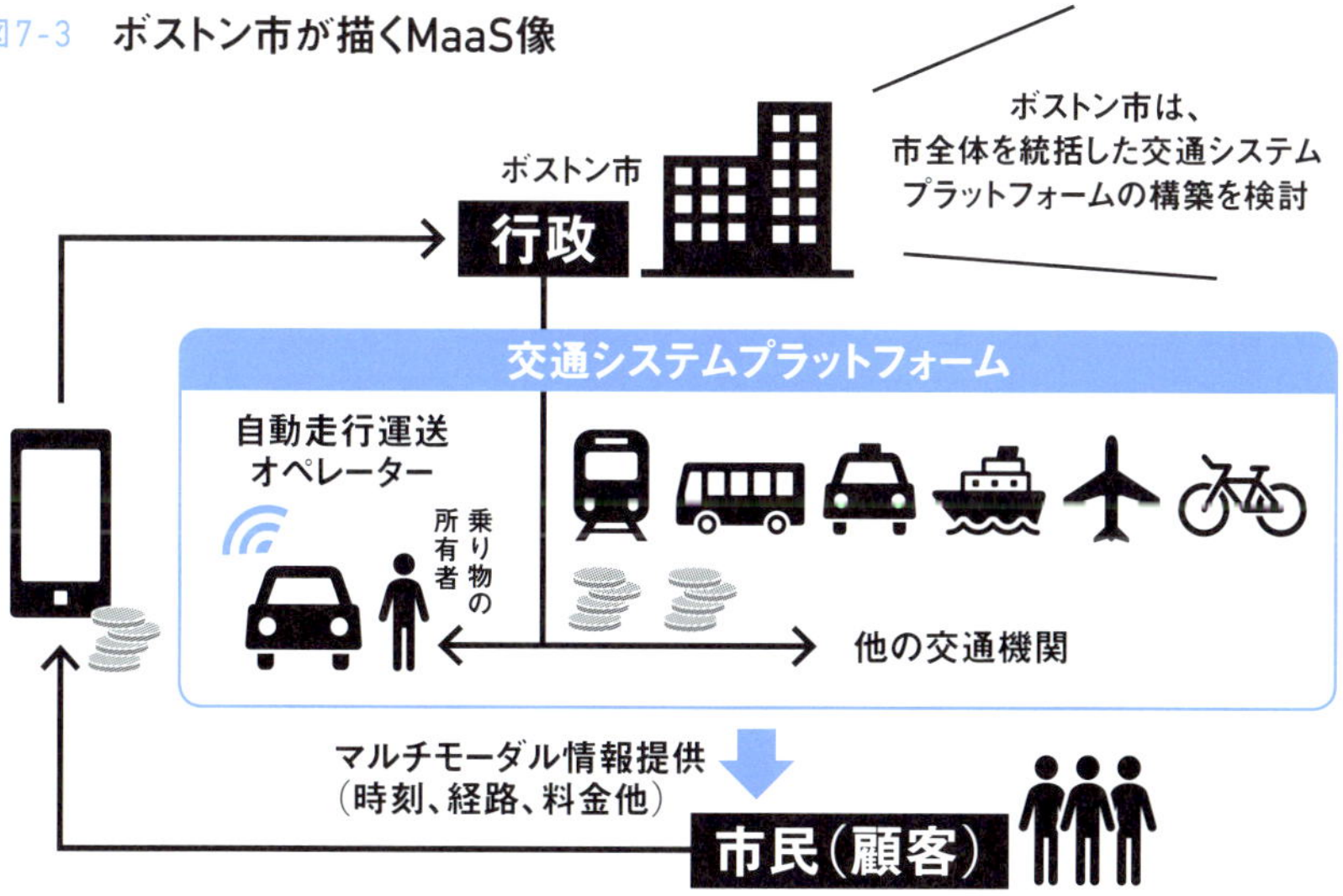

出典：シュワブ（2018）：第四次産業革命Society 5.0 で世界の未来を共創する、未来投資会議（第15回）、2018年4月12日

経験を積み重ねながら、大胆かつスピーディな政策を進めていることは注目に値する。

ＭａａＳを担当するシンガポール政府高官からは、「都市の価値を創造し高めていくことが政府の役割であり、そのためには自動運転やＭａａＳを最初から取り入れた都市開発が大切である。さらには安全、交通の最適化も重要視している」との話であった。また、車両の技術だけではなく、実証を通した社会受容性を確認し、法制度を整えて進化させていく、「技術」→「社会受容性」→「法制度」の3つの循環の重要性を語っていた。スマートシティへのロードマップが明確であったのが印象的であった。

既にシンガポールでは、豊田通商が出資しているｍｏｂｉｌｉｔｙＸ（モビリティ・エックス）がＭａａＳアプリを展開しており、19年早々には、フィンランドのＭａａＳグローバルがサービス開始を予定している。アジアの〝ＭａａＳショーケース〟としても大きな影響を与えていくだろう。

日本においても移動が困難な高齢者を対象に地域医療と一体となったモビリティを取り入れたプロジェクトが文部科学省のＣＯＩ（センター・オブ・イノベーション）として、名古屋大学主導で進められている。愛知県豊田市の足助地区という過疎地域ではあるものの、ゆっくりとした自動運転や共助による送迎サービスの仕組みを新たに開発し、地域一帯でＭａａＳを導入していく取り組み（モビリティ・ブレンドと呼ぶ）は、まさにスマートシティそのものである。また、都市部においても十分な展開が可能なプラットフォームとして設計されている点も見逃せない。

このように、自動運転やＭａａＳなどを最終目標とせず、あくまで「手段」と捉え、まちづくりと交通や、医療と交通が一体となった新しいモビリティサービスとして、ＭａａＳがその触媒となり、人々の価値観や都市の価値が高まっていく。都市計画と交通計画一体で進め、街と地域住民や企業が共に進化していくスマートシティが、MaaSの普及、進化により、世界中で次々と生まれていくだろう。

3 街路空間、駐車場…都市のリ・デザイン

【MaaS＆住宅開発】

マイカーを保有することで生じるコストは、現実には高額である。小型車でも月に5万円程度の費用がかかり、都市部においては駐車コストがかさみ、さらなる家計の負担となっている。

これに対して、月額同程度か、それよりもリーズナブルに公共交通やタクシー、レンタカーなどが乗り放題のサービスが登場したらどうだろうか。もちろん、マイカーを保持し続ける人も多くいるだろうが、新しい選択肢としてMaaSに加入する人もいるだろう。新しく住まいを購入する人、住み替えをする人は、最初から自分のライフスタイルに合致したMaaS付きの住宅を選択するかもしれない。学生向け、家族向け、単身向けなど、さまざまなメニューのMaaSの登場が期待される。

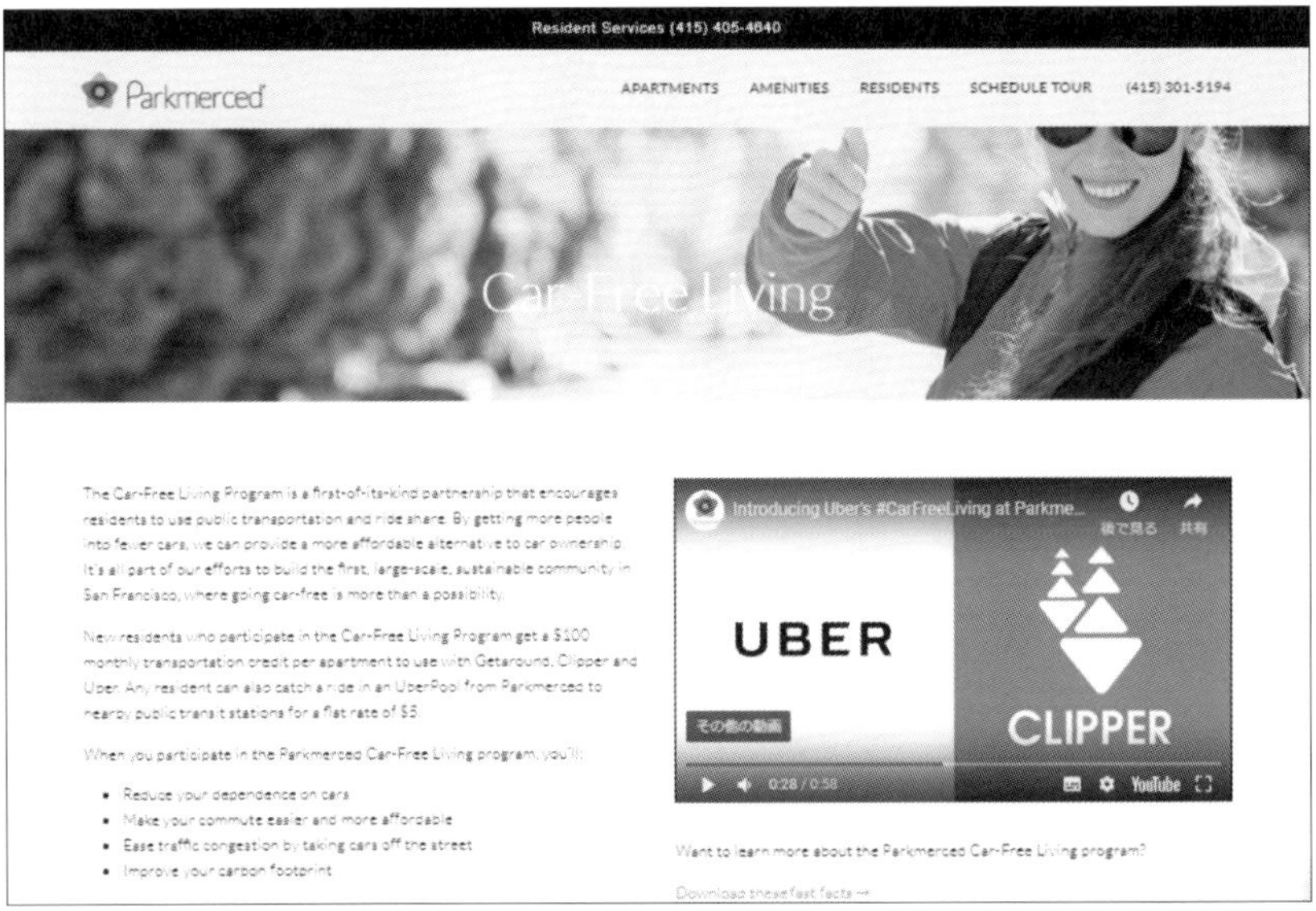

Parkmercedのホームページ

例えば、自転車シェアリング付き住宅、カーシェア付き住宅、駅駐輪場や駐車場利用を含むモビリティパッケージ付き住宅、最寄り駅までのタクシー利用権付き住宅など、新しい住宅地の魅力向上のサービスとして、MaaSは今後注目されていくことだろう。これはすなわち、住宅のデザインを変え、ニュータウンなどの駐車場の在り方を変えていく契機になり得る。地方都市だけではなく、大都市の郊外部においてもマイカーの複数保有が進展しており、2台目の選択に影響を与えるかもしれない。

既に米国サンフランシスコの不動産会社Parkmerced（パークマースト）では、「Car-Free Living プログラム」というマイカー不要のライフスタイルをウーバーテクノロジーズと連携し、提案している。月100ドル（1万1200円、1ドル＝112円換算）分のICカードが住民に提供され、公共交通やウーバーの配車サービスが利用でき、最寄り駅まで5ドル（560円）でオンデマンドの相乗りサービス「Uber Pool（ウーバー プール）」が利用できる特典付きの住宅だ。また、ワシントンDCの不動産会社Valor Development（バラー・デベロップメント）も、配車サービス用の待ち空間を備えたラウンジ付き、マイカー不要なオーガニックアーバンライフをうたった新しい賃貸マンションを展開している。まさに所有に魅力を感じないミレニアル世代に訴求した新たなビジネスが芽吹いている。

こうしてMaaSと住宅が融合していくことで、戸建てや集合住宅の駐車場スペースが縮小され、その分、居住面積を拡充した住宅開発やパブリックスペースを拡充したまちづくりが既に始まっている。

【MaaS&駐車場】

都心部のビジネス街では多くの企業が駐車場を借り、外回りに使う車両を抱えている。鉄道とカーシェアリングを組み合わせたサービス、カーシェアリングやタクシー利用し放題の「企業向けMaaS」が登場したらどうだろうか。ビジネス街を埋め尽くしているタワー型の駐車場や平場の駐車場は将来、役割が大きく変わって規模が縮小し、カーシェアリングや配車サービスの待機スペースに変貌していくかもしれない。

米国やオーストラリアでは既に、モビリティ革命がオフィスビルのデザインや付帯の駐車場に影響を与え始めている。米国オハイオ州シンシナティにGender（ジェンダー）が設計したオフィスビルは、将来のカーシェアリングや配車サービスの普及を想定し、駐車場スペースの縮小を最初から前提とし、ビル設計がなされている。駐車場は後からオフィススペースに転換できるようフロアが設計されているのだ。また、前出のウェイモの実証都市としても有名なアリゾナ州チャンドラー市では、自動運転車の投入を見込んで、市の都市計画当局が定めている駐車スペースの基準を40%削減し、配車サービス用の乗降スペースを設置する方向で法制度の見直しの検討が始まっている。さらには、オーストラリアのメルボルンにおいては、従来からダウンタウンの公共駐車場は路外駐車場として計画的に整備をしてきた。今後は配車サービスや自動運転の進展を踏まえて、路外駐車場は整備せず、路上駐車場を2800カ所整備する方向に大きく方針転換している。❶

ＭａａＳと自動運転が融合した社会においては、これまで中心部に整備された駐車場は別の空間に生まれ変わる。地価の高い中心部に駐車スペースを用意しておく必要がなくなる。地区全体がオートバレーパーキングという都市も出てくるかもしれない。ホテルや百貨店で実施されているバレーパーキングは、これまでは店舗の玄関で車両を預けるものであった。

また、店舗には大規模な駐車場を用意する必要があった。近未来においては、レストランの予約と配車および駐車（バレーパーキング）の予約が同時に行われ、店舗の玄関で車両を乗り捨て、車両は自動で近くのフリンジ部の駐車場に駐車され、スマホで所定の乗降場まで呼び出すようなサービスも始まるかもしれない。都市を3次元で復元するデジタルシティのトップランナーであるフランス企業のダッソーシステムズは、既にレンヌ市を対象に、前記のシチュエーションでのＶＲ（バーチャルリアリティ）によるシミュレーションを行っている。故に全く非現実的な話ではないのだ。

❶ Malcolm Sutton (2018) : Parking and pedestrian sensors installed as Adelaide's Smart City campaign drives forward, ABC Radio Adelaide

【MaaS＆街路空間】

ＭａａＳが普及することで、自動車中心の街路空間は将来、多様なモビリティが行き交う人間中心の街路にリ・デザインされていくだろう。

例えば、ＮＡＣＴＯ（全米都市交通担当官協会）では、今後のあるべき街路空間の青写真を描いている。提案されたブループリントでは、画一的な街路構造から、将来のモビリティ革命を踏まえた柔軟な街路空間への転換が提言されており、興味深い。従来1万人ほどしか利用できなかった街路空間を数万人が利用できる空間にリ・デザインし、街路空間の価値を高めていくという発想である。目抜き通りの中心は、自動運転の中量輸送サービスの空間とし、その隣には、さまざまな新しい交通サービスの走行空間や乗降空間が配置されている。自動運転によって車両の幅員が縮小でき、その分、歩行者や自転車の空間を拡充するという大胆な提案だ。（図7－4）

翻って日本の大都市では環状道路のネットワークが完了しつつあり、人口減少時代においては、街中の自動車交通量は減少し、街路空間の役割が変化している。既に全国各地の中心部では、街路空間を再編すべき時代を迎えている。

例えば、従来は自動車交通のための空間として整備された街路の片側1車線を、基幹的な公共交通機関や将来導入されるであろう自動運転車の走行空間に位置付けていくことが考えられよう。ロンドンでは、2000年以降だけで市内の約290㎞がバス専用レーンとして再配分され、パリの環状方向の多くの街路もバス専用レーンとして運用されている（逆行バスレーンなどもあり、また、

図7-4　MaaSと街路空間のリ・デザイン

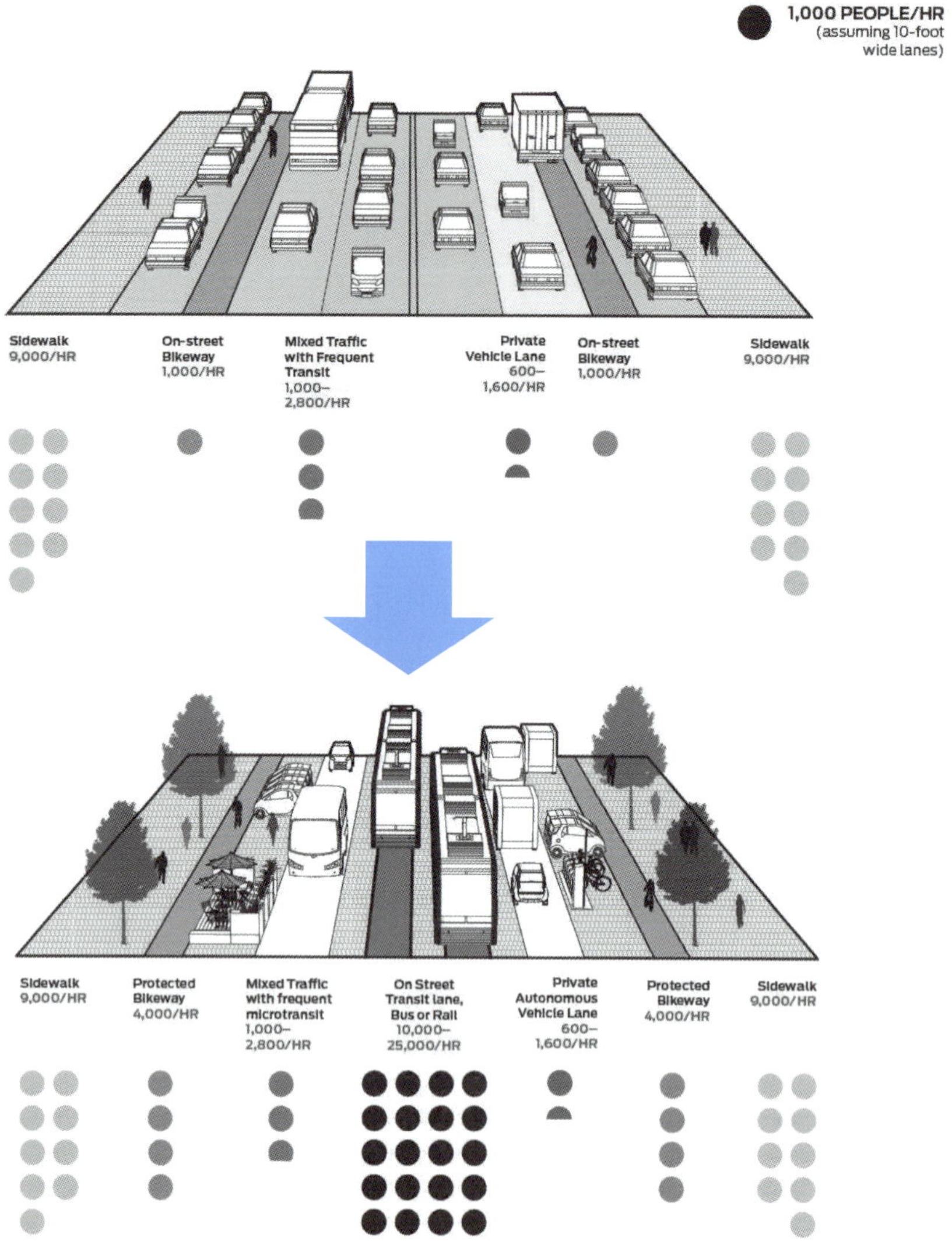

ガイドラインではクルマだけの空間からさまざまなモビリティの空間への再編を提唱

出典：NACTO（2018）: BLUEPRINT FOR AUTONOMOUS URBANISM

パリではバス専用レーン内は自転車も走行可として運用している）。ニューヨークでは、市内の15路線、約160㎞をバス専用レーンに再配分する事業が進められている。

これらの都市は決して街路の幅員が広いという地域ではなく、旧市街地の狭い路線に特定の車両が占有できる空間を確保している。長年、市民や沿道との粘り強い合意形成を経て、人間中心の空間を創出しており、近い将来、自動運転などの特定車両が走行する空間として機能するのではないかと筆者らは考えている。

面的に街路空間のリ・デザインを進めている都市の一つが、パリである。市街地の環状方向の移動需要に対応していくため、街路空間を再配分する公共交通指向型のネットワーク形成が進められており、街路の車線を削減し、新たにトラムやBRTの空間に再配分した環状方向へのインフラ投資が積極的になされている。整備前は、1時間に1万人程度の輸送であった空間は、今や数万人が行き交う空間となり、終日多くの人々でにぎわっている。

トラムの停留所付近には自転車シェアや電動バイクシェアリングが計画的に配置され、支線の小型バスとの乗り継ぎにも配慮された街路構成となっており、ラストワンマイルへも対応したモビリティ・デザインとなっている。また、パリは都市圏全体でゾーン運賃制を採用していることから、異なる交通手段に乗り継いでもゾーン内は一律の運賃であり、このような街路空間のリ・デザインと、運賃政策を含むソフト政策が融合した取り組みが街の活力の源流となっている。

MaaSの普及は、路肩にも大きな影響を与える。路肩は歩道と車道の間の空間であり、これまではバスの停車空間、荷捌きの空間などとして運用されてきた。都市によっては自転車道として利用し始めたところも多くある。

近年は世界的な配車サービスの急拡大により、配車サービスの乗降スペースとしても、路肩の価値が非常に高まっている。また、乗り捨て型カーシェアリングのスペースとして活用されている都市も多い。前述のNACTOのブループリントでは、路肩の使い方が時間帯ごとに変化するダイナミックな運用を提案しており、興味深い。朝はバスの停車空間、日中はオープンカフェ、夕方は小型バスや配車サービス用デポ、夜間は荷捌きなど、移動ニーズに応じて柔軟に路肩を運用する提案である。さまざまなモビリティが行き交い、それらをつなぐMaaSによって、やがてこのような柔軟な運用が現実のものとなるかもしれない。

【MaaS＆交通の結節点】

MaaSによってチケットレス、キャッシュレス化が進み、移動の乗り継ぎや配車の時間が改善され、乗り継ぎに関する料金抵抗、時間抵抗がなくなった社会は、物理的な抵抗が大きな課題となるだろう。

米国では将来の自動運転社会を想定し、「モビリティハブ」という概念が提唱されている。自動運転バス、配車サービス、カーシェアリングなどのさまざまなモビリティが行き交う世界においては、多種多様なモビリティが交錯する場所、その要所をモビリティハブとして戦略的に整備していく考えである。

基幹的な公共交通機関同士が交わる主要な交差点は、自宅までの最後のラストワンマイルの移動を支援する乗り継ぎ拠点としている。具体的には、交差点近くにはバス停留所に加え、カーシェア

ラッチ(改札)の無い乗り継ぎ拠点のデザイン(ドイツ・ハノーバー)。左が幹線のトラム、右が支線のバス

や配車サービスなどの待機スペースを配置。信号のない環状交差点(ラウンドアバウト)によるシェアドスペースが設けられる。たとえ無人の移動サービスが普及し、移動コストが低減したとしても、地点間の移動時間は短縮されない。都市部では移動時間の1~2割は信号停止時間であり、バスに至ってはさらにバス停の停車時間がそれに加わる。コネクテッドでつながるモビリティ社会においては、信号のない小型のラウンドアバウトなどのモビリティ・デザインが重要となる。

また、チケットレス、キャッシュレスの社会では、路面公共交通のラッチ(改札)がなくなる。欧米のようにラッチがない構造となり、鉄道の駅自体の構造が大きく変わる。改札が1カ所に集中している駅では、上りのホームから下りのホームに移動を余儀なくされる場合が一般的である。上りの（下りの）ホームから水平移動のみで直接外に出られるような簡易な駅が生まれる。幹線から支線への乗り継ぎに関してもプラットフォーム間での移動が可能となり、数歩歩けば乗り継げるような拠点が導入できる。そうなると、ベビーカー、車椅子、障がいのある人や高齢者など、誰もが安心して移動できるユニバーサルデザインの交通環境が生まれる。

さらに、ＭａａＳによって駅から乗り継ぐタクシーの予約や決済がスマホ上で済んでいる世界では、タクシーで埋め尽くされた駅前広場や空港が、別の空間に生まれ変わっていくかもしれない。ブラジルのリオデジャネイロの国内空港では、中心市街地と空港を結ぶライトレールが空港出口直近まで乗り入れ、また出口側方向には、配車サービスの専用ラウンジ（ウーバーラウンジ）があり、シームレスな乗り継ぎができるよう工夫されている。

また、オランダではＭａａＳ時代を先行し、駅の大改造が進められている。ロッテルダム中央駅の表玄関は巨大な広場空間として、地下に５０００台収容の駐輪場を整備した人間中心の駅前広場が完成している。アムステルダム中央駅も、表玄関は歩行者とトラム中心の空間に再編する計画が進められている。

日本においても、品川駅をはじめとして、今後大規模な駅改造が始まっていく。国土交通省では、18年9月、「品川駅での次世代ターミナル構想（次世代ターミナルの実現に向けて「中間とりまとめ」）を発表した❷。最先端のモビリティ乗降場を集約した次世代モビリティターミナルを道路上部に配置、利用者動線の交差部には連携の拠点となるセンターコアを設け、さらには周辺開発計画と連携し、次世代モビリティが乗り換えできる複合ターミナルを配置するという大胆な構想だ。

❷ 国土交通省関東地方整備局（２０１８）：次世代型交通ターミナルの実現に向けて～ 国道15号・品川駅西口駅前広場事業計画「中間とりまとめ」～、18年９月14日

ＭａａＳ時代では、先に述べたように物理的な乗り換え拠点のデザインが非常に重要となる。今後、日本各地で大規模な結節点や駅前広場の大改造が目白押しであり、ハードのデザインとＭａａＳを融合した、モビリティ発の都市デザイン革命に大いに期待したい。

Chapter

8

産業別MaaS攻略のアクションプラン

この章で分かること

◉自動車産業の課題とMaaS時代のビジネスの在り方

◉鉄道、バス、タクシーがMaaSで担うべき役割と戦略

◉MaaSと他産業の融合で生まれる新ビジネスのアイデア

1 自動車業界、公共交通はどう生きるべきか

自動車メーカー&部品メーカー

1 MaaSとの関わり

自動車メーカーや部品メーカーといった自動車関連の製造業は、MaaSによってこれまで以上にモビリティサービスとの関係が近づくことになる。そのため、サービス側のニーズからの車両の開発・設計・製造が必要になってくる。これは、多くの自動車メーカーは経験が少ない。そういった多品種少量のニーズに応えるためには、車体をプラットフォーム化したうえで、システム上で外部のサービスと連携することが重要になる。トヨタ自動車でいうと、第4章で詳述したMSPF(モビリティサービス・プラットフォーム)を構成するAGL❶(Automotive Grade Linux)やSDL❷(Smart Device Link)がそれに当たる。クラウド上でのデータ分析などは、アマゾンの「AWS(ア

❶ Linuxベースで自動車の車載アプリケーションを開発できるオープンなソフトウエアプラットフォームを構築する共通化プロジェクト

マゾン ウェブ サービス）」や、マイクロソフトの「Microsoft Azure（マイクロソフト アジュール）」が該当する。こういったサービス化を前提とした車両開発と、MSPFなどのサービスとつながるゲートウエイの提供が必要になる。

2 既存の課題

自動車メーカーにとっては、先進国のみならず、新興国市場でもクルマの所有から利用への変化が一足飛びに起きつつあるのは大きな課題だ。これから新車販売が見込める市場においても、これまでの成熟してきたビジネスモデルを変革し、自動車製造から新車販売、メンテナンス、中古車販売、保険までの自動車産業のエコシステムをMaaSを取り入れた形で書き換えなければならない。

一方、B2Bの世界でもビジネスの根幹が揺らぎつつある。タクシーやバスなど、従来の自動車を使用した交通サービスは、既存の法律で定められた旅客と物流事業に向けて車両を自動車メーカーが製造し、車両を購入した事業者が独自に車体架装や内装の改造、機器の取り付けなどを行い、事業運営をしてきた。しかし、世界ではライドヘイリングなど、従来の日本の法律で定められていない新しい交通サービスが登場し、タクシーのように専用車を使用していたビジネスが一般の乗用車とスマートフォンで代替されるようになった。これらのサービス分野の経験は、これまでの自動車の製造分野にはない。

そして、人材の確保が一番の課題になる。クルマの「走る・曲がる・止まる」という基本機能を研究・開発し、製造してきた産業なので、これから必要となり拡大するAI、マーケティング、サ

❷ 車載用のナビやアプリケーションなどの情報システムをスマートフォンのアプリケーションと接続する共通化したオープンソースのソフトウエア

ービス開発、アライアンス、投資、ＦｉｎＴｅｃｈ分野などの人材が不足している。クルマがコモディティ化しないためにも、これらの人材の確保と、サービス提供に足りないピースを埋める企業とのアライアンスが課題だ。

また、クルマの電動化が進むことにより、内燃機関と違って市場への参入がしやすくなり、グーグル親会社のアルファベットや百度（バイドゥ）といった新たなプレーヤーとの競争も生まれている。中国では２０１９年以降、環境問題の解決に向けてＮＥＶ（新エネルギー自動車）規制❸が導入され、ＥＶ市場が一定の割合で生まれる。16年で約２８０３万台の新車市場がある中国の変化は、製造分野だけでなく、サービス分野にも大きな影響を与え、ここにも注視しなければならない。

❸ＮＥＶ規制は、中国で車両の販売台数に応じて一定台数のＥＶなどを販売することを義務付けるもの

3 ＭａａＳによる可能性

自動車メーカーが人流・物流・サービスのオンデマンド化を実現するＭａａＳのニーズに合ったそれぞれの車両を開発し、なるべく早い段階で自動運転を実用化する。そうすることで、ドライバーがいない新しい交通サービスを提供でき、人手不足の問題に貢献しながら輸送に占める人件費の削減につなげられる。また、自動運転でこれまでの「移動＝運転時間」から「移動＝サービス提供時間」へと変化することにより、車内でのコンテンツの購入やマーケットプレイス上での商品の購入なども期待でき、商業施設などに送客することでも広告収入を得られるだろう。異業種とのアライアンスによる移動からサービスへの変化が最も大きな可能性だ。

そして、自動運転とＭａａＳによって1台当たりの稼働率の大幅な増加が予測できる。そうなる

と、OTA（Over The Air）による車載システムのバージョンアップや、自動車部品の消耗状況の把握、部品のIoT化によって保守などの中間整備も増える。安全・安心の面からADAS❹（Advanced Driver Assistance Systems）や、自動運転などの機能部分の定期的な保守や交換も増えることが期待できる。もちろん、車内の内装なども同様だ。

例えば、コマツの建設機械の情報を遠隔で確認するためのシステム「KOMTRAX（コムトラックス）」のように稼動状況などを把握することで、車両の生産計画などをより高い精度で立てられるようになるかもしれない。

❹ 先進運転支援システムのこと。ドライバーの安心・安全な運転サポートをすることを目的にセンサーやカメラを使用した車載システムのこと

4 MaaS時代のアクションプラン

まずは、アライアンスやパイロットプログラムによるリアルな検証が必要だ。鉄道や航空、フェリーなど、他の交通サービスとの連携や、目的地である商業施設、医療機関などとの連携、移動時間をサービス提供時間に変えるコンテンツやマーケットプレイス、広告などとの連携、輸送サービスのダイナミックプライシングの導入、モビリティサービスの在り方……。これらを、政府が進めているサンドボックス制度などを活用して実証してみるしかない。

まだ、世界中でひと通りのサービスが提供されているわけではない。MaaSプラットフォームを構築し、実証を行うことが、今一番求められている。その実証を踏まえ、サービス側からのニーズを集めた自動車の開発を行い、自動車とサービスが一体となったプラットフォームが構築できる。これの早期実現が自動車業界にとって、今後のビジネスモデルの方向性を示してくれるはずだ。

サービス提供者がどのように使用し、ユーザーがどのように利用するのか。それを把握するところから始まる。ＭａａＳに使用される車両に求められるニーズの把握やサービスを提供できるコネクテッドの環境整備も必要になる。例としては、先述したトヨタのＭＳＰＦ、およびＭＳＰＦを構成する自動車の車載システムを統合するミドルウエア（ＡＧＬ）や、その上にサービスとの連携を容易にするＳＤＬの導入だ。また、18年1月のＣＥＳ２０１８でデンソーが展示した、ＭａａＳ向けの車両を遠隔での監視と制御を可能にする「モビリティＩｏＴコア」と呼ばれる部品の開発や、モビリティサービス専用車両が都市でどのように利用されているのかを把握する管制システムのようなプラットフォームの開発などが必要になってくる。

これらが実現すると、これまでにない膨大なデータが収集される。都市のリアルタイムな交通状況はもちろん、人の移動の需要予測や、物流の需要予測、サービス需要予測などが行えるようになる。ＭａａＳ時代においては、自動車メーカーやサプライヤーについても、モビリティから都市交通やまちづくりなどに深く関与し、都市の在り方から考える姿勢が求められる。

トヨタと西日本鉄道が福岡で始めた「ｍｙ ｒｏｕｔｅ（マイルート）」のように自動車メーカーと交通事業者が連携し、地域のまちづくりやにぎわいを生み出すモビリティサービスを提供していくことで、段階的に成長していくことも可能だ。

Auto dealer

自動車ディーラー

1 MaaSとの関わり

自動車は現在、製造してから、自動車ディーラーが新車を販売し、ユーザーが使用して車検やメンテナンスを行い、その後、中古車になり最終的に廃車になるまで、クルマを販売してからの市場は非常に大きい。廃車してからもリビルト部品やリサイクル資源などになり、市場を形成している。日本自動車整備振興会連合会の調べによると、国内の自動車の整備事業の売上高は約5兆4875億円（17年度）あり、企業数は7万3083社（自動車ディーラー含む）。自動車ディーラーに限れば1483社（17年12月）ある。

これらの拠点が、モビリティサービス向けの車両の販売やメンテナンスを行う地域の拠点になり得る。新車販売店などは一部、カーシェアなどの交通サービスを提供する拠点にもなる。地場資本の新車販売店の中には、地元に根差したモビリティサービスを提供し、MaaSプレーヤーになる企業も出てくるかもしれない。そういう意味では、これまで新車販売やクルマのメンテナンスを行う役割から地域のモビリティサービス拠点へと進化する。

同時に自動運転技術により車両の稼働時間の拡大が予測される。車両のメンテナンスを行う地域の拠点としてMaaSサービスの運用を支え、車室空間のニーズの変化といったユーザーへのマーケティングを最先端で実施する現場にもなり、自動車ディーラーの役割は拡大する。

2 既存の課題

すでに、ADASなどのクルマの技術の高度化や、コネクテッド技術を活用したサービスへの対応といった急激な変化に対し、教育や人材の確保などが課題になってきている。国土交通省は、自動車整備技術の高度化検討会の中で、次世代自動車に対応した整備を行うために必要な汎用スキャンツールの新たな標準仕様案を策定し、整備などに関する情報提供の在り方なども検討するなど、高度な自動車技術へ対応するための環境整備を進めている。それに応じて自動車ディーラーは、高度な機能を維持するためのメンテナンスを行う中間整備ができるビジネスの体制を整えなければならない。

3 MaaSによる可能性

車両の稼働率が上がることで、先述の中間整備が増加し、メンテナンスの需要が増える。同時にユーザーとのコミュニケーションの接点も増えることで、車両のカスタムなどの機会が増えるかもしれない。また、ディーラーが個人間カーシェアを展開し、自社で販売したクルマの所有者が使用していない時間に他者に貸し出せる仕組みを整えることで、車両の購入コストがトータルで削減される。それにより、新車購入のハードルが下がる可能性もある。

4 MaaS時代のアクションプラン

自動車技術の高度化への対応と、ビジネスモデルの変化へ対応するための人材育成と教育が急務だ。それほど、課題が大きいとも言える。自動運転とMaaSにより稼動率が上昇するが、自動運転で事故は減少する。このままでは、全体として整備事業は徐々に縮小傾向が予測できる。

そのなかで重要性を増してくるのが、中間整備だ。これまで整備事業の売上高の約6・6%しかない中間整備の市場を拡大させることが必要不可欠になる。そのためには、ユーザーとのコミュニケーションを濃くする必要がある。コネクテッドカーというものを理解し、ユーザーに一番近い担当者がそのニーズを把握し、自動車のアフターパーツだけでなく、地域に密着したライフスタイルに関係するモビリティサービスや飲食店、観光・旅行、ショッピング、ファッション、エンターテインメントなどのコンテンツを紹介し、販売するというコンシェルジュのような役割も果たす。それによって、よりユーザーとMaaSを通じた新しい関係性を構築できる。そこに商機を増やしていくことで、これからの競争に生き残れるのではないか。

また、地域の公共交通などとの接点も必要になる。クルマを販売するという関係ではなく、共に地域のモビリティサービスを提供し、MaaSを形成していくというMaaSプレーヤーとしての意見交換が必要だ。そこから、地域の移動ニーズや課題などに深く関わっていくことを期待したい。

鉄道

1　MaaSとの関わり

鉄道はMaaSを構成する交通サービスの中では、大量輸送が可能で、速達性があるのが特徴だ。鉄道サービスの中でも、路面電車や在来線など、地域内移動に用いられるような鉄道路線は、MaaSの中で安価かつ速達性の高い交通サービスを担う。一方で、特急列車や新幹線のような中長距離の鉄道サービスは、エリアごとに構築されたMaaSをつなぐような形で組み込まれることが想定される。いずれにせよ、もともと多くの利用者でそのコストを分担する〝究極のシェアリング〟ともいえる鉄道サービスは、MaaSの中の軸となる交通手段であり、一次交通として重要な役割を担う。

2　既存の課題

鉄道の抱える課題として、その輸送力や速達性の高さの半面、固定的な運用となりやすい点が挙げられる。利用者の増減に応じて柔軟にダイヤや車両の定員を変えることができず、また移動ニーズの変化に対して線路ルートを変更することも困難である。また、設備投資を含めると他交通サービスに比べて固定費比率が高く、経営環境の変化に対応しにくいという側面もある。

3 MaaSによる可能性

鉄道サービスとしてMaaSを活用できると、移動ニーズの変化に対して料金を上下させるダイナミックプライシングや、他の交通機関とのダイヤ調整による混雑緩和などが可能となろう。また、従来の鉄道サービスの「駅から駅への輸送」に対してファーストワンマイル、ラストワンマイルの輸送と組み合わせることで、ユーザーの利便性の向上や、総移動時間の短縮が可能となる。特にインバウンドや見知らぬ土地への観光では、駅名や路線名が分からないことで乗り換えが面倒になり、公共交通よりタクシーなどで移動してしまうようなケースがある。これに対して、ドア・ツー・ドアでサポートできれば、より鉄道利用が促進される。このことは、他の交通事業者が自動運転車や乗り合いシャトルバスでドア・ツー・ドアサービスを展開してきたときに、鉄道サービスとしての対抗措置としても重要な施策となる。

4 MaaS時代のアクションプラン

都市圏を中心に、鉄道事業者同士ないしは鉄道事業者とバス事業者の間でも、一部競合関係が存在する。輸送サービス間に健全な競争があることは、利用者にとっても望ましい環境であるが、一方で利害関係を越えて連携することは進みにくいともいえる。

現在の日本の人口減少局面において、これ以上の鉄道利用者の増加は期待しにくい。そのため、鉄道事業による収入の柱を維持もしくは最小限の減少とするためにも、既存のサービスと親和性の高いモビリティサービスや事業の推進が必要となる。18年10月にトヨタ自動車がソフトバンクとの協業を発表した際、トヨタ自動車の豊田章男社長は、「(中略) 技術革新によって、クルマの概念が大きく変わり、競争の相手も、競争のルールも大きく変化しております」と話したが、これは鉄道事業にもいえることである。これまでの事業目標や競争相手と見なしていなかったプレーヤーが今後現われてくる。そのため、ユーザー視点でのサービス構築に取り組む必要がある。

ただし、鉄道というさまざまな技術集積によって安全性・効率性・快適性を向上し続け、それを持続可能な状態にすることは大変な事業努力が必要である。組織としては事業存続上どうしても保守的な観点も必要となる。守ることと、攻めることをどのように両立するのか。既存事業のKPI(重要業績評価指標)と新規事業のKPIの不一致は鉄道事業だけでなく、歴史のある産業であればすべてに起こってきた課題である。

しかし、世界でもトップレベルの安全・安心な鉄道サービスを実現した日本だからこそできる、MaaSの在り方やサービスの実現方法もあろう。世界各国のMaaSプレーヤーから、「さすが日本の鉄道会社の仕掛けることは素晴らしい」と注目を集めるような取り組みが実現することを期待する。

バス

1 MaaSとの関わり

バスは鉄道よりは少ないものの、大量かつ速達性のある交通サービスと位置付けられる。また、鉄道と比較すると車両手配や経路設定に自由度が高い。そのため、経路やダイヤ設定が比較的変更可能といえる。

2 既存の課題

バス事業は、収益性の高い路線以外では人口減少および高齢化などにより、収益面でマイナスの影響を受ける。また、生産年齢人口の減少により、運転手の担い手不足の問題も深刻化している。バスの運転については免許取得だけではなく、安全運転規範を順守し、さらに顧客サービスや、その路線特有の状況などを身に付ける必要があり、その人材育成にはコストと時間がかかる。

また、事業として大量輸送の鉄道と個別輸送の自動車系の交通サービスの展開に挟まれる形で、どのようにバスのサービスを各種サービスに結合していくのか、また競争していくのかについてはさまざまなオプションがある。

3　MaaSによる可能性

MaaS実現により、バス事業自体に与える影響としては、バス経路の「見える化」と複合経路に組み込まれることで、利用促進効果が見込まれる。MaaSの中で、鉄道と組み合わさることや、自らシャトルバスなどを運行することにより、地域内の多くの交通を安価に提供する担い手として中心的な役割を果たす。また、運行形態として鉄道より柔軟性が高いことから、一次交通の鉄道の遅れや混雑に合わせてバスダイヤで調整してユーザーの利便性向上を図るなどの役割がある。また、バスだけではなくMaaSから収集される他の移動手段のデータも活用したうえで、バスのダイヤや路線設定をすることで、より乗車率を向上させた運行形態を実現でき、収益向上が見込まれる。例として「バス」を一次交通として「自転車シェアサービス」と連携することで、ラストワンマイルを担保するなどである。一方、乗車率は向上しなくても、他交通サービスへの貢献によって収益を得られるスキームが組めれば、バス事業としてはMaaSの実施効果が見込まれる。

4　MaaS時代のアクションプラン

最もバス事業がMaaSに関係する項目として、乗車効率がある。社会インフラとしての事業ももちろんあるが、あえて極端に単純化すれば、バス事業とはできるだけ少ない車両（運転手含む）で、なるべく多くの人を、できるだけ早く目的地に到達することが目標値となる。MaaSでマルチモーダルな交通サービスが多く出現したときに、バス事業の果たすべき役割を再考すると、自然とそのアクションプランが明確となる。

それは、「マスとパーソナルの間」の領域をすべて扱ったうえでベストミックスとするような運行サービスである。今後、パーソナルなタクシー利用に加えて、乗り合いサービスやシャトルバス運行などが出現してくる。乗り合いサービスは、基本的に同じ方面の利用者を同乗させるが、一方で時間や路線が決まっていないぶん、効率的にマッチングさせにくい。理想的には、バスのような比較的大型の車両に同乗し、どうしてもそのルートを外れる、時間が合わないケースでは乗り合いサービスやパーソナルなタクシー利用につなげるなど、バスだけの個別サービスではなく、他のタクシー事業者やシャトルバス事業者などと連携してサービスを構築する必要がある。このことは、従来競争関係の面もあった、バス事業とタクシー事業にとっては大きなハードルであろう。しかし連携することで最適な交通サービスが実現可能となることも事実である。

例えば、タクシー事業と連携して利益分配スキームを整備したうえで、タクシー待ちの行列ができてしまったときにおいては、同じ方向の利用者をまとめてオンデマンドなバス運行をするなど、利用者視点に立った交通サービスとして連携することはできないだろうか。これまで多くの通勤通学や買い物の〝足〟を維持し、改善し続けてきたバス事業でしかできないこともある。より利便性が高く、また人口減少局面において同じ道路の上で事業を営むライバルのプレーヤーと、MaaSという新しい概念の中で新しい枠組みをつくり出し、今後100年、持続可能な地域交通体系を構築するのは、バス事業者を中心とするプレーヤーたちではないだろうか。

タクシー

1　MaaSとの関わり

タクシーは、MaaSの中では最もパーソナライズ化された公共交通と位置付けられる。事業エリアの制限があることを別とすれば、基本的にいつでもどこにでも移動可能である。その半面、鉄道やバスに比べると輸送力が小さく、同じ距離でも料金が比較的高くなりやすい特徴がある。

2　既存の課題

バスと同様にドライバーの担い手不足の問題がある。また、安全性担保や二種免許の取得、車両整備など、一般運転免許や乗用車よりも厳しいルールを守る必要がありコストがかかる側面がある。それらのコストは安全な移動インフラには必要な要素であり、トレードオフの関係でありながら、現行コスト構造のままでは維持することが困難な事業エリアがあることも事実である。

3　MaaSによる可能性

可能性として、バスと同様に一次交通（鉄道）との情報の連携による効率化・稼働率向上が見込まれる。例として、鉄道の混雑情報と遅延情報や改札機の乗降データなどから分析して、駅を出た後にどのくらいタクシー利用がありそうかを予測できれば、機会損失を減らすことが可能となる。また、ＭａａＳでの経路検索時にタクシー予約ができるようになれば、その乗車ニーズをまとめて相乗りタクシーに誘導することでも効率化が可能となる。また、他交通の項でも触れたが、最もパーソナルな移動ニーズを満たせるのはタクシーだけであるので、ＭａａＳの枠組みにおける役割にフィットした運用により、収益を拡大する機会がある。

4 MaaS時代のアクションプラン

都市輸送の観点から全体としてどのような連携を行えば、利用者視点・都市の視点でタクシーの利便性や効率性が向上するかを、それぞれの地域において議論する必要がある。そのなかで、実際にどのような移動が発生しているかというタクシー実績データを、バスや鉄道と合わせていくことが必要となる。しかし、実績データの共有は競合関係においては、事業リスクを生じさせることもある。

それらを競合を越えて連携させるためには、連携による収益向上策を検討する必要がある。また、収益は向上せずとも、お互いの一部経営リソースを仮想的に連結することによって、費用を抑えながら現在の収益を担保することも可能となる。また、タクシーはより利用者に密着してサービスを展開できることから、高齢者や子供の見守り機能や一部買い物、物流などとセットとして、そのインセンティブをＭａａＳパッケージに流していくような役割も期待される。
最も重要な面として、海外ではウーバーのような配車サービスを通じて一般ドライバーによるマイカーを使った旅客運送が行われている。日本では法律面で全面的に許可されていないが、一方でその配車技術やマッチング技術などによる配車効率性や稼働率向上、スマホアプリのデザインやＵＩ設計などは日本よりかなり進んでいる。それらの技術をどのように日本として吸収し、さらに国内の高密度都市や過疎地域など地域特性に合わせたサービスに組み替えていくのかが重要となる。また、既に存在する交通網（鉄道やバスなど）を踏まえて、どこに配車すると「都市全体」として最適になるかという視点は、まだ海外でもあまり行われておらず、日本オリジナルで売り出せる技術になる可能性もある。

海外で普及した新しい配車サービスや新テクノロジーによる技術革新の影響を最も受けやすいタクシー事業には、今後他の交通機関との連携や協業を進めることで見えてくる新しいビジネスチャンスを、どのように迅速に生かしていくかが課題となる。世界を席巻する配車サービス事業に一石を投じるのは日本のタクシー事業者発のアイデアやサービスかもしれない。これまで不断の努力で運転技術や安全文化を育て、地域間での事業連携に向けて改善を積み重ねてきたタクシー事業が、次のレベルに移行するきっかけとしてのＭａａＳと捉えることもできるだろう。

2 MaaS時代の公共交通とクルマに求められること

【公共交通の視点】

ＭａａＳの到来によるマイカーの存在意義自体の変化に比べると、公共交通に関しては比較的、各事業者に与える影響は少ないように見る向きもある。つまり、ＭａａＳが入ってきても、より公共交通が使われるようになるだけで安泰だなどと考えてしまう。しかしながら、クルマが公共交通サービス化し、タクシー配車の稼働率が向上し、またシェアリングサービスと自動運転化によって、従来のクルマを使用した交通サービスよりも低コストかつ高付加価値なドア・ツー・ドアのサービスが実現される可能性もある。

既存の公共交通単体のサービスは、大量の旅客を高速に運送することに特化していることから、短期間でニーズに応じた運行形態に変化することは難しい。そのため、新たなクルマを使用した交通サービスの、いつでもどこにでも乗れるサービスが安価に提供されると、既存の事業領域が収益上の大きな影響を受ける可能性がある。その際に、自社の交通サービス内だけで解決するのではなく、他の交通事業者ともうまく連携するなど、サービスの課題をより大きな枠組みで改善する視点が必要となる。

【クルマを使用した交通サービスの視点】

クルマは製造・メンテナンス、タクシー事業など、ＭａａＳおよびＣＡＳＥによって多岐にわたる影響を受けるが、前述の通り、公共交通機関という効率性・安全性を高めた交通サービスが既に存在するなかで、うまく都市にフィットするように新しい交通サービスとして事業化していく必要がある。

こうした自動車系サービスの難点として、渋滞という外部要因によりサービスが低下しやすいことや、天候やイベント開催などによりニーズの増減が発生し、都市全体の輸送需要をすべて満たすほどの輸送力をクルマを使用した交通サービスのみで担保しづらいことがある。そのため、普通車だけでは都市輸送への進出や事業拡大は困難であり、小型・中型バスや乗り合いシャトルなど、トータルなラインアップで都市の移動需要に合わせてサービスを展開することが必要となる。

交通サービスにおけるＭａａＳの「勝ち筋」

以上により、あらゆる交通サービスを統合するＭａａＳという概念が到来するなかでは、その構成要素である単独の交通サービスを最適化することに「正解」はない。都市や一定のニーズの中で顧客をセグメント化し、どのように連携・協調できるかが最も重要となる。

今後MaaSの到来による効率性向上、より安価な移動コストの実現に向けた「連携」を加速させる必要がある。自社や自らの事業に固執することなく、ユーザー視点・都市視点で最適化する方策は何なのか。そこで既存事業の経営を維持するためにはどのようなスキームがあるのか……。

MaaSをチャンスと見るか、危機と見るか。いずれにせよ未来の交通サービスの実現に向けた具体的ステップは、海外から既に起こり始めている。そのことを考えると、より迅速かつオープンにどのようなアクションが適切なのか、スピード感を持って戦略の遂行を進めていくことが必要である。特にこれまでライバルであったり、無関係であると思ったりしていた事業者やプレーヤーとの交流と深い信頼関係の構築が重要となり、それが可能な企業や組織づくり、人材を確保して実行に移すことが肝要であろう。

3 Beyond MaaS
～モビリティ革命の先にある変化～

これまで解説したＭａａＳにより、交通事業者には大きな影響がある。しかしＭａａＳの本質は、もう少し先にある。モビリティ革命は、思いもよらない他の産業にもビジネスチャンスをもたらす。ここで、もう1度、ＭａａＳによって何が変わるのか、おさらいしておきたい。一義的にＭａａＳとは、あらゆるモビリティサービスの統合と、その最適化によって利用者や都市、交通の課題を解決することを意味するが、あえて違う側面でこの現象を読み解いてみたい。

世界のＭａａＳで起きていることを俯瞰すると、インターネットで起きたことと類似性がある。従来ネットは通信量によって課金され、利用者はデータ通信量を気にしながら、かつ低速でストレスを抱えながら使っていた。しかし今は、使い放題プランや無料Ｗｉ－Ｆｉなどが一般化し、かつ高速に使えるようになったことで、ネットサービスとしてＥＣサイトや動画配信サイト、ＳＮＳなどのコミュニケーションツールも発展した。それらの事業規模の大きさは言うまでもないだろう。

ここで、ＭａａＳによる交通サービスの定額モデルをただの定期券やフリーパスのように見れば、ちょっとお得なサービスにすぎないが、「デジタルプラットフォーム」「サブスクリプションモデル」「キュレーション」という観点でＭａａＳを捉え直すと、少し違った見方ができる。図8-1で示した通り、ＭａａＳ自体は目的ではなく、さらにその上に本当の価値、収益性のあるビジネスチャ

図8-1　インターネットとMaaSによる変化

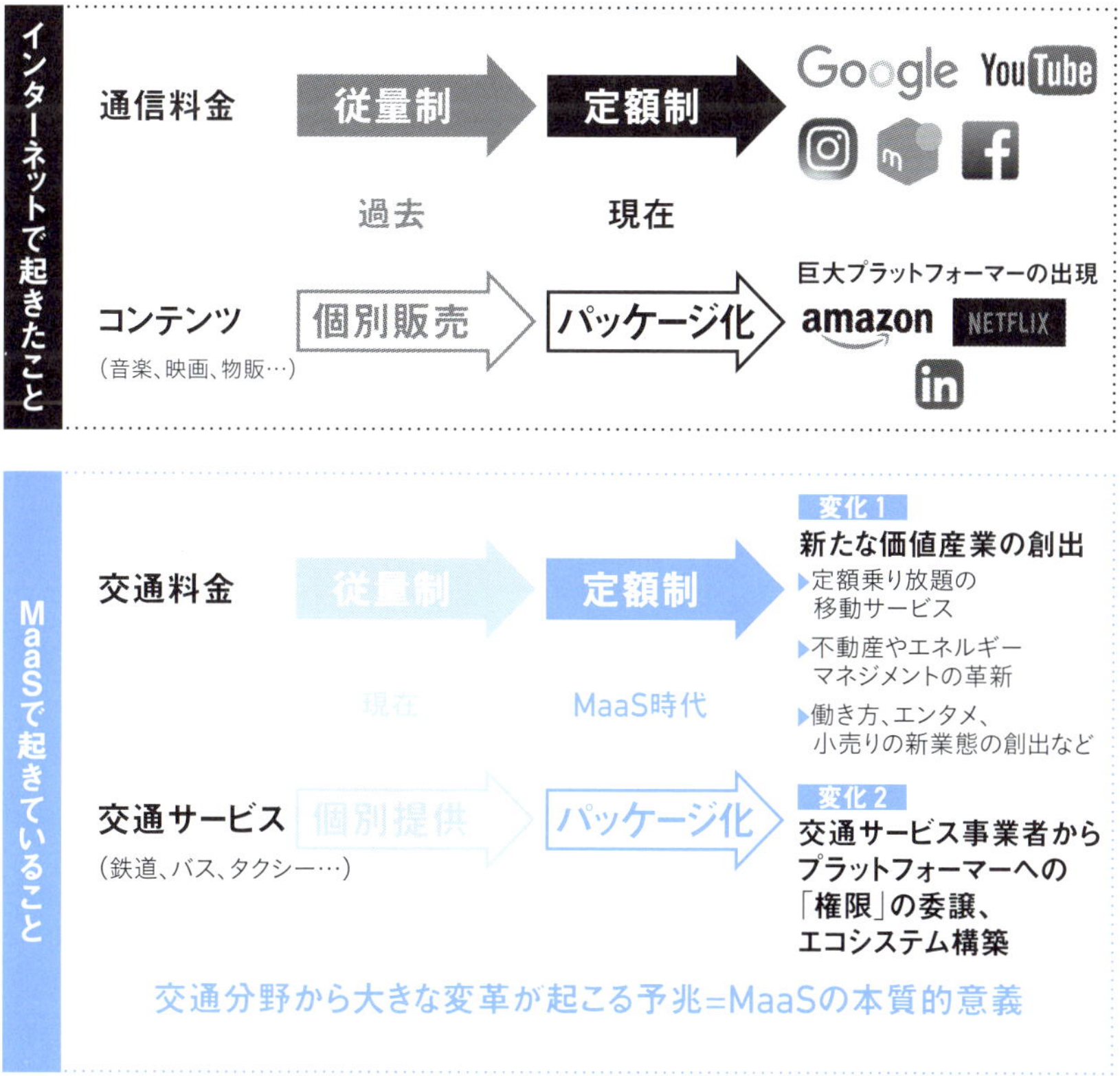

ンスが存在し、その状況がネットで起きたことと似ているのである。もちろん通信業界のように交通が同じスピードで変化していくわけではなく、ソフトだけではなくハードも関係することから、ゆっくりとＭａａＳの基盤整備が行われていくだろう。しかし、確実にＭａａＳのプラットフォームの上に新しいビジネスモデルの萌芽が見え始めている。実際に、ＭａａＳのコンセプトを初めて社会に導入したＭａａＳグローバルのＣＥＯ、サンポ・ヒータネン氏は、18年のＩＴＳ世界会議にて、「次の事業チャンスとしてはＭａａＳ自体ではなく、不動産、賃貸住宅とＭａａＳパッケージの組み合わせを検討している」と話している。具体的にどのような変化が起こるのだろうか。ＭａａＳによって交通だけではなく利用者や都市に与える主な概念としては、次の３つがある。

【ＭａａＳによる変化のポイント】

①移動のパーソナライズ化
↓個々人のニーズに合わせた移動手段をアレンジ、新たな移動需要の創出が可能に
②都市・交通の全体最適化
↓モビリティの移動を統合的に制御する仕組みの登場
↓「乗り放題定額パッケージ」の出現で、交通以外のビジネスとのワンパッケージ化が容易に
③都市や場所の再定義
↓カーシェアや配車サービスの普及で駐車場が消滅、空きスペースの有効活用が可能に
↓交通体系の再構築で、立地によらないビジネスが可能に

図8-2 さまざまなプレーヤーから注目されるMaaS

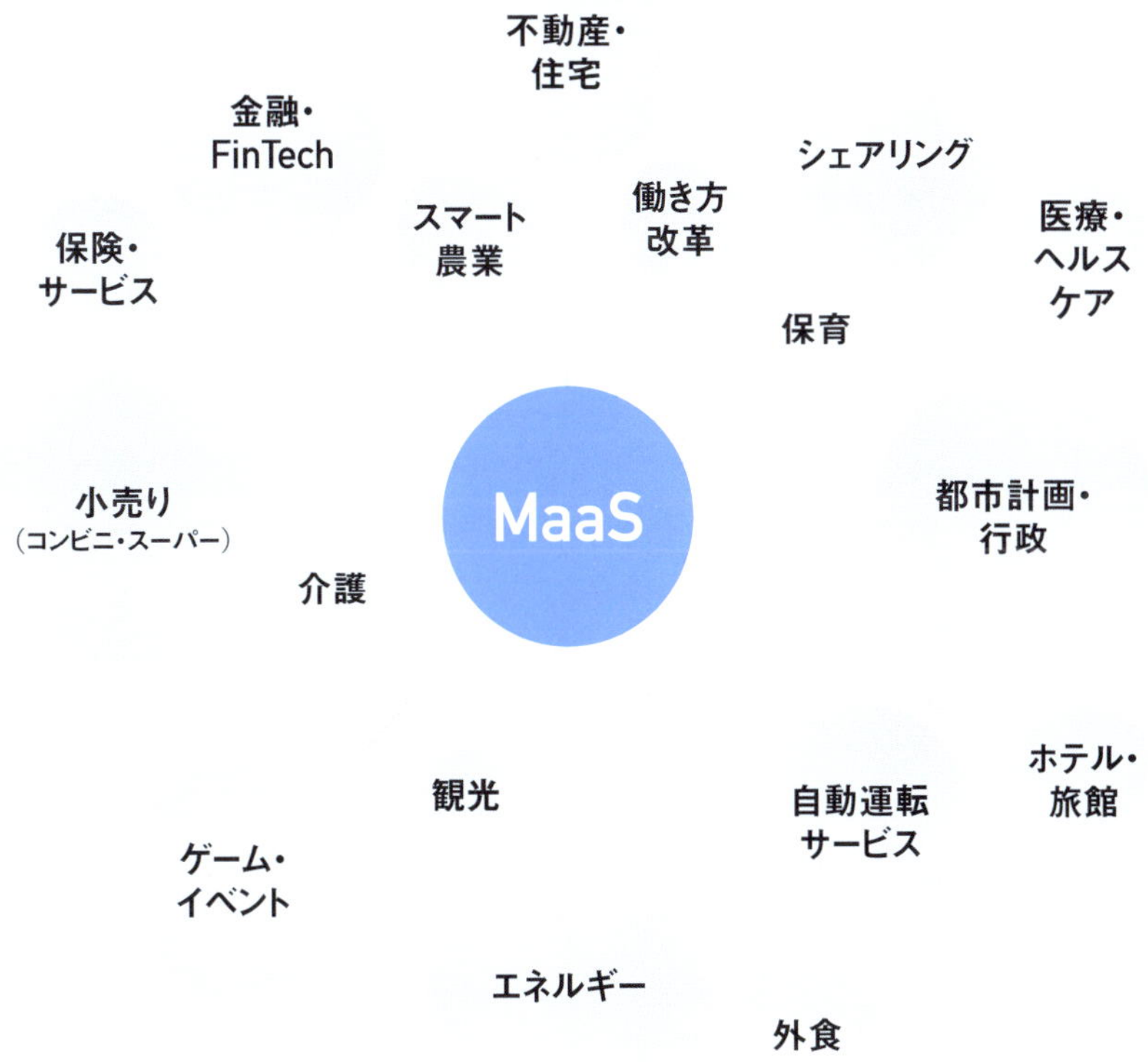

主に先述の3点が、社会や他産業とＭａａＳの連携のきっかけとなると考えられる。この後の項では、世界でもまだ実現はされていないが、今後起こり得る各産業のゲームチェンジについて予想してみたい。（図8－2）

エネルギー×MaaS

人を移動させると「交通サービス」、モノを移動させると「物流」とされるが、本質的には類似した行為である。そこにエネルギー（電力）を載せて移動させると、新しい価値が生まれる。いくつかの条件が必要であるが、クルマがＥＶ化してバッテリー交換型となった際に、ＥＶは人やモノを運ぶだけではなく、エネルギー貯蔵機能を移動させるものとしての価値も発現する。

従来、電力の移動には送電線が使われてきたが、分散型の再生エネルギー（太陽光発電、風力発電など）のようなマイクログリッドを想定すると、それらをすべて送電線で結合することは困難となる。いわゆる地産地消の電力供給体制の際に課題となるのは、電力の過不足への対応である。使用量よりも発電量が多ければバッテリーなどに貯蔵すればよいが、その発電効率が高いときに空き

EVが再生可能エネルギーを支える土台になる（写真/shutterstock）

のあるバッテリー状態が必要となる。その過不足をエリアや都市として吸収するためには、バッテリー自体、つまり大量のEVを用意することが1つのアイデアとなる。単に電力を運搬するだけでは費用対効果は生まれにくいが、今後、EVを蓄電池として、人とモノとエネルギーを運ぶものとして定義付けられれば、その最適化を図ることで、費用を抑えながらエネルギーをも効果的に賢く利用することが可能となる。それを実現するため、カーシェアリングのEVを電力会社が運用したり、EVカーシェアを展開するMaaSプレーヤーが電力小売りも手掛けたりすることなどが考えられる。

保険サービス×MaaS

保険サービスとMaaSについても、いくつかの観点で密接な関係がある。まず損害保険分野においては、新サービスに対する外部要因のリスクヘッジとして、保険商品がMaaSオペレーター向けに設定される可能性がある。MaaSの定額サブスクリプションサービスを行った際、予想以上の移動実績が発生して赤字になることや、貸し出したモビリティが盗難に遭うなどが想定される。また、モビリティサービスとしては、自動運転の事故リスクや、配車サービス事業者向けのドライバー保険など、新しい形の保険商品が出てくる可能性が高い。

ＭａａＳパッケージを使うユーザーの移動データと連携した保険も登場するだろう。例えば積極的に外出している高齢者については、健康になる傾向が確認された際に医療保険の掛け金を下げるような健康増進型保険など、新しい形の連携も予想される。既に、クルマの移動履歴を動態管理し、安全運転が確認されれば保険料が安くなるという保険商品も販売されている。人の移動には安全も健康も密接に関係するなかで、保険というサービスが連携することで、より安心・安全な社会を構築できる可能性が高い。

金融・FinTech×MaaS

金融・ＦｉｎＴｅｃｈ分野については、１つはＭａａＳの決済プラットフォームで密接な関わりがある。ＭａａＳにおいても決済機能は重要であることと、単に決済できればよいわけでなく、ダイナミックプライシングや事業者間の利益分配をユーザーの利用実績に応じて行う、時間帯などで分配率を変化させるような高度なレベニューシェアを実現することが期待される。

その他にも、例えば人口減少が進む地方で新しく交通体系を変化させるような場合に、エリア内の各交通事業者および関連産業を取りまとめて、その全体としての収益性、コスト負担を地方銀行などが主体的に取り仕切ることが想定される。特に運賃収入の収益分配や、イニシャルコストの分担比率を算出すること、統合時の収益構造の変化などを計量し、その事業者間の合意形成を図るためには、高度な会計技術とノウハウが必要となる。また、そこに融資や出資というスキームを使えることで、より迅速かつ効率的にＭａａＳの地域実装や、新しい交通体系の再構築などが進む可能性がある。

不動産×MaaS

ＭａａＳパッケージの導入によって移動の利便性が向上し、不動産や地価の上昇が見込まれる。土地の価値としては、基本的にはそこに住むことや事業を行うことに対する魅力、ニーズに応じて決まっていく。ＭａａＳによって移動の不便さが解消されれば、地方・郊外の土地にも価値が生まれる。例えば、オフィスビル間を送迎用シャトルで利便性高く、移動の自由を担保することで、その業務を効率化し、産業集積的にオフィス街に価値を出すことも考えられる。また、ＭａａＳに加え、自動運転ＥＶが主流になったあかつきには、都心部でも、これまで渋滞による排気ガス、騒音に悩まされてきた幹線道路沿いの立地が〝一等地〟になり得る。

さらに、よりＭａａＳとの連携を強めたビジネスパッケージによって、効果的な施策を行うことが可能だ。例えば賃貸住宅では、既に家具付き物件も存在するが、それと同様にＭａａＳパッケージをセットにすることも考えられる。ライフステージが変わって住み替えるケースにおいて、見知らぬ土地で物件を探し、そこから主要な移動先までのアクセスを調べ、クルマが必要であれば駐車場を契約し……と、引っ越しには多くの手間が伴う。そのときに、マンション内でカーシェアが可能となっており、それが借りられない際にはタクシーやレンタカー、配車サービスなどを利用可能。それらが家賃などの定額制に含まれていて、マイカーも駐車場も保有の必要がないとしたらどうであろうか。また、その地域の公共交通も乗り放題の状態になっていれば、引っ越しの際のスイッチングコストは確実に下がる。

ＭａａＳパッケージが付いている物件・地域と、そうでない物件・地域で差別化要因となるため、今後、不動産業界とＭａａＳの組み合わせについては、サービスパッケージの事業性を基にさまざまなスタイルで展開されるものと予想される。

観光業×MaaS

観光業においては、いわゆるフィンランドのＭａａＳグローバルが展開するＭａａＳアプリとは少し異なるＭａａＳのサービスになるだろう。基本的にＭａａＳの収益としてはサブスクリプションモデルやサービス利用収入で賄われることが多いことから、利用期間は比較的長いスパンとなる。

そのなかで、観光というワンタイムの移動を、パッケージ化することは、ビジネスモデルが変わってくる。MaaSの一面として、面倒な予約や決済、検索などの手間からユーザーを解放するということがあるため、例としてMaaSサービスを短期間ないし特定エリアでつくりやすい状態ができていれば、観光シーズンに合わせて従来の「フリー切符」のようなキャンペーンも可能となる。

また、宿泊予約と同時にその場所までのアクセスが自由に選べ、最寄り駅などからのラストワンマイル交通が予約されるようなパッケージとして旅行の利便性を高めることが可能となる。その予約情報を連携することで予定していた交通が遅れたときに、宿泊施設側が別の移動手段を用意して送迎対応することや、食事提供の時間をずらすなど、より利用者視点でのサービスも可能となる。

そのため観光型のMaaSについては、次の観点が重要だろう。基本的に収益性が低い観光交通ではMaaSだけで事業化することは困難なことから、MaaSを実現しやすいプラットフォームが既に構築されていて、そこにユーザー観点および関係する事業者観点で効果的な体験の創出、事業者間調整ができるプレーヤーの存在が必要となる。

小売り・コンビニ×MaaS

小売業、特にコンビニエンスストアにおいては、MaaSおよび新しい交通サービスの到来により、大きく形態が変化する可能性がある。既にコモディティー化した商品においては、実際に商品を見て手に取って選択する必要が少なく、アマゾンなどのECサイト経由の購買も広がっている。MaaSおよび自動運転が一般化したり、クルマが物流やエネルギー運搬などを担うようなケースにおいては、より運送費用が低減する可能性もある。そのときに、立地のよい場所に店舗を構えて利用者に来てもらうほうがよいのか、店舗は持たず分散型の集配センターを基本として移動販売車や物流ネットワークに乗せて利用者に届けたほうがよいのかという選択が可能となる。

後者の場合、都心などの地価の高い一等地でも固定店舗なしで商品を販売できるということになる。そのとき、削減できた店舗コストでより高品質な商品や、安価な商品ラインアップで勝負する可能性もあるだろう。ここで重要となるのがブランディングおよびパッケージとしての価値となる。

アイデアとしては、コモディティー化した商品のみでの競争は価格競争に落ち入る可能性が高いことから、ターゲット戦略として医療機関やヘルスケアサービスなどの異業種と連携し、個々のユーザーの健康状態に合った商品を展開。機動的な移動販売モデルや配送サービスと組み合わせることで、サービスを徹底的にパーソナライズすることがある。あるいは「製造」→「運搬」→「販売」のネットワークの強みを生かし、MaaSパッケージと人の移動予測とを組み合わせて、商品の需給コントロールをより効率化し、展開することもできるだろう。

また、移動販売車として旅客用や物流用などのモビリティに一定空間を確保し、主目的以外にもそれをコンビニと利用者をつなぐ〝買い物カゴ〟のように使うようなことも考えられる。いずれにせよ、移動スタイルが変わったときに、生活に密着したコンビニでMaaSに取り組めば、これまでにないオープンな事業展開のアイデアを生み出していくことが可能である。

一方、イオンなどの郊外大型ショッピングセンターや、駅近くのデパートなどについては、MaaSパッケージの中で割引チケット、ポイントを配布して誘客する、あるいは自ら送迎サービスを展開することで、より事業性を高めることが可能となる。例として、郊外型であると駐車場が混雑して渋滞になってしまうことがあり、既に一部で行われているが、地域間にて送迎シャトルを整備しておけば、マイカーを持たないユーザーが増えても変わらず来てもらえるだろう。また、バス事業との合意形成は必要となるが、シャトルバスを需要の少ない時間帯は他の施設と共同利用し、病院の送迎にも使えるようなコース設定とするなど、広く地域貢献を行うことも可能性がある。

また、現在はショッピングセンターには大型の駐車スペースが必要であるが、送迎サービスや配達サービスの充実により、ショッピングセンターの建物部分の敷地があれば店舗展開がで

トヨタ自動車のe-Paletteでも移動販売モデルが想定されている

きるようになる。そうなれば、駅前の一等地など、より柔軟な出店計画が可能だ。一方で、既存の駐車場スペースは、ＭａａＳの到来やマイカー比率が減ったときには余ってくる。例えば、その余剰地に植物工場を併設して新鮮な野菜を供給することや、シェアリングスペース、イベントスペース、オフィススペースなどとして、従来と同じ面積でもショッピングセンターを１つの街として高密度につくり変えるようなことも可能となる。

エンタメ×ＭａａＳ

より広い世界に目を向けると、ＭａａＳはスマホの位置情報ゲームとの連携も可能性がある。位置情報ゲームとは、「ポケモンＧＯ」のように、その場所に実際に行くことでアイテムやキャラクターが獲得できるという仮想的なスマホ上のゲームでありながら、実際にプレーヤーが移動するという特徴がある。非常に面白い概念であり、かつ実際に社会現象になるほど普及していながら、そこにも一部課題がある。実際に人が移動することであまりに多くの人が集中すると、混雑や騒音、安全の問題が表出する。それはゲームの面白さの半面、周辺の環境に悪影響を与えてしまうため、そのバランスや対応をすることはゲーム提供者側としても大きな課題となる。そこに移動を統合したＭａａＳサービスが貢献できる。

例として、翌日ある地点にレアなキャラクターが出現するという情報を利用者に与えたときには、利用者は翌日の予定を確認し、行くかどうかを判断する。その過程で経路検索を行い、スケジューラーに入力する。MaaSサービスも経路検索機能や、利用者の合意があれば、スケジューラーから予定を取得することが一般的なので、例えばそのデータを匿名加工したうえで、ゲーム会社に情報提供する。つまりそのイベントに10人しか来ないのか、1万人が来てしまいそうなのかを予測する。そうすると、その場所のキャパシティーを超えそうであれば、同じキャラクターを別の場所に出現させることで、人の分散が可能となる。

また、この手法については、位置情報ゲームだけではなくイベント開催時でも活用できる。チケットの事前購入が必須であれば、そのデータで来場ルートの予測が可能。また、当日現地に行ってからチケットを購入するケースでは、経路検索データからおおよその来場者数を把握できる。従来の無料イベントなどでは、いつ何人ぐらいが来るかを把握しないまま実施していたので、混雑や待ち時間の増加によるイベントの満足度の低下を招き、下手をするとイベントの中止に追い込まれるケースもあった。それに対して、MaaSとの連携によって人の移動の予測ができれば、イベント開催をより効率的かつ安全に行うことに貢献できる。

さらにそのとき、移動ルートとして大量輸送可能な公共交通に誘導する、タクシー配車なども需要に合わせて行うなど、イベント開催者と交通サービス事業者が連携して来場者の満足度を向上させる取り組みも可能となる。

医療・介護・保育×MaaS

医療や介護・保育とMaaSについては、そのサービスの予約時に移動予約（公共交通経路の予定や、送迎の予約など）することにより、利便性を高められる他、移動の最適化という観点で可能性がある。一般的に医療や介護・保育はそのサービスを受ける人が、そのサービスを提供する場所に移動する必要がある。これを安価かつ統合された移動プラットフォームの中で、医療などのサービス提供側がニーズのある場所に巡回する「移動販売車」のようなスキームも考えられる。すべてのサービスがそうなることはないが、例えば簡易な診察だけは移動医療として、重要な治療は病院で行うなどの使い分けが可能だろう。

また、場所のシェアリングと合わせると、ハブ&スポークの考え方を用いて、早朝保育や延長保育は駅などに設けた簡易的な保育施設で行うこととし、保護者は出勤途中でこの施設に子供を預ける。そして9時ごろになると園児たちは簡易施設から本来通っている各保育園に共同バスなどで送迎されるという仕組みである。延長保育も同じスキームとすることで、送り迎えについては駅の簡易施設でも保育園のどちらでもよい状態がつくれると、移動時間が短縮されるなど、働きながら子育てをするようなケースではより有効であろう。これら日本でも社会課題である医療・介護・保育などの問題を場所のシェアリング、移動しながらサービスを実現するモビリティ、MaaSサービスの組み合わせで解決できる可能性がある。

以上のように、ＭａａＳとは交通の統合をきっかけとした人の生活や、都市の機能を再定義し得る概念である。これらの実現には多くの規制や既存事業者同士の関係性の再構築が必要となる。またその実現は簡単なものではない。フィンランドにおいて「マイカーの比率を下げる」という社会課題から始まったＭａａＳが日本に到来した今、その概念を理解し、さらに日本流のＭａａＳの使い方、進化のさせ方はできないだろうか。既に政府が掲げる「Ｓｏｃｉｅｔｙ ５・０」や、各産業でもモビリティサービスとの連携の兆しは日本でも現れている。

１００年に一度のモビリティ革命の波に対し、リスクとして捉えて適切な対応を行うことや、海外のＭａａＳを踏襲することも重要であるが、より広い視点で新しいビジネスチャンスや付加的価値を見つけていくことは、本来、日本人が得意としていた「組み合わせ」の技術であり、世界初のＢｅｙｏｎｄ ＭａａＳが多く出現する可能性がある。

終章

「日本版MaaS」に向けて

終章では、これまで解説してきたモビリティ革命「MaaS」によって、日本がとるべきアクションプランを紹介する。

「MaaSは何のためにやるのか？」

2018年11月現在、そのような問いに直面している読者も多いであろう。本書で解説してきたように、MaaSは都市構造を変革する社会的なプラットフォームであり、交通マーケットのみならず、全産業が関わる巨大なビジネスプラットフォームでもある。そのことから、1つの「正解」を提示することは非常に難しい。

しかし、思い起こしてほしい。スマートフォンの到来や、アマゾン、ネットフリックスといった巨大プラットフォーマーの出現時も、一部の有識者を除いてそのビジネスモデルに「?」が付いていたはずだ。それが今や、彼らはユニコーン企業として莫大な利益を上げ、株式時価総額においても旧来の大企業を引き離し、世界的に勢力図を塗り替えている。

MaaSにおけるビジネスで留意すべき点を、あえて1つ述べるならば、MaaSプラットフォームはあらゆる産業につながり、より上位のレイヤーに位置付けられる可能性があることである。

これまで「権限」、「システム」、「ビジネス」の側面において上層にいたプレーヤーのさらに上に覆いかぶさる存在が生まれるということだ。

例えば、それぞれ独立して企業活動をしてきた鉄道会社や自動車メーカーも、新たに生まれるＭａａＳの統合プラットフォームの下でのビジネスになりかねない。音楽業界やエンタメ業界、旅行業界、出版業界など、さまざまなコンテンツ業界がプラットフォームビジネスの波に飲み込まれていることと同じだ。

「自分たちの仕事だけ頑張っていればいい」という時代は終わった。既存事業の延長線上でＭａａＳを捉えないほうがいい。世界がそう変わっていく、実際に変わりつつあることは、ＭａａＳに取り組む理由を考えることと並行して念頭におくべきであろう。

また、ＭａａＳはあくまでも手段であり、ＭａａＳの実装を前提にして、さらにその先のビジネス領域を模索する必要がある。そのためには、ＭａａＳやプラットフォームビジネスとは根本的にどういうことなのか、どのような変化が起こっているのかをしっかり情報収集し、分析して、そこからさらに良いものを作っていく必要がある。

偉大なる科学者、アルベルト・アインシュタインの言葉を借りるならば、次のようなことであろうか。

「過去から学び、今日のために生き、未来に希望を持つ。大切なことは何も疑問を持たない状態に陥らないことである」

日本発のMaaSモデルを世界へ

戦後の高度経済成長以来、先人たちが支え、進化させてきた日本の優れた公共交通や自動車産業を、MaaSという文脈で再度捉え直し、世界でも類を見ない素晴らしい移動社会を構築できないだろうか。筆者らは、本気でそういう夢を描いている。

高密度な大都市、人口減少や高齢化が進む地方、台風や自然災害時の対応など、日本国内ではさまざまな課題が山積している。世界的に見れば、〝課題先進国〟ともいえる状況だ。

それらを解決する手段としてMaaSは確実に役に立つ。そのためには、早期に社会実装を進め、サービスをブラッシュアップしていく必要がある。

例えば、2020年の東京オリンピック・パラリンピックはスポーツの祭典ながら、海外からはその都市としての機能や運営体制について厳しい目が向けられる。そこでMaaSを実現して、体操競技ならぬ「ウルトラE」難度の交通オペレーションを披露できないだろうか。あらゆる交通サービスが融合し、MaaSコントローラーによりユーザーの位置情報や予定が共有され、それらを統括する高度な予測とパーソナライズされた制御を行う。利用者は指定された経路に従っていれば混雑に巻き込まれず、迷わず安心して予定された時間にオリンピック会場に到着できる。そんな機能が実装された都市像を示せれば、それこそ全世界に対してスマートシティを交通の世界からリードしていくことも可能であろう。

都市の混雑は1つの例であり、他にも高齢化や人口減少局面の交通の再構築など日本の抱える社会課題をMaaSで解決していき、今後同じ課題を抱える世界中の都市に展開する。それが、もう

「日本版MaaS」を世界へ

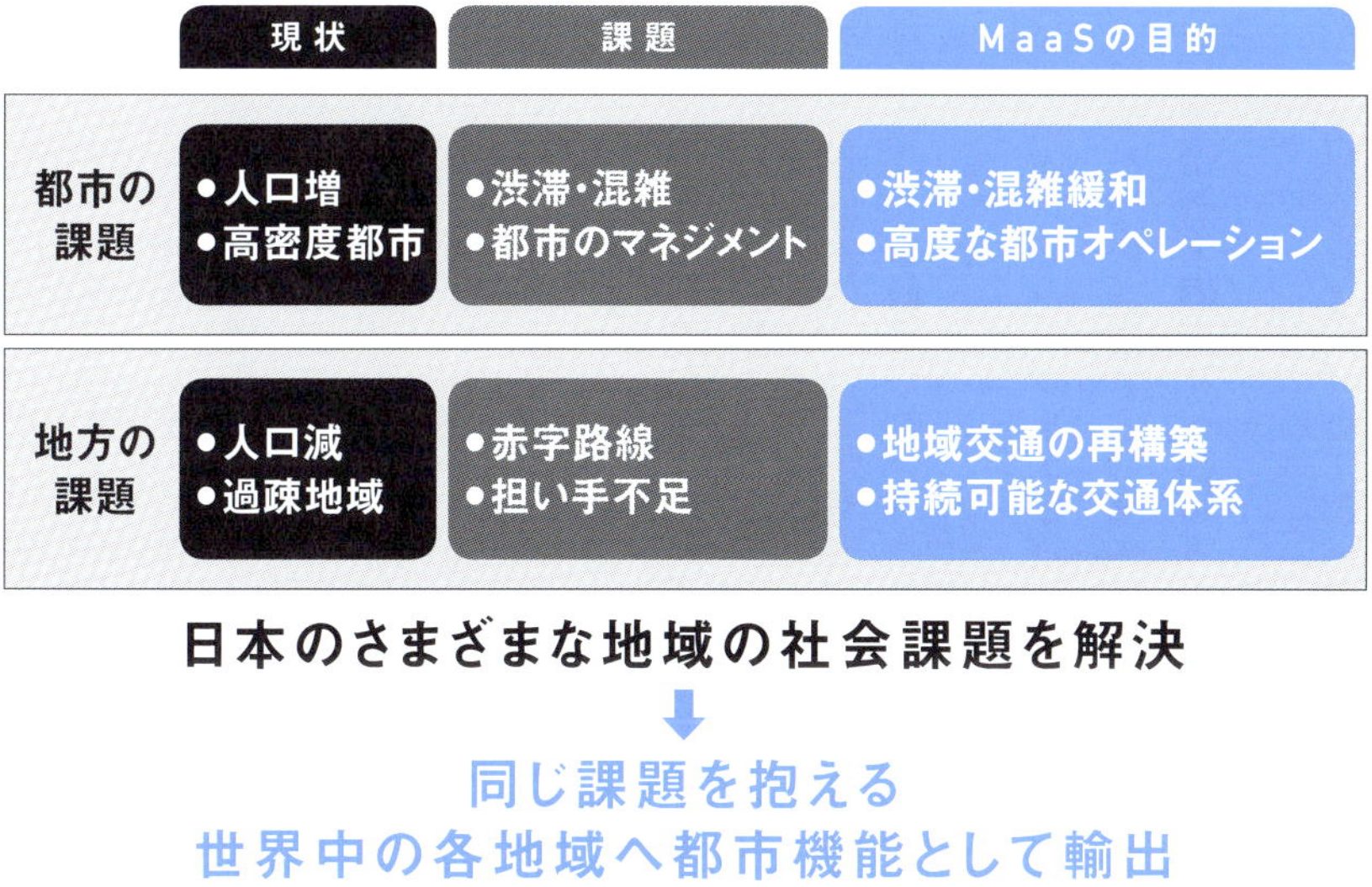

一度日本が世界に技術力で貢献する一歩にならないか。筆者たちは、不可能なことではないと考えている。これまで安全で高度な交通サービスを実現した日本ならではのＭａａＳが、世界中で注目され、各都市から最先端の都市として認知される。そこに日本企業再興のチャンスがあるものと信じている。

最後に本書の内容は、4人の筆者それぞれが作成した素案の文章に全員で手を入れ、疑問点を修正し合った。分担執筆ではなく、全員で書き上げた本である。

また、本書を執筆するきっかけは、編集者である日経BP社の勝俣哲生氏によるものである。18年4月に立ち上がった新メディア「日経クロストレンド」において、日本でほとんどの人が本質を理解していない時期からMaaSの概念に向き合い、筆者らと共に世界のMaaSと日本の現状をつぶさに伝えてきた。その熱意の源泉がどこにあったのかは分からないが、純粋に世界でダイナミックに進展するMaaSのもつ価値や、未来へのイメージに魅了されたのではないかと思う。その熱意と好奇心に筆者らも引っ張られ、本書は300ページを超える大作となり、蓄積してきた知識や分析結果を余すことなく記すことになった。

本書を執筆するに当たり、モビリティジャーナリストの楠田悦子氏、東京大学教授の須田義大氏、横浜国立大学教授の中村文彦氏、自動車新聞社の「LIGARE（リガーレ）」編集部。また、数々の取材にご対応いただき、日本版MaaSの実現に向けて志を同じくする各事業者の皆さまに、改めて感謝の念をお伝えしたい。

私たちの抱いているMaaSの価値や未来へのワクワク感が届いてくれることを期待し、最後まで読んでいただいた読者の皆様への感謝の言葉とする。また、今後MaaSの世界で活躍されるであろうプレーヤーの方々へのエールとしても受け取ってもらいたい。

最後までお付き合いいただき、ありがとうございました。

2018年11月　筆者一同

MaaS Tech Japan
代表取締役
日高 洋祐
Yosuke Hidaka

2005年、鉄道会社に入社。ICTを活用したスマートフォンアプリの開発や公共交通連携プロジェクト、モビリティ戦略策定などの業務に従事。14年、東京大学学際情報学府博士課程において、日本版MaaSの社会実装に向けて国内外の調査や実証実験の実施により、MaaSの社会実装に資する提言をまとめる。現在は、MaaS Tech Japanを立ち上げ、MaaSプラットフォーム事業などを行う。国内外のMaaSプレーヤーと積極的に交流し、日本国内での価値あるMaaSの実現を目指す

計量計画研究所
理事 兼 研究本部企画戦略部長
牧村 和彦
Kazuhiko Makimura

1990年、一般財団法人計量計画研究所（IBS）入所。モビリティ・デザイナー。東京大学博士(工学)。南山大学非常勤講師。都市・交通のシンクタンクに従事し、将来の交通社会を描くスペシャリストとして活動。代表的な著書に、『バスがまちを変えていく～BRTの導入計画作法』（IBS出版）、『交通まちづくり～地方都市からの挑戦』（共著、鹿島出版）、『モビリティをマネジメントする』（共著、学芸出版社）、『2050年自動車はこうなる』（共著、自動車技術会）など多数

日本総合研究所 創発戦略センター
シニアマネジャー

井上 岳一

Takekazu Inoue

1994年、東京大学農学部卒業。農林水産省林野庁、Cassina IXCを経て、2003年に日本総合研究所に入社。Yale大学修士(経済学)。法政大学非常勤講師(生態系デザイン論)。森のように多様で持続可能な社会システムの実現を目指し、インキュベーション活動に従事。現在の注力テーマは、自動運転技術を生かした「ローカルMaaS」のエコシステム構築。共著書に『「自動運転」ビジネス　勝利の法則』(B&Tブックス)、『公共IoT』(日刊工業新聞社)などがある

自動車新聞社
代表取締役 兼 LIGARE編集長

井上 佳三

Keizoh Inoue

2007年、自動車新聞社入社。立命館大学OIC総合研究機構客員研究員。モビリティサービスの専門誌「LIGARE」(リガーレ)を立ち上げ、移動の質の向上がQOLの向上につながることをモットーに数多くのモビリティを取材。18年からはLIGARE.Newsを立ち上げ、「ひと・まち・モビリティ」に関わるニュースを配信している。15年には立命館大学でFuture Mobility研究会に参画し、豊かなモビリティ社会実現を目指す。現在は、モビリティサービスについて「伝える・ツナグ・創る」を実践

MaaS
モビリティ革命の先にある全産業のゲームチェンジ

2018年11月26日　第1版第1刷発行
2019年12月2日　第1版第6刷発行

著　者	日高 洋祐　牧村 和彦　井上 岳一　井上 佳三
発行者	杉本 昭彦
編　集	勝俣 哲生（日経クロストレンド）
発　行	日経BP社
発　売	日経BPマーケティング 〒105-8308　東京都港区虎ノ門4-3-12
装丁・レイアウト	中川 英祐（トリプルライン）
カオスマップ作成	永井 恵（ハーブ・スタジオ）
印刷・製本	中央精版印刷株式会社

本書の一部は「日経クロストレンド」掲載の内容を再編集、再構成したものです。

ISBN 978-4-296-10007-1